21 世纪通识教育系列教材
21st Century Textbooks of General Education

U0852660

# 当代媒介素养十讲

Ten Lectures of the Contemporary Media Literacy

高 萍◎著

中国人民大学出版社
·北京·

我的担心不是因为我们进入了一个被监视的社会，而是我们进入了一个人类行为被如此精准预测的社会，并且我们将要因此而惩罚人类，我们降低了人类自由的意志，以及人类的个人特征。而这些远比被监视更加危险。

——《大数据时代》作者维克托·迈尔-舍恩伯格

彻底的透明化将使我们不成为人，我建议，只有人们保持一定程度的自我隐私，我们才不会丢掉人的核心——人性，我们才不会丢掉人类最重要的东西。

——《网民的狂欢》作者安德鲁·基恩

我认为人们始终都要问自己，如果说互联网上的一些东西是免费的，真的是免费吗？免费的意思就是不需要任何成本，真的不需要成本吗？因为商业的规则就是，总是有人要支付费用。如果你不知道谁被卖了，那么就是你被卖了。

——美国《新闻周刊》编辑丹尼尔·格罗斯

高萍的新著起源于她的课堂教授与互动，根植于她的媒介观察与研究。由于书的内容来自课上课下，因而这是一部并不艰涩的书；因为作者的见解根植于媒介现实，所以她的许多见解时常让人们有恍然大悟的感觉。此书既让人们从“知其然”上升到“知其所以然”，又引发人们去思考媒介社会将有怎样的走向和危险，是一本既好看又耐看的书。此书对于媒介主体而言，是一部媒介生存的“警世通言”，对于广大受众，又是一部应对媒介的“醒世恒言”，可以说是一部具有忧患意识和人文情怀的传播学优秀专著。

聂振宁

韬奋基金会理事长、中国出版协会副理事长、中国出版集团公司前总裁

媒介素养是公民的基本素养，在无线互联时代空前重要。想不轻信和盲从吗？想让人理解和赞同吗？不可不读这本书。

田胜利

原新闻出版总署教育培训中心顾问、中国编辑协会副会长

对媒介素养的研究过去仅局限于传统媒体，只有到了新媒体高度发展之后才能更深刻地洞察。《当代媒介素养十讲》立足于新媒体的现实环境，无疑成为目前国内该项研究的集大成者。

媒介有时会脱离人的掌控。本书延续作者历来的“批判性思维”，增强了人们对各种媒体信息的解读和批判能力；又与“互联网思维”前后观照，提升人们享用大众传播资源和完善自我的能力。

本书归纳的当代媒介素养的“三个模块”建构了一个既在学理上能站得住脚，又在实践中具有可操作性的新体系。这是本书最重要的价值。

本书借鉴了国外的相关理论，但很好地结合了中国的实际，可以发挥推动媒介素养教育本土化的作用。

陈培爱

厦门大学教授、博士生导师，曾任教育部新闻学学科教学指导委员会委员

本书是一本精要的媒介素养教科书，更是一部精深的媒介素养著述。求真、视野和境界是媒介素养的基质，而求新、洞见和担当则是媒介素养的要质。读一读这本书，将会帮助我们更好地认识和亲近媒介，相信媒介会更理性地朝着光明的目标前行，并从中领悟到一些有益的东西。

崔文志

北京印刷学院原党委书记、北京教育老干部大学常务副校长

# · 出版说明 ·

随着信息时代的来临、经济全球化的深入与文化软实力竞争的加剧，重视大学生人文素养与创新能力的培养，提升大学生的综合素质，已成为各国教育改革与发展关注的重点和热点。人们越来越意识到，高等教育不仅要培养大学生良好的专业素质，更重要的是使得他们在走向社会之后拥有长足的自我拓展能力。只有以宽口径、厚基础、复合型为人才培养目标，才能更好地提高我国高等教育的质量，培育出适应现代社会需求的具备公民意识、社会责任感与创新精神的优秀人才。

从中外大学通识教育的实践来看，通识教育是一项系统工程，而课程体系建设始终是推进通识教育的核心任务，教材建设则又是其中的重要环节。为满足广大高校师生对高质量通识教育教材的需求，中国人民大学出版社组织多学科、多领域的专家学者，在广泛调研与深入研讨的基础上，组织编写了这套“21 世纪通识教育系列教材”，为推动高等学校通识教育教材建设进行了努力和探索。

本套教材分为人文、政法和经管三大板块，定位为非专业统开课教材，突出“通识”的特色，强调内容阐释的“基础”和“宽度”，力求突破单纯的“专业视阈”或“知识视阈”，引导学生调整知识结构，拓宽文化视野，以达成人才培养效果上的“宽度”，从而实现高等教育培养复合型人才的目标。

本套教材中的每一本均由该学科领域有影响力的专家学者领衔编写。通识教材的“基础”与“宽度”，需要特别重视教材纲目与内容的适用性、可拓展性和灵活性。唯有在该领域具有丰富教学经验及精深学术水准的名家，方能“取精用弘，由博返约”，编写出体现“通识”特色的高水平教材。

本套教材形式与内容和谐统一，教材内容基础适用，语言简洁生动，并辅以典型、有趣的案例、图表，轻松活泼的栏目和插图等，图文并茂，引人入胜，照顾到青年学生群体的阅读习惯。

作为出版者，我们特别希望通过加强通识教育教材建设，推进高校课程体系的融会贯通，提高学生跨学科、跨文化的理解能力，为学生未来的职业生涯与人生发展奠定良好的知识和能力基础。这套通识教育系列教材只是开始，期望更多的专家学者共襄此事，推进通识教育教学的改革与发展。

中国人民大学出版社

# ·序·

## 适应时代需要　提高媒介素养

我面前放着几份资料：

(1) 中央电视台于2014年8月播出了10集纪录片《互联网时代》。互联网正以改变一切的力量，在全球范围掀起一场影响人类所有层面，包括经济、文化、社会、政治、人性等层面的深刻变革，人类正站在一个新的时代到来的前沿。互联网引动的变革是时代性的。①

(2) 中国互联网络信息中心（CNNIC）发布第34次调查报告。该报告显示，截至2014年6月，我国网民规模已达6.32亿，其中手机网民达5.27亿。在网民中，使用即时通信的占网民总数的89.3%；使用搜索引擎的占网民总数的80.3%；使用网络新闻的占网民总数的79.6%；使用博客和个人空间的占网民总数的70.3%。②

(3) 新华网"地方"栏目2014年1月2日发表一篇报道：《盘点2013年十大假新闻》。该报道指出，虚假新闻泛滥，已成中国新闻业的顽疾而难以根除。而且，在为虚假新闻亮绿灯的一长串大大小小的媒体名录中，竟也多次出现了中央电视台、新华社、中新社这些中央级媒体的名字。林林总总的虚假新闻案例频出，却只有很少一部分被相关主管部门出面查处。③

(4) 2014年8月19—20日，"网络犯罪及洗钱"国际论坛在吉尔吉斯斯坦召开。欧安组织驻比什凯克中心代理负责人约翰·麦格雷戈在论坛上指出："当前网络犯罪对全球各国的经济和社会发展造成巨大的负面影响。每年对全球经济造成的损失超过4 000亿美元。仅在过去一年，就有近3亿人的个人信息被盗。打击网络犯罪和洗白通过非法途径所得收入，是每个国家保持经济、社会稳定和金融体系完整的不可分割的一部分。"④

---

① 参见"互联网时代"词条，百度百科，2014-10-02。

② 参见中国互联网络信息中心：《第34次中国互联网络发展状况统计报告》，中国互联网络信息中心网，2014-07-21。

③ 参见新华网"地方"栏目，2014-01-02。

④ 载《环球时报》，2014-08-20。

（5）据《京华时报》报道，腾讯发布的最新财报显示，微信月活跃用户数量增长势头不减。2014年二季度末，微信和WeChat（微信海外版）合并月活跃账户数达4.38亿。[①] 但是，据IT之家网（www.ithome.com）分析估计，微信的真正功能许多人可能只用到1%，很多功能被长期闲置。[②]

这些资料给我们传递了哪些重要信息？我感到至少有以下几方面。

第一，伴随着科学技术的突飞猛进，主要是计算机技术和信息技术的发展，互联网诞生了。互联网一出现，它就深刻地改变着人们的工作方式、学习方式、生活方式、营销方式以及思维方式。互联网的触角已经延伸到人类活动的各个领域。可以这样说，在今天，不受互联网任何影响的人类活动领域已经不存在了。毫无疑问，互联网不仅使传统媒体（在高萍的著作中，对“媒介”、“媒体”等概念做了详细界定，但在这篇序中，则没有严格区分媒介与媒体）的制作方式、传播方式、营销方式等发生了根本性改变，而且一批不同于传统媒体的新媒体也随之而被创造出来。新媒体的影响力在强劲地超越传统媒体的同时，也在迅速地与传统媒体实现融合。

第二，新媒介技术和工具的产生彻底改变了人在信息传播中的地位和作用。以往，媒介被掌握在少数人手里，大多数人始终只能作为“受众”而存在，永远只能被动地接受少数人通过媒介而传播出来的信息。现在则完全不同了。任何人，只要愿意，他在接受信息的同时，也都有可能使用媒介而成为信息的传播者。任何一个人都可以既是信息的接受者，又同时是信息的传播者。任何一个人，不管自己愿意还是不愿意，实际上都生活在信息的汪洋大海之中。于是，媒介素养问题，就比以往任何一个时期都更加突出地摆在人们面前。

第三，任何一个人，如果作为信息的接受者，面对着媒介所传播出来的海量信息，就必须解决几个主要的尖锐矛盾。第一个尖锐矛盾就是，如何在一个人能够使用的极其有限的时间内，提炼出并获得最需要的最有价值的信息？第二个尖锐矛盾就是，如何透过信息所直接传递的显性内容，而解读出深藏于（蕴涵于或预设于）信息之中的隐性内容？第三个尖锐矛盾就是，如何从所获取的信息中，有效地把虚假信息甄别出来，而把握到真实的信息？解决这些尖锐矛盾，需要人们在面对海量信息时具有一定的甄别和选择的能力、提炼和概括的能力、揭示蕴涵和预设的能力、理解和解释的能力、质疑和批判的能力

---

① 参见《京华时报》，2014-08-15。

② 参见IT之家，2014-02-04。

等。人们具有的这些能力不同，意味着人们的媒介素养不同，因而对待这些矛盾的态度以及处理这些矛盾的方式、途径和效果也就不同。严酷的现实告诉我们，不少人面对海量信息，或者失之于盲从，或者失之于肤浅，或者方向迷失，或者真假不辨，这从一个方面说明了提高媒介素养的极端重要性。

第四，任何一个人，如果作为信息的传播者，他在通过媒介传播信息时，也同样面临一些需要解决的重要问题。第一个就是责任心问题，第二个就是价值取向问题，第三个就是法律问题，第四个就是道德问题。这些问题就构成了信息传播者的重要媒介素养。媒介素养不同，在信息的截取、制作、发布等方面会呈现出巨大差别。严酷的现实告诉我们，有些人在传播信息时，或者置法律红线于不顾，或者把道德底线抛在脑后，或者以一己私利为价值取向，或者缺失应有的社会责任感，从而危害了国家利益，破坏了社会秩序，毒化了精神环境，侵蚀了大众心灵，这从又一个方面说明了提高媒介素养的极端重要性。

第五，任何一个人，无论是作为信息的接受者，还是作为信息的传播者，无一例外地都要使用媒介技术和工具。媒介技术和工具的运用程度与水平，直接制约着媒介传播的深度与广度，制约着媒介传播的质量。充分发挥媒介技术和工具的效能，有效运用媒介技术和工具的多种功能，是媒介素养的又一个重要方面。但是，不可否认的事实是，对于不少人来说，他们仅仅利用了媒介技术和工具中很少一部分功能。例如，有些人运用手机，主要局限于通话和收发短信。有些人运用微信，主要局限于收发图片和传输文字信息。这显然是一种技术的严重浪费，实在是太可惜了。而实现媒介技术和工具功能最大化的途径，就是提高人们的媒介素养。

有感于此，我深深地体会到高萍老师撰写的《当代媒介素养十讲》的意义和价值。可以这样说，在今天这个互联网时代，拥有一定媒介素养，已经不是传统意义上媒体工作者的专有属性，而是所有生活在互联网时代的人所应具备的基本素质，是在互联网时代培养创新型人才的必然要求。了解媒介素养、培养媒介素养、增强媒介素养，已经成为互联网时代人们的必修课。高萍老师的《当代媒介素养十讲》恰恰为人们圆满完成这门必修课的学习提供了有效途径，为人们加速在互联网时代实现由必然状态向自由状态的转变提供了理论指导。

正因为媒介素养问题在互联网时代所具有的突出意义，所以已经有许多有关媒介素养问题的著作相继出版面世。据我粗略统计，此类著作已达50部以上。我没有阅读已经出版的所有此类著作，但就我已经阅读的几本著作来看，高萍老师的这本书显然有着不同于其他著作的鲜明特点。

《当代媒介素养十讲》一书，首先是较为详细地对媒介素养所涉及的基本概念进行了厘清并做出了自己的界定，较为深入地论述了媒介素养的基本原理，从而使人们能够形成对媒介素养的比较完整的清晰认识。其次是通过大量生动的事例，引导人们去了解实施媒介素养教育、提高媒介素养水平的重要性。最后则是把如何培养人们的媒介素养作为全书阐述的重点。这样，全面性和系统性就成为该书的一个重要特点。

《当代媒介素养十讲》一书虽然也涉及许多理论问题，但是全书不是在纯抽象层面进行理论论述，而是紧密结合了当前的实际做出理论的加工。人们可以感到，这种理论加工是充分接地气的，有着鲜明的现实针对性，也有着具体的实践指导意义。这样，实践性也构成该书的一个重要特点。

《当代媒介素养十讲》一书不是作者的自说自话，而是触及了当前围绕媒介素养问题而形成的种种不同观点和议论。作者不回避矛盾，不掩盖分歧，不模糊观点，正是在对这些不同观点和议论的分析、评价、质疑、吸收、整合的过程中，确立了自己的见解。这样，论证性和整合性同样构成该书的一个重要特点。

我十分欣赏的是《当代媒介素养十讲》对价值观作用的强调。该书说道："每个人使用媒介的目标和动机不同，对待媒介讯息和媒体立场的态度也会有所不同。人们对自己的目标知晓得越清晰，对媒介讯息取舍的指导性动机就越强，其媒介讯息接受的可控性也就越强。""进入网络与技术主导下的新媒介环境，人们拥有了更多的微平台和不断增加的社交媒介工具，面对迎面而来的大量讯息，使用哪种媒体，阅读哪条讯息，选择什么内容，相信哪种观点，采取什么态度，如何反馈或采取行动，这些都是由每个人的主体动机随心而动。"该书也说道：传媒反映并影响人们世界观的价值取向。这就充分表明，一方面，人们制作、传播或者吸取、赞同什么信息，直接受到人们的"目标"、"动机"、"态度"的支配，而人们的"目标"、"动机"、"态度"，从根本上说又都取决于人们的价值观取向。有不同的价值观取向，就有不同的"目标"、"动机"、"态度"，从而就会制作、传播或者吸取、赞同不同的信息。另一方面，人们所制作、传播的信息又会反过来影响人们价值观的形成和价值观取向的确定。正是基于这一点，我认为在增强人们的媒介素养时，需要特别重视社会主义核心价值观的教育和培养。

我同样十分欣赏的是《当代媒介素养十讲》一书对理性思维的高度重视。人之所以区别于动物，一个重要标志就是人能够思维。人不是行动起来后再去想，更不是什么都不想就去行动，而是在行动之前就要大概想一想应该怎样行动。人的聪明与愚笨区别主要在于思维的能力。聪明的人善于思维，愚笨的人则不善于思维。在互联网时代，人们所面对的世界，一方面是极其纷繁复杂的，另一方面是快速变化的。这就要求人们比其他任何时候都要更能思维。由此就决定了，在互联网时代，在信息传播领域，理性思维成为媒介素养不可或缺的重要内容。所以，该书这样明确写道："当代媒介素养刻度表上从中级到高级的提升，每一个层次都需要批判性思维的方法和技能。媒介素养中强调的分析、评价、分类、归纳、演绎、综合与提炼信息七项技能，正是主导批判性思维的技术方法，这对于当下既百花齐放又鱼龙混杂的新媒介环境是一剂媒介消费的良方。……媒介素养是人们通过媒介获取信息、选择与理解、质疑与评估、创造与再生产、利用媒介工具传播信息的知识能力和文化素养，它需要的正是这种思维工具。"因此，理性且科学的思维养成是提高当代媒介素养的核心工具。我认为，当有些人在互联网时代比较容易重视物而忽视人、比较容易重视技术而忽视思维的时候，能够像高萍老师这样强调理性思维的价值，就显得难能可贵了。

高萍老师希望我能够为她的书作序。但是，我既没有像高萍老师这样长期致力于新闻传播领域的教学和研究，也没有像高萍老师这样占有并且解析了大量的已有的学术研究资料，实在没有作序的资格。我只是作为一名初学者，在阅读了高萍老师的《当代媒介素养十讲》之后，谈一点读后感，作为对高萍老师《当代媒介素养十讲》一书的欣赏与肯定，同时也借以充序吧。

**汪馥郁**

2014 年 10 月 6 日于北京师范大学丽泽楼

（作者为北京师范大学哲学教授，北京创新思维研究所所长，北京联合大学应用文理学院原党委书记、院长）

# ·前　言·

新新媒介，人人时代，经历了网民的狂欢，认知盈余开启了无组织的时间力量：一方面，为了免费模式背后的社会化驱动而制作话题，大量冗余且过剩的信息真假难辨；另一方面，为了迭代更新追赶微平台和 APP，视频、图片、短信使思考性阅读的精良习性消失殆尽。大连接使互联空间既是网络又是“社会”，聚合了群体力量的正负传播同生共长。朋友的朋友的朋友的“三度”强连接，使社会传递的力量比信息本身产生的直接影响更大；六度分隔的弱连接，使你和任何一个陌生人之间所间隔的人不会超过五个。世界是平的，未来是湿的。链接唤起的人人意识将人人价值释放在无组织的组织里，有人性的真善美，也有病态的假恶丑。无尺度网络爆发的大数据大合作使线上与线下的 O2O 引发移动互联网时代新的商业革命，创业者前仆后继。尽管创新者遇到窘境，草根媒体却永远生机勃勃，创客不时萌动，引爆一波又一波公众风潮，将媒介机构们围观得既破窗又破界，使得本来人们就置若罔闻的媒介伦理渐离渐远。谷歌带来了什么？除了发现问题的探索精神，还有它的街景车；脸谱的效应使它的 7 亿追随者除了受到馈赠型经济的诱惑，也贡献了自己的私人信息。挡不住的技术在发展中，也在报复中。有人预言：全人类的最终命运和结局就是失控。

色情传播、网络诈骗、隐私泄露、黑客猖獗，林林总总，技术本中性，全在使用者的意念间。2013 年 12 月，我国互联网信息办公室宣布，全国微博客账号总量已突破 13 亿个，微博已成为网上信息传播的主要途径之一；媒体法人微博快速发展，仅在新浪和腾讯微博客平台，已有 3.7 万个媒体机构账号。微平台深入生活，无线网触摸到每一根神经。当人类被彼此镶嵌在一个网络上，在更大的网络和更小的世界之间虚实隐现时，媒介技术的授权亟待媒介素养的赋能，当代传媒生态环境需要唤醒人们的理性精神。1933 年生发于英国的媒介素养是一种“免疫法”教育，旨在使学生掌握“甄辨模式”以分辨与抵制媒介内容。当代传媒不仅是传播内容的管道，还是人们精神交往的平台；不仅是人们接收信息的工具，还是人们创造自我价值的窗口。故此，当代媒介素养除了“甄别模式”，还应有“评价模式”、“甄选模式”、“创新模式”、“生存模式”，等等。

“媒介融合”，融什么？除了融形态、融功能、融市场，更要融品性、融文化、融意义，以达到全媒介、全覆盖、全受众的融合效果。“融合”的价值在于对传统媒体和新兴媒介的“扬弃”。报刊时代的公共美德建构了报纸的厚重感和公信力，报人的守望精神与正义感赋予了印刷媒介的沧桑和权威地位。电视时代的形象力与影响力，涵化着一个社会的主流意识和审美取向，多元但不失主流、自由且有所信赖。那时，资讯的话语权来自“一个自由而负责的新闻界”。今天，互联网的“双刃剑”已经深深插入每个移动终端，一触即发的利益与风险降临到每个人身上。一轮又一轮互联网公司的生存危机从未间断，被免费模式忽悠的人们越来越清楚自己付出的代价，技术报复中的新媒介反作用消解着技术带来的便利。如何让互联网的正能量性能稳定下来？传媒的意识形态作用和媒介技术的报复都需要通过有效的“扬弃”优化全媒介品性，在融合中传承以往传媒的先进文化和精英文化，并通过新媒介的社交平台融进草根文化，在释放个人文化创造力的同时坚持主流媒体的理性精神和价值导向，从而将传统媒介中精良的品牌元素转移到新兴媒介领域以提升新媒介品牌。“媒介融合”除了建网站、开微博、办手机报、建微信公共账号、打造PC互联网和移动终端的硬件和软件，更重要的是实现“潜件”的转移，使传统媒介的诚信、权威、弘扬主流先进文化和社会主义价值观的优良秉性迁移到新媒介中，实现全媒介品牌的升级，使互联网公民们“良禽择木而栖”。实现媒介融合的思维架构，正是媒介素养的基本诉求。

与以往媒介素养类的书籍不同，本书以“当代媒介素养刻度表”开讲，以“温度计”形态比量人人都具有的媒介素养存在的高低之差。全书通过“批判性思维”与“互联网思维”前后观照，以辩证理性的科学思维与当代媒介实践中颠覆与重构的方法论模式交相迭代，在解析传媒立场以及媒介技术正负效能的较量中全新架构出当代媒介素养的一个新体系。

第一，本书创建了当代媒介素养的三个模块。

- 媒介素养原理模块：第一—第五讲，知识与理论的主体内化
- 媒介素养细分模块：第六—第八讲，媒介分类之属性与特征
- 媒介素养管理模块：第九—第十讲，法律与规制的客体钳制

在原理模块中拓展媒介素养范畴。第一讲从媒介素养关于个人定位、知识结构和技能的三大基石以及知识、能力与理解三个能力维度切入知识，突出批

判性思维方式对提高人们媒介素养刻度的必要作用；第二到第四讲强调的是媒介构连与媒介再现需要我们判别信息的真实性，而媒介属性、媒介话语权和媒介语言符号的立场与价值共同决定了“真实”的相对性，我们只能期待“下一步的真实”；第五讲阐释了公众从“大众”到“小众”的转向以及处理媒介信息的三重任务。

细分模块针对不同的媒介类别，指出当代媒介素养不能够遗弃传统媒介消费的精英文化品性：报人的守望、期刊封面的精神召唤、电影大片的人性辉煌、电视营造的家庭温馨。第六讲突出了“文字是思想之母”的报格品性和期刊品牌的媒介特征。从媒介素养视角，我们无须关注报纸的兴衰史，却值得对报刊纸媒时代传媒的人文传统和媒介的优质消费给予追忆和反思。第七讲分析了视频图片时代的浅阅读不能取代图书报刊的思想力，视频影像的伪语境凸显出传统媒介对于人类社会历史发展的理性贡献。第八讲以“互联网时代”定位，着力阐释了互联网的社会效能，突出了网络平台的聚众效应和舆论分析功能，解析了互联网力量引发的社会重大变迁：解构与重构、碎片与聚合，人人价值的无组织爆发，其中以自我实现与自我保护为特点的媒介素养意识比任何一个历史时期都更加重要。

管理模块通过对媒介技术负面影响力的反思，提出了关于传媒法律法规和政策管理的必要性。在人格越来越容易分裂的今天，技术的肆无忌惮也容易使人们忘乎所以。当交互白板进入教室后，学生就一定产生高效率的学习效果吗？答案当然是否定的。只单独引进技术还远远不够！因为技术正在使人类的生命变为实验的客体，我们能了解的也只有一点：趋向于使我们日益远离昨日的我们，即使不考虑人类习性之类的影响，技术也在使人类越来越没有能力预测复杂系统的未来状态。跨越国界的网络犯罪不断冲破法律边界，一个国家与民族的信息安全危及整个社会与民生。无论从意识形态还是技术报复方面，传媒需要有效的管控，网络犯罪需要法制，更需要文治，人人都需要养成和具备强大的媒介伦理自律和底线意识。尽管这可能只是梦想，但是没有呼唤就没有改变。

第二，本书集纳了当代媒介素养的经典资源。

本书在各讲中设置了多种形态的教学资源，如经典理论、背景知识、当代词注和国际视野等，着力于各种媒介的比较分析和案例解读。在每讲都设置了一个较大的“案例与分析”和多处小案例，大案例以反思和结论的引导性逻辑解构现实生活中的媒介素养形态。从传统媒介时代到当代移动互联网的媒介变迁，本书将传媒的经典理论和术语贯通其中。在当代词注中虽然有的是传统媒介概念，但也是基于新媒介语境的重新审视且具有贯穿力，如从“邸报”到“免费报”再到“数字报”，以此架构了一个基于理论与实践、传统与当代、形而上与形而下交合呈递的当代媒介素养知识形态和能力景观。

第三，本书以终为始地诉求媒介素养的导正作用。

本书立足于当代媒介对正负能量的双向聚合力，进而阐释媒介素养在其中的导正作用。在任何一个时期，人类对商业利润的追逐都会超乎文化底线。正如派拉蒙电影公司总经理迈克尔·艾斯纳曾言：“我们没有谱写历史的职责，也没有塑造艺术的职责，更没有制造舆论的职责。我们唯一的职责就是赚钱。”互联网时代的赚钱工具正在由实转虚，关涉的利害群体越来越大众化、全球化。通过互联网思维审视人类社会的发展态势，必须倡导运用批判性思维工具理性地驾驭这个疯狂的时代。

第四，本书展示了媒介素养的高屋建瓴。

媒介素养理论的直接方法论意义在于它的“下一步真实”让你改变视角。正如美国媒介素养专家詹姆斯所言：问题不应该是媒介信息是真的吗，而应该是信息中的哪些要素反映了现实，哪些要素在某种程度上脱离了现实，回答了这个问题，可以帮助我们提升对信息与真实之间出入程度的敏感度。媒介素养的关键不在于我们离真实有多近——那样只会限制我们的信息和情感反应——媒介素养的关键是灵活且清醒。灵活的意思是愿意了解全部；清醒的意思是了解你在整个信息中的位置，以及对不同位置的信息采取不同标准。既灵活又清醒，就可以更好地享受媒介中的信息，同时控制这些信息对自己的影响。避免由于接触媒介带来消极影响，应更热情地享受其积极影响。

媒介给予人“sight”（视力），这是一种视觉、视界和视野，使人通过自己的视力看到周边世界的景象；而媒介素养给予人的是“insight”（洞察力），这是一种洞悉、顿悟和洞见，使人通过自己的洞察力领悟周边的世界，产生深刻见解。在美国的一些经济学课堂上，教师们在讲授如何赚钱的同时，会经常插入宗教信仰内容，以防学生走入另一个极端。互联网可以聚合人际、重构社会，可以瓦解组织、粉碎一切，但是它再有力量，也难以生产出粮食和钢铁。再密布的社交网络图谱、再高端的传媒技术、再复杂的传媒，其背后隐藏的仍是有血有肉、需要获取信息、达到具体应用，实现自我诉求的“人”。不论是社交网络还是公众风潮，只要理解了人与人、人与群体、群体与群体之间的关系中“人”的关系，一切机器和网络便皆在其下。

网络无尺度，人类有素养。这是一个人人拥有话语权的时代，波普艺术的倡导者安迪·沃霍尔 1987 年曾预言：每个人都可能在 15 分钟内出名；每个人都能出名 15 分钟。哪怕是 1 分钟，你能为这个世界带来什么？媒介素养能够将传播媒介外在的技术力量与人类主体内在的思维力量有机整合，以释放传播生产力的正能量。

**高　萍**

2014 年 9 月 8 日

# ·目　录·

# 第一讲　你的刻度在哪里
## ——媒介素养范畴

**本讲要义**

* 媒介素养是什么
* 怎么知道你的媒介素养有多高
* 怎样提高你的媒介素养

对自己的首要原则是否提出过怀疑，这是一个人文明与否的标志。

——美国法学家霍姆斯

## 第一节　媒介素养是什么

在中国，媒介素养纯属“舶来品”。但国人不会忘记，2011 年的日本地震以及福岛核电站泄露引发的中国“抢盐事件”，致使我国沿海一代浙江、江苏、山东等地发生大规模的购盐潮，盐价一路飙升至每袋 20 元，如此“蝴蝶效应”突如其来地闯入中国，且降落在老百姓的菜篮子里，导致了当时更大范围的恐慌。此前的 2003 年“非典”时期，被恶性炒作的板蓝根就大行其道；而后甲流袭来，大蒜又步其后尘，重蹈覆辙…… 当然最终，这些都会消失在公众视野中。今天，人们对网络信息已经不那么轻信了，但通过媒体报道，我们仍旧可以见到：由于追随网络讯息而上当受骗者前赴后继，当代先进的网络传播技术带来的负能量依然不可低估。基于此，近年来我国政府不断加大力度整治网络环境，同时还意识到，法治的同时也需要文治。对网络信息的轻信与盲从，或采取不信与不理等态度，都是人们缺乏当代媒介素养的病症。

媒介素养是指人们接触媒介、获取信息、解读和接受讯息并利用媒介工具传播信息的知识能力和文化素养。根据国外学者的研究，媒介素养具有个人定位、知识结构和技能三大基石，由能力模式、知识模式和理解模式构成。

## 一、媒介素养的三大基石

美国媒介素养研究者詹姆斯·波特（James Potter）在其 1995 年出版的《媒介素养》一书中指出："媒介素养有三大重要基石：你的个人定位、知识结构和技能。这三项是构建一个人具有一套更为广阔的媒介视野的必备条件。你的个人定位是你的能量与目标，知识结构是原材料，技能就是工具。"① 这三块基石合力打造出每个人的媒介素养根基和向上延展的栋梁。

### （一）媒介素养的基石之一：个人定位

作为媒介素养的三大基石之一，"个人定位"由个体不同的目标与动机构成。每个人使用媒介的目标和动机不同，对待媒介讯息和媒体立场的态度也会有所不同。人们对自己的目标知晓得越清晰，对媒介讯息取舍的指导性动机就越强，其媒介讯息接受的可控性也就越强。如果自身的定位模糊，没有特定的目标，选择性的驱动能量也会较小，很难关注讯息内容本身带来的立场——媒体对讯息的控制以及自我接受中受到的影响效果等这些必然出现的客观逻辑。进入网络与技术主导下的新媒介环境，人们拥有了更多的微平台和不断增加的社交媒介工具，面对迎面而来的大量讯息，使用哪种媒体，阅读哪条讯息，选择什么内容，相信哪种观点，采取什么态度，如何反馈或采取行动，这些都是由每个人的主体动机随心而动。在快速普及的 PC 互联网和智能终端多元化的移动触屏时代，人们不仅要选择媒介平台，还要选择媒体机构；不仅要阅读或观赏媒体的讯息内容，还要甄别讯息的真伪；不仅希望找到自己相信的资讯，还会有意识或无意识地进行讯息评估。于是，每个人的知识修养、文化视野和经验阅历便构成个人选择与判断能力的必然条件。

"素养"一词源于英文单词"literacy"，美国学者阿特·西尔弗布赖特指出：传统的"literacy"含义只应用于印刷物"关于字词的知识"，是受过教育的、有学问的一种内化的文化与修养。英国学者凯丽·巴塞尔格强调对"素

① ［美］詹姆斯·波特：《媒介素养》，13 页，北京，清华大学出版社，2012。

养”重要性的认识，认为素养仅针对个人而言，是人一生中都需要不断提高的修养。媒介素养是关于传播媒介与媒体讯息的文化认知与内功修养。故此，媒介素养与传媒文化连体并蒂，反映在每一位公民通过传媒讯息发生的精神交往上。

媒介素养是一个过程，意味着公民个体能够自觉、主动、更频繁、更积极地使用个人定位，在有意识的模式下选择讯息内容，实现自己的意愿。尤其在当代，媒介素养能够使每一位公民个体以一种自觉的“把关人”意识消费媒介讯息，创制传媒产品，释放作为个人的文化底蕴，最终形成一个百花齐放的传媒文化景观。

**（二）媒介素养的基石之二：知识结构**

作为媒介素养的第二大基石，“知识结构是存在于个人记忆中的一套有组织的信息。它不是自然产生的，必须认真而精细地建构”[①]。所以，媒介素养的知识并非指向单纯的书本知识。构成媒介素养的知识结构是围绕媒介属性而阐释的有关传媒是如何制作和编排信息、媒介讯息的主导或操控者构成，传媒产业的形成以及经济效果，传媒如何向受众以及社会产生或施加持续的影响等。需要在媒介效果、媒介内容、媒介产业、现实世界以及人性自身（群体的类属性和个体的差异）等领域建构起历史观的、现代观的、社会观的、技术观的等客观知识体系，对如上众多范畴还不能仅仅停留在概念解构和说文解字层面，而应深入不同社会传媒及消费群体辨析其实际存在的生态状况，媒介素养的知识维度需要的是以个人为定位的经验感知和理性升华。

**（三）媒介素养的基石之三：技能**

媒介素养的第三个基石是传媒讯息消费以及创制实践领域里的技能。技能是“通过人类实践培养起来的工具。与媒介素养最相关的技能是分析、评价、分类、归纳、演绎、综合与提炼”[②]。面对不同媒介讯息内容的分析和评价能力，是甄别讯息真假的基础；分类、归纳、演绎、综合是资讯与信息学习的技术方法和能力体现；提炼是对当代海量讯息的价值选择，是对大数据信息的科学提取。媒介素养七项技能[③]解读详见表1—1。

---

① ［美］詹姆斯·波特：《媒介素养》，14页。

② 同上书，15页。

③ 参见上书，16页。

表 1—1 媒介素养七项技能解读

| |
|---|
| 1. 分析——将一条讯息分割成为有意义的多个元素，探索之间的关系 |
| 2. 评价——判断每个元素的价值，即将讯息元素与某些标准进行比较之后得出结论 |
| 3. 分类——将某些方面相似的元素归为一类，找出各个分类与其他分类之间的区别 |
| 4. 归纳——先根据小系列元素的共同特征分类，再根据所有元素的特征抽象和概括 |
| 5. 演绎——使用归类之后的模式对各个元素及其之间的细节特征进行解释 |
| 6. 综合——将所有的元素重构或重新组合为一个新的知识结构 |
| 7. 提炼——建立一个简洁、清晰且语言简练的描述，以准确抓住传媒讯息的本质 |

故此，媒介素养是一种视角，使媒介消费者能够内生、主动、积极地（有意识互动）运用它来接触媒介，解构媒介讯息的意义。以个人定位从自己的知识结构中建构个性化视角（不同个体定位对传媒讯息将会形成不同的态度）；建构的工具是分析、评价、分类、归纳、演绎、综合与提炼媒介讯息等技能；建构的原料就是来自传媒和现实世界的各类信息、讯息与个人的主观经验。

## 二、媒介素养的三种模式

根据学者鲁宾的观点①，媒介素养包括能力模式、知识模式和理解模式。这里的“模式”指的是媒介素养发生作用的方式和渠道，三个模式的有机交融，铸造每个人的媒介素养形态。

### （一）媒介素养三种模式之一：能力模式

能力模式是指每个人所具有的获取、分析、评价和传输各种信息的能力，侧重于对传媒讯息的认知过程。能力是构成媒介素养的工具，也是提升媒介素养的核心工具。詹姆斯·波特于 1995 年提出的分析、评价、分类、归纳、演绎、综合与提炼这七项关系到媒介素养的技能，是媒介素养的基本思维工具。

你知道能利用微博做些什么吗？伴随传媒科学与技术在近 10 年来的突飞猛进，传媒世界每天都在发生变化，甚至翻天覆地。以平板电脑和智能手机为代表的移动终端深入普及一般民众，改变着百姓媒介消费的习惯；以微博、微信为典型代表的社交平台以及 APP 的广泛应用使各类新闻、广告、公共关系以及娱乐可能融合在一个媒介平台上。人们对常常收到的信息——消息——资讯——讯息难分难解。一位每天只读晚报的老者与一位无时无刻不在使用手机的“低头族”对讯息的获取类别和数量可能具有天壤之别。总之，媒介技术和媒介生态都变化了，一切比 10 年前更加多姿多态！于是，及时了解新媒

① 参见中国青少年媒介素养网，2013 - 01 - 27。

介——针对我国传统四大媒体而言（非数字化的报纸、期刊、广播、电视），以网络化、数字化为标志的新的媒介形态——并有效使用，成为影响一个人信息来源的制约因素。故此，对新的传媒工具，即新的传媒技术和新的传媒平台的发现与使用成为当代媒介素养的必要能力之一。

**（二）媒介素养三种模式之二：知识模式**

知识模式是关于媒介如何对社会产生功能的知识体系，侧重于传媒讯息的生产和传输过程。这个模式当然是建构在詹姆斯·波特所指的三块基石之二——知识结构——上的。詹姆斯·波特的知识结构是指“存在于个人记忆中的一套有组织的信息”[①]，他认为，信息是知识结构的重要成分，而信息由事实构成，事实本身并不是知识，仅存在于传媒机构提供的讯息中。知识需要结构来提供内容，进而展示其意义，应该将信息从我们收到的资讯中剥离出来（利用技能工具）变成具有事实属性的知识，“更高水平的媒介素养者有一个特征，就是具有能将信息融入知识结构的能力和习惯”。于此，我们看到了所谓“知识模式”与“知识结构”二者的关系（第二讲“鱼知道自己是湿的吗——媒介本体属性”将详细阐述）。

这里我们不妨将詹姆斯·波特在1995年提出的有关理论设定为具有传统意义的媒介素养理论，它对应着传统的传播学原理，于是构成传统媒介素养知识模式的基本内容：“我们必须在五个领域建构起强大的知识结构：媒介效果、媒介内容、媒介产业、现实世界以及我们自身。”如上五大要素足以支撑起媒介素养的知识结构，但对比大众传媒时代的“一对多”，当下传媒环境中的“推送”、“定制”、“多对多”等形式，是以媒介消费者主体性互动表达为根本特征的新媒介平台式传播。显然，仅以定位性的“我们自身”难以体现媒介消费者主体在目前的传媒生态下的个性力量以及对媒介效果的影响，需要着力于昨日的传媒对象——受众（或受者），今天已经同时成为传者的当代传媒现象（第九讲“技术想要什么——媒介技术互动与报复”将详细阐述）。

你知道微博已经为你做了些什么吗？传媒技术的发展不仅创造了新的媒介形态，也带来更加丰富的传播形式和传媒内容。2013年的“神级”与“脑残”一度成为网络热词，这两个本来存在极性差异的语义符号交汇在一个语境下，甚至透露出讯息背后的扑朔迷离，经常使人难信也难懂，媒介环境的演变亟待人们了解更多关于传媒领域发展的新事实、新概念、新原理等各类传媒新知识。同时，人们需要不断考证自然生发但没有达到共识的新术语。比如“新媒

---

① ［美］詹姆斯·波特：《媒介素养》，14页。

体”，在20世纪的最后10年就已经在社会上广为流传，几乎人人在用，于主流媒体的新闻报道上也经常出现，然而关于什么是新媒体，至今仍旧众说纷纭（详见当代词注：新媒体）。笔者在见识了若干种“新媒体”定义后，比较倾向于英国卡迪夫大学新闻学教授鲍勃·富兰克林的主张：“这是一个宽泛的传播概念，它可以指称下列这些互有联系的事物中的任何一个：新兴的数字技术和数字平台；在线新闻；电子和多媒体出版（尤其是在因特网和万维网上）。”① 现代科技环境下对传媒新术语内涵的界定不仅是一个挖掘新知识的过程，也是建立新知识研究范式的过程，还是一种新的知识模式形成的过程。

**当代词注：新媒体**

实际指的是新媒介。伴随20世纪90年代以来互联网的普及，这个词被广泛使用，但至今依然是一个争议不清且争论不休的问题。学术界对之始终没有一个权威性的概念界定。

但是大家普遍认同：新媒介是一个相对概念，主要是由于媒介载体的不断发展和创新而产生的、一眼便能分得清的、新的传播现象。即新媒体就是信息传播的新媒介、新方法、新工具或新载体。新媒体一定是在信息传播的关系、路径和方法上都实现了全新的变革。

美国《连线》杂志从传播关系上将新媒介定义为“所有人对所有人的传播”。

新媒介在传播层面的本质就是传播关系发生了根本性的变化，实现了多数人对多数人的传播，如在移动终端，内容符号简约化了，更强调到达，而不是符号。

故此，在新媒体时代：媒介素养比策划创意更为重要！

### （三）媒介素养三种模式之三：理解模式

理解模式是人们对于传媒讯息在制造、生产和传递过程中受制于社会文化、经济、政治和技术等诸力量影响的解读模式，侧重于对传媒讯息的判断和理解能力。正如对“新媒体”一词难以达成共识，人们对于各种传媒讯息的解读和理解也多种多样，有合意的解读（preferred reading）、协商的解读（negotiated reading）、反对的解读（oppositional reading）以及趋同与融合的抵抗性阅读等多种解读与理解方式（第五讲“我的受众在哪里——受众认知与个体差异”将详细阐述）。尽管我国与西方国家在社会政治以及文化体制上存在根本

① ［英］鲍勃·富兰克林等：《新闻学关键概念》，210页，北京，北京大学出版社，2008。

的不同，但也绝非大相径庭，其中贯穿着市场利益的主体化表达。

微博上的内容你怎么看？传媒技术的发展不仅产生了新的传播形式，丰富了传媒内容，也带来更加多彩的传媒符号表达，同时不同程度地映射出讯息背后的传媒机构作为利益主体的立场、观点、方法和价值取向。其中，各级政府、不同的社会阶层、相关群体以及各类市场主体对传媒的影响，无论有形还是无形，都会通过对传媒讯息的理解模式得出不同结论，甚至大相径庭。新的市场环境和不断创新的传媒产品需要更加广域的讯息理解模式（第三讲“谁的风笛谁定调儿——媒介功能与话语权”将详细阐述）。

从媒介素养的三块基石和三种模式都可以看出，媒介素养是一种观察方法，即当我们有条件置身于不同的传播媒介时，为了解读我们所遇到的讯息——尽管我们希望那是真实的信息，但常常不是——我们需要根据自己的知识结构和生活经验，判断讯息内容的真伪，甚至需要深入分析讯息的背景，在个性化的理解模式下做出关于讯息导向的价值判断。这个过程并非完全的否定，而是基于分析与评估，以及分类、归纳、演绎和综合判断等科学的思维方式，以积极的、建设性的心态享用各种传播平台提供的讯息资源，在深入解构讯息平台的同时有能力充分利用传媒工具表达自我，参与社会事项，并赢得学习资源。一个人的媒介素养通过分析传媒动机、使用传媒资源的方式方法与态度、利用传媒资源的有效程度以及对传媒的批判能力等环节表现出来。所有这些能力的背后是“素养”[见当代词注：素养（literacy)]，这种素养不是文学领域的，也不是语言方面的，而是人们在媒介方面的素养，媒介素养决定了当代人的媒介消费能力。

**当代词注：素养——literacy**

素养是人的一种能力，更多的是一种内化的东西。《现代汉语词典》对“素养”的解释为平日的修养，如艺术素养等。中文里，与“素养”可以一起使用的词如人文素养、文化素养等，其中既包含“文字和文化”修养的意思，又包括对意识和价值的判断能力。中文中最早出现“素养”的译法当属吴翠珍所撰写的《媒体教育中的电视素养》。

● 英文“literacy”源自中世纪拉丁语“litera”，为形容词，指“文字的”、“字面上的”，由此派生出“literally”（逐字地）、“literary”（文学的）、“literate”（有文化的）、“literacy”（识字、有文化）、“literature”（文学）等。“literacy”为名词，即会读书和写字的能力，当代 literacy 不仅于此，多数人认同译为“素养”，但也有人译为“素质”。在现代大众媒介发展以前，能写会说的人自然是“有文化的、识字的”，很容易理解。

● 美国学者阿特·西尔弗布赖特指出，传统的“literacy”的定义只应用于印刷物“关于字词的知识，多指受过教育的、有学问的”。

● 英国学者凯丽·巴塞尔格认为：“素养是针对个人而言的，它是人一生中都需要不断提高的修养。充满活力和生命的文化必然拥有具备良好素养的人口，具有良好素养的人口是民主社会的前提。”①

## 三、媒介素养在当代

当代媒介素养是在传统媒介素养内容的基础上为应对新的传媒技术带来的媒介形态变化，需要具备一定的媒介拓展以及使用能力，需要具备新型媒介平台的个体表达能力，需要完善更为广域的讯息理解模式。

如果说，对媒介素养的三大基石——个人定位、知识结构和技能——只强调个人的发展、知识的更新和相应技能的长进三个方面的与时俱进，即媒介素养的时代化演进，虽可称为当代媒介素养，但难以体现当代媒介素养的本质。

### （一）当代媒介素养的本质

当代媒介素养集中体现在媒介素养的理解模式中，是在当代更加纷繁复杂的社会生态和传媒产业化不断升级的网络和数字技术环境下一个人的媒介使用能效。无论国内还是国外的传媒语境都在发生日新月异的变化，伴随互联网技术与国际政治、经济和文化发展的不平衡性，各个国家或民族在国际传播市场争夺话语权的竞争愈加激烈，以传播为工具的较量发生在各个领域，需要人们对国际传媒讯息的理解口径更宽、更深、更广。国内快速普及的数字与网络技术不断拉升着人们的媒介使用技能，长期以来主流国有媒体的话语权地位早已受到动摇甚至颠覆。以新兴的互联网和各种新媒体平台（如新浪的微博，腾讯的 QQ、微信平台等）占领市场的民间传媒机构通过庞大的客户群以强劲的态势崛起。发自民间以及个体的声音，既包括社会名人大 V 群体，更包括一般草根百姓，他们构成新的传媒环境下的多方位、多语境的利益表达方式。这需要人们在更加多元的立场上解读讯息，解构媒体则具有更多的理解模式（第四讲“谁在背后玩拼图游戏——媒介语言与现实”将详细阐述）。

### （二）当代媒介素养的主要特征

媒介素养的主要特征是具有多维性。詹姆斯·波特提出“媒介素养具有认

---

① ［英］凯丽·巴塞尔格：《媒介素养与媒介》，载《现代传播》，2005（2）。

知维度、情感维度、美学维度和道德维度”①，这四种维度关注的是不同领域，界定了媒介素养的视角或视野具有多维度。对比 20 世纪 90 年代初期传播媒介在种类上的少而精，今天的传播媒介可谓种类纷繁，样态各异，传媒企业也同产品制造业等其他属性的企业一样面临市场生存和发展的问题。故此，我们认为，当代媒介素养必须增加一个新的维度——生态维度，即以生存为前提、发展为目标的传媒价值取向。

1. 多维之一：生态维度

生态维度即以媒介生存为前提，首先要保证媒介的正常生态条件。生态维度是媒介消费者对传媒内容整体讯息在价值取向和媒体态度方面留下的印象，并通过自身的分析与判断进一步理解媒体立场，这类需要理解性解读的信息直接依赖于媒介消费者的理性判断。一方面，这是由于传媒市场竞争的需要。比起 10 年前，因为传媒数量的绝对增长和传播质量的不断提高引发传媒市场一轮又一轮的博弈——各传媒机构之间比拼技术、争占内容、赢取速度、抢夺客户、入口与接口之争等，竞争加剧，传媒产业链价值不断缩水，无论哪方“传媒”都已经走下“神坛”。在有限的注意力时空中，各路媒体不惜利用各种手段争相吸引人们的眼球，在传媒内容上求新求奇求异，反映的是各个媒体之间的竞争策略。另一方面，这是社会和谐的政治需要。目前我国尚处于社会主义市场经济的初级阶段和改革与转型期，社会各个阶层、各个领域的主体利益深层交织，矛盾重重。由于发展的不平衡，各种利益冲突时有发生，故此若不给予适当的控制，其传播的心理暗示以及社会模仿等原理就会产生更大的效果，接连不断地引发新的社会事件，这是需要所有善良的百姓大众理解的。当然，媒体能否快速、真实且全面地报道尚属维系社会稳定的传媒政治策略问题，当社会恶性事件发生后，需要的是传媒人和有关部门第一时间了解实情，以处理问题为最终目的，并寻求最佳方案杜绝此类事件再发生。这也是具有更高媒介素养层次——社会责任感——的人最应该关心的，也是当代媒介素养中新的价值观念。

2. 多维之二：认知维度

认知维度是媒介消费者对传媒内容中各种事实信息，如传媒事件发生的时间、地点，人物的姓名、身份，事件的定义等的认识，这种认知型信息可以由媒介消费者的大脑直接处理。长期以来，拥有话语控制权的传统媒体的新闻报道在社会上有一定的权威性和可信度，其他媒体对同一讯息的传播口径也较为

---

① ［美］詹姆斯·波特：《媒介素养》，20 页。

接近，故此对传媒讯息的认知存在着较为统一化和大众化的现象。而今，无论是政府背景的国有媒体，还是民间投资的私有媒体，或多种经济成分的股份制媒体，各类传媒共分天下。尤其在移动多屏时代，各种网络资讯可能最先进入自媒体终端，信息多种来源，表达多种方式，内容多种呈现，评论多种观点。对不同传媒对事实信息的不同符号表述，人们的认知分歧也不断加大，已经从大众化接受走向分众化或个体化的不同认知（第五讲“我的受众在哪里——受众认知与个体差异”将详细阐述），甚至对同一个传媒事件的主人公也可能产生不同的对象表述。当代媒介环境下，媒体多了，信息源多了，人们的视听多了，在认知维度里的分歧也大了，若做出接近事实的判断，需要更高的媒介素养水平。

3. 多维之三：情感维度

情感维度是媒介消费者对传媒内容中各种情感信息，如喜、怒、哀、乐、爱、恨、高兴、惊悚、恐惧等的体验，这种情感型信息直接由媒介消费者的内心处理。不同的人情感体验是存在差异的，有的人很敏感，如面对电视剧的某情节会痛哭流涕，有的人却显得冷漠，对同样的情节会无动于衷，这多是受每个人之前的个人阅历和社会经验影响——不同的人会对不同的诉求很敏感。基于这个社会心理现象，新闻的制作、广告的创意以及其他传媒产品的生产，都是从调研和策划开始，选用最易于目标受众群理解的符号进行刺激，以激发他们的情绪。网络新闻“标题党”的诞生正是以“煽情”来吸引眼球；广告的创意技能与技法也是将商业信息表现得淋漓尽致，成为这个领域的专业卖点。在当今传媒技术的支持下，策划、编剧、导演、创意、特技等技术与技巧已经今非昔比。是新闻、广告、公共关系、娱乐节目还是什么，若具备甄别这些传媒产品的能力，传媒受众需要具备更高的媒介素养知识和见识，其中，当代社会心理学是必要的常识。

4. 多维之四：美学维度

美学维度是媒介消费者对传媒内容中各种创造性表现符号的试听体验，如新闻的摄像或摄影、广告的创意表现、微视频的戏剧性、电视剧的音乐等，这种艺术型信息直接由媒介消费者的视力与听觉，即眼睛和耳朵判断。“例如，梅萨里提出，具有视觉素养的观众应当具备艺术和视觉操控的意识。他这里所谓的意识指的是过程意识，即通过对生产过程的了解从而明白意义是如何通过视频媒介的形式被表现出来的。”① 即媒介素养能够帮助人们了解传媒产品的

① ［美］詹姆斯·波特：《媒介素养》，20 页。

意义是如何被各种视频符号表达出来的，进而挖掘其背后的东西，同时判断创造性符号表达之水准。数字技术以及各种特技的发展使大小荧屏愈发变幻迷离和真假交融，从更高的层次要求传媒受众具备一种自我意识——作为独立的阐释者，具备艺术和视觉操控的自觉意识，能够洞察作品的创作技巧（如识别假新闻、虚假广告等），以辨析真伪，界定虚构与真实，这是当代媒介素养的更高要求。

5. 多维之五：道德维度

道德维度是媒介消费者对传媒内容中关于价值信息的感应、共鸣和体验，"只有高媒介素养的人才能较好地感知到道德的主题"①，这种道德领域包含的价值信息直接由媒介消费者的良心、良知和灵魂判断。对传媒内容，如对某个角色的道德讯息思考是进行是非判断的基础，如判断那个角色的善恶。需要指出的是，媒介消费者个体的道德信息越详细、越充分，越能深层次感知传媒内容深层次的价值，对这些价值的判断就会越深入、越合理。某些传媒讯息的内容可以符合或强化媒介消费者个体的价值观，这就是我们常常说到的产生"共鸣"，传媒即返回正能量的传播作用。具备较高媒介素养的人能够通过传媒产品的整体讯息，而不是将观察点置于某个环节或角色，纵观整体叙事，从自己的良心或灵魂层面聚焦传媒内容的价值意义，进而作为媒介消费者个体性的信息接受，主体性地、独立性地对传媒产品做到客观公正的判断。

取得对讯息意义生成的控制权，这是媒介素养的全部内容。当代媒介素养强调对传媒技术功能的了解，强调个人的媒介应用能力，强调传媒讯息的生态环境，即在媒介拓展能力、应用能力和理解模式上需要与时俱进。

植根于传媒技术的发展和传播学知识生态的变迁，当代人需要具备更高的媒介素养。谁不希望得到更广泛的媒介讯息？谁不渴望了解更真实的现实信息？谁不想利用媒介更好地表达自己？谁不想对媒介实施更多的控制——在这个信息饱和且真假难辨的传媒语境下洞察真实、了解世界、熟悉社会，理性处理各种讯息，提高学习能力，并自觉利用更方便快捷的传媒工具创造和生产传媒产品，终身拓展自己的发展空间？

**小结：媒介素养是什么？**

——是一种视角

① ［美］詹姆斯·波特：《媒介素养》，21页。

——是一种观察方法
——是一种多维度解读传媒内容的世界观
——是一种批判性地接收传媒资讯的方法论
——是一种解构媒体传播行为的知识模式
——是一种自我支配大脑编码的理解模式
——是一种控制传媒文本意义生成的能力模式

**背景知识**

## 媒介素养的起源

媒介素养教育与媒介发展并未同步，媒介素养教育直到电子媒介尤其是电影出现后才起步。

20世纪20年代美国最早开始进行媒介研究。美国佩恩基金会（民间慈善机构）资助了关于电影与青少年研究项目，开启了关于媒介对儿童影响的研究。

之后随着以电影和广播为媒体的大众文化在欧美各国日渐流行，媒介产品传播的价值观和审美情趣与传统的文化理念多有抵触和冲突，这类研究逐渐多了起来。

英国学者最早倡导并实施了媒介素养教育。1929年，英国伦敦教育委员会出版了《教师建议手册》，敦促教师对学生进行评价，并开始抵制低俗电影的专门培训。

1933年，英国学者E. R. 利维斯和他的学生丹尼斯·桑普斯出版了文化评论论著《文化和环境：培养批判意识》，该书首次就学校引入媒介素养教育的问题做了专门的阐述并提出了系统的教学建议。他们认为，新兴的大众传媒在商业动机刺激下所普及的流行文化，往往推销一种“低水平的满足”。这种“低水平的满足”将误导社会成员的精神追求，尤其会对青少年成长产生各种负面的影响。因此，教育界应以系统化的课程或训练培养青少年的媒介批判意识，使其能够辨别和抵御大众传媒的不良影响，也开辟了文化教育的一个新领域。

在中国，媒介素养纯属“舶来品”。1994年，中国社会科学院新闻研究所的夏商周（笔名，实名为陈力丹）首次把媒介素养教育介绍到中国。但是至今，我国系统的、大众性的媒介素养教育仍然处于起步阶段。

●2004年1月，经国家教育部备案批准，中国传媒大学（当时的北京广播学院）传媒教育研究中心在国内率先设置传媒教育硕士点，并设置了媒介素养研究方向。

● 2004 年 9 月，上海交通大学新闻传播信息技术学院首开“媒介素养”公选课。

● 2004 年 10 月，以“创新、沟通、发展”为主旨的中国首届媒介素养教育国际研讨会在中国传媒大学召开，来自国内外的专家学者以“媒介素养及媒介素养教育”为题探讨适合我国国情的媒介素养教育理论建设问题。

● 2006 年 3 月，云南大学新闻系开设“媒介素养”课程。

● 2007 年 12 月，由上海复旦大学信息与传播研究中心、上海复旦大学媒介素质研究中心、上海复旦大学新闻学院主办，CSM 媒介研究协办了首届“传播与中国・复旦论坛”，来自不同国家和地区的华人媒介学者就“媒介素养与公民素养”问题探寻了媒介素养在新的社会历史进程中的反思、批判和发展路径。

● 2009 年 11 月 14 日，第二届中国媒介素养教育国际研讨会在北京召开。我国学者与欧洲、亚洲从事媒介素养研究的专家研讨了“媒介素养与公民发展”问题。

● 2012 年 8 月 27 日，由中国传媒大学、甘肃省广播电影电视局主办，中国传媒大学传播研究院、甘肃省广电协会承办的第三届中国媒介素养教育国际学术研讨会在甘肃兰州召开。研讨会围绕“媒介素养教育与包容性社会发展”这一主题，分别就“媒介素养与包容性社会”、“媒介素养与学科建设”、“媒介素养与政府执政能力”、“媒介素养与媒体的社会责任”等议题展开研讨，以推动我国媒介素养教育的发展和中国媒介素养教育走向国际。

近几年，我国浙江、江苏、山东、北京等省市的一些高校陆续开设“媒介素养”必修课或选修课，但至今在我国仍未出现媒介素养教育的高潮。

## 第二节 媒介素养刻度表

当手机收到一条短信后，其中的内容你信吗？打开一段网络视频后，你会有感而发吗？如果刚刚看完一部贺岁电影，你会回味吗？其实，每个人都会对自己刚刚看过或听到的传媒内容有不同程度的情感或理性回应：或多或少，或深或浅，即使视而不见也会留下符号痕迹。有的人笑过，有的人吐槽，有的人却能沉下心来分析内容、博引资料、旁证观点、挖掘主题、价值判断、摘录资料，以备后用等，这个过程体现了一个人媒介素养的高低。

在一个正态的社会成长环境下，可以说所有的人都是具备媒介素养的。不过是每个人媒介素养的水平高低不一，犹如人在一支温度计上总能找到自己所在的刻度。媒介素养没有 0 线，即没有人没有媒介素养；也没有上限，即不能说谁拥有完全的或最高的媒介素养。媒介素养总会有提升的空间，接受了一定的媒介教育，并且伴随着知识和经验阅历的增长，每个人在媒介素养刻度表上的位置都会有所提升。如何对媒介素养进行知识性的描述？当代媒介素养的高低又怎样通过知识术语表达出来？下面就对其进行简要阐述。

## 一、媒介素养阶段与层次理论

关于媒介素养的知识表述，美国媒介素养教育专家詹姆斯·波特将其作为一个连续统一体，提出了媒介素养阶段与层次理论①，将媒介素养分为三个阶段和八个层次，即低级阶段（获得基础知识、学习语言、学会叙述）、中级阶段（开始质疑、内涵发展）和高级阶段（经验探索、批判鉴赏和社会责任感），每个人的媒介素养都具有向上的提升性。低级阶段伴随着孩童的自然成长与学习，贯穿于社会发展的各个时代，而中级和高级阶段则赋予明显的时代特征。笔者通过研究，针对该书出版 10 年以来新媒介环境的时代性变迁，以及网络和数字技术对人媒关系的交互影响，在中级阶段补充了“拓展媒介”层次、在高级阶段补充了“个体表达”层次，由此形成“当代媒介素养的阶段与层次划分表”②（见表 1—2，其中粗体部分为笔者补充）。

**表 1—2　　当代媒介素养的阶段与层次划分表**

| 序号 | 层次 | 特征 | 阶段 |
|---|---|---|---|
| 1 | 获得基础知识 | 了解其他人或事的外部明显特征；<br>了解面部表情或声音的隐含意义；<br>能够区分大小、颜色、形状，了解三维空间；<br>对时间有基本的认识 | **低级阶段**<br>作为孩童所经历的阶段<br>自发 |
| 2 | 学习语言 | 辨别声音，了解内容，能够模仿声音；<br>熟知视觉媒介和听觉媒介；<br>对音乐和声音会产生情绪上的和行为上的反应；<br>认识视觉媒介上的人物并模仿其行为 | |
| 3 | 学会叙述 | 能够区分虚构与真实、广告与娱乐的不同含义；<br>能够区分现实和个体相信的真实；<br>理解故事情节如何连接；<br>通过时间关联；<br>通过动机——行动——结果的关联 | |

① 参见［美］詹姆斯·波特：《媒介素养》，22 页。

② 同上书，22 页。

续前表

| 序号 | 层次 | 特征 | 阶段 |
|---|---|---|---|
| 4 | 开始质疑 | 不完全相信广告的宣言；<br>对节目、角色、动作爱憎分明；<br>嘲笑某些角色或信息内容 | **中级阶段**<br>完全是功能性的<br>许多人一生都停留在此阶段：不断接受信息，<br>从中提取所需要的信息含义，<br>从感性走向理性<br>自发——自觉 |
| **5** | **拓展媒介** | **及时发现新的媒介或平台；<br>了解新媒介或平台的属性、功能与传播效果；<br>迅速养成新媒介的消费习惯；<br>有效使用新媒介或平台，体现当代性** | |
| 6 | 内涵发展 | 产生寻找某些主题信息的强烈动机；<br>增加关于某个主题的细节知识；<br>对信息功能高度敏感，掌握判读信息有用性的一般方法 | |
| 7 | 经验探索 | 寻找不同类型的内容和叙事方法；<br>关注新奇的地方以及新情绪、道德和审美反应；<br>渴望新内容，开始思考人类经验的多样性 | **高级阶段**<br>持续运用更高层次的技能，<br>积极培养复杂的知识结构<br>**理性**<br>**自觉** |
| 8 | 批判鉴赏 | 了解信息的形式，在该信息所在的领域内评价；<br>建立关于历史、经济、政治、艺术的信息内容系统并有深入而精细的理解；<br>细致地对比，比较不同信息内容；<br>寻找更好的信息（**五个维度上**）；<br>相当理性，能简洁明了地全面评价信息的好处和坏处 | |
| **9** | **个体表达** | **有充足的反馈自信和强烈的表达意愿；<br>有独立的意见、见解；<br>自觉的话语权意识的觉醒，体现当代新媒介技术可行性** | |
| 10 | 社会责任感 | 建构道德标准，即信息是否对社会有用，需要多视角，建立在对媒介发展前景的展望之上；<br>视角外向不是内向，关注什么类型的信息对他人和社会最好；<br>认识到个人的决定能够影响社会，不管多么微不足道；<br>认识到个人可以采取行动，对社会产生积极的影响 | |
| **共 10 个层次** | | | **共三个阶段** |

从表 1—2 中可见，当代媒介素养阶段理论阐释了对不同的媒介消费者个体，媒介素养不存在种类上的归属问题，而是具有同一性——每个人的媒介素养都在同一个有刻度的、连续的统一体上。这亦是媒介素养的又一个特征：媒介素养从低到高是一个连续统一体，就像温度计一样，正如每个人都有温度，都能在温度计上找到自己的位置，每个人也都有媒介素养，所有的人都在詹姆斯·波特那个连续的统一体上，无论何时每个人都处在这一连续统一体上的某

一个阶段的某一个层次上。

## 二、当代媒介素养刻度表

为了形象化地反映当代媒介素养阶段与层次是一个连续统一体的特征，使人们更容易看到自身媒介素养的高低，找到自己的位置，笔者将表1—2的三个阶段10个层次简化为表1—3，称其为“当代媒介素养刻度表”。

**表1—3　　当代媒介素养刻度表**

| 序号 | 1 | 2 | 3 | 4 | 5 | 6 | 7 | 8 | 9 | 10 |
|---|---|---|---|---|---|---|---|---|---|---|
| 层次 | 基础知识 | 学习语言 | 学会叙述 | 开始质疑 | 拓展媒介 | 内涵发展 | 经验探索 | 批判鉴赏 | 个体表达 | 社会责任感 |
| 阶段 | 低级层次<br>自发（孩童时期） | | | 中级层次<br>从感性走向理性<br>（多数人止于此阶段） | | | 高级层次<br>理性与自觉（培养目标） | | | |

从表1—3可以看出，媒介素养这个连续统一体没有下限：因为人一出生就会听、会看，就会接收环境的信息；伴随从孩提时代的自然成长，学到基础知识、学会语言、学会说话，逐渐学会了描述。在詹姆斯·波特看来，这是人人都会有的媒介素养的低级阶段。到了中级阶段，则需要专门的媒介素养教育，比如学会提问、学会质疑等。中级阶段和高级阶段的媒介素养都需要后天习得。因此，基于个人定位的视野与见识、媒介知识结构的数量与质量以及个人思维技能和经验水平等，人们媒介素养高低的差异在中级阶段就会拉开、拉大。

媒介素养相对低者，常常停留在初级的感性接受阶段，自发看待信息，具有局限性，对应的必然是知识结构小、较肤浅且缺乏组织。在解释媒介讯息的含义时，媒介素养低者缺乏更广阔的视角，缺少质疑意识，提不出问题，不愿意使用或者不具备识别讯息的技能，同时也使技能保持不发达状态，于是就越来越难以驾驭传媒内容。

媒介素养相对高者，从自发走向自觉，由感性上升到理性认知阶段，具有质疑精神，不断拓展媒介讯息来源，以多视角理性分析与评估、分类、归纳、演绎、综合和提炼来自各类传媒的讯息内容，在批判性的鉴赏中识别真伪，判断是非，在认知维度、情感维度、美学维度、道德维度以及生态维度上多元化地把握讯息与信息的价值取向，从而在自觉的社会责任感状态下理性评估，体现出人的个体价值和社会学意义。

媒介素养是为了赢得对媒介信息意义生成过程的控制，人们基于自己的知识与技能，首先要在这个连续统一体——当代媒介素养刻度表——上找到自己的位置，发现自己的“短板”，继而沿着这个连续统一体进行提升性的知识学习与思维训练，即可能实现在媒介素养上的质的升级，从而获得更高阶段和更高层次的当代媒介素养。

**小结：你的媒介素养有多高？**

（一）中级阶段
——开始质疑
——拓展媒介
——内涵发展
——经验探索
（二）高级阶段
——个体表达
——批判鉴赏
——社会责任感

## 第三节　怎样提高你的媒介素养

当代媒介素养教育的需求是客观的。由于媒介素养不是与生俱来的，需要后天习得，因而提高当代媒介素养的途径首先是开展媒介素养教育或培训。同时，还需要个人不断积累传媒实践和经验，主动开阔眼界，放宽视野，知识是基础，阅历更为重要。其间贯穿所有环节的是人的思维方式，这里强调批判性思维是提高当代媒介素养的核心工具。

### 一、媒介素养教育的基本分类

根据不同的视角，如按照年龄、个人身份、职业、地区等，媒介素养教育可以划分出不同的类别。目前已有研究人员分别对青少年媒介素养、公民媒介素养、政府官员媒介素养、企业管理人员媒介素养、专业传媒人媒介素养等做出分门别类的研究。笔者在这里以一种最基本的分类视角——消费主体与传播媒体的关系——将媒介素养分为专业传媒人媒介素养和传媒受众媒介素养，由此媒介素养教育也分为两大基本类型：针对专业传媒人的媒介素养教育和针对全社会公民的媒介素养教育。

**（一）面向全社会公民的媒介素养教育**

公民媒介素养教育又称为大众化新闻教育、媒介素养教育或媒介信息教育。在西方国家通常意义上用“媒介教育”（media education）表述。公民媒介素养教育需要由全社会共同实施，旨在提高公民认知媒介以及科学获取、判断、分析和使用媒介信息的能力。

公民需要媒介素养教育。伴随新技术引领下社交媒介的快速普及，个体网民已不仅仅是媒介信息的消费者，还同时成为信息的创造者、传播者和分享者。这使当代传媒更加深层次地进入了人们的日常生活。而大多数民众，包括目前已经走上工作岗位的一代又一代最年轻的群族，他们在初中、高中的基础教育阶段乃至大学的高等教育阶段几乎都没有受到系统的媒介教育，在电脑互联网和手机等各种移动终端快速普及到所有人时，人们畅快淋漓地享用媒体工具，却鲜有对媒介属性的认知。案例1—1为凤凰卫视中文台的报道：某市火车站广场的大屏幕上竟出现了该站工作人员在办公室电脑玩扑克牌游戏的画面，这是由于电脑维修人员将正在玩游戏的电脑直接连到了火车站广场的大屏幕上（见案例1—1），类似事件在2013年也发生在北京市某地铁车站里。

**案例 1—1**

**某火车站信息屏直播工作人员玩扑克牌**

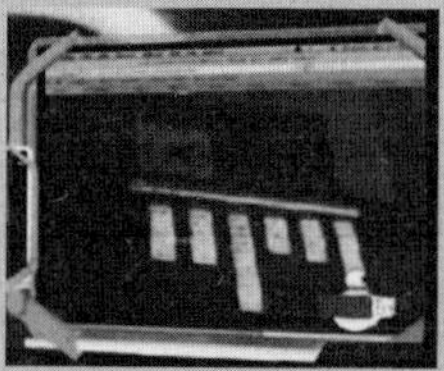

据凤凰卫视报道，某火车站大屏幕显示的既不是什么宣传标语，也不是列车的时间表，而是电脑上的扑克游戏。如右图，很多在买票的乘客都说“自己被围观了”，也有人啧啧：“太牛了”、“太丢人了”。当时该火车站正修理他们的电脑系统，不知道谁的电脑被接上去了。

据《新京报》报道，2012年10月8日下午4时，北京地铁5号线站点内信息显示屏均显示“王鹏你妹”四个字，不久变黑屏。北京地铁运营有限公司表示，5号线PIS系统（乘客信息显示系统）正在进行调试和人员培训，出现异常是由于一学员误操作，将聊天记录点击发布所致，地铁公司就此事致歉。

**评析：**在一网罗天下的当代，媒介素养提醒人们需要建立“媒介把关”意识，将“联网”与“断网”概念作为日常工作和生活中的必要程序，做好自我信息管理的“把关人”。

公民当代媒介素养的匮乏主要表现在：

第一，对媒介的无意识。即人们头脑中对媒介抑或传媒主观意识的缺乏。几年前深圳有关部门组织过一次大型调查，调研结果显示，96%的被访者对“媒介素养”的认识处于朦胧状态，这与如今各种媒介日益发达、不断渗入社会生活的方方面面极不协调。也有专家指出，媒介素养在一个人的综合素养中所占的比例可能会日益增加。

第二，对传媒影响力的估计不足。这一方面反例频频：几年前“郭美美”、“卢美美”等事件从侧面暴露了当代青年对传媒影响力的浅薄甚至无知，利用方便快捷的自媒体以满足自己的好奇心甚至虚荣心，娱乐其中却不知其力。再如一些政府官员在今天的媒体面前依旧口出狂言、自高自大。一些微博用户将自己的个人信息如日记般披露在社交媒体上，主动泄露了自己的隐私，直至受到伤害。当然，这方面的正例更多：通过新媒介微平台的快速扩散效应，找到亲人、获得捐款、解决问题者也大有人在。科学认知当今媒体的传播影响力，成为人们享用新媒介红利的必要条件。

第三，对高科技媒介的“低水平的满足”。所谓“低水平的满足”，是指有些传媒内容只能给人带来表象的或生理的感官刺激和身心愉悦，而这种传播符号多为低俗或庸俗的，使人们只有过目即忘的一时感官快乐。早在20世纪30年代初期，英国学者就开始倡行媒介素养教育，以警惕传媒中的流行文化价值观念，训练青少年抗拒大众媒介中提供的“低水平的满足”。网络既可以使人长时间沉溺于不良讯息或游戏中，也可以成为一种有益的学习资源或工具。任何人的成长中都需要增长见识，在纷繁多彩的传媒化符号中学会分辨、抗拒不良网络讯息的诱惑，懂得利用网络来开阔视野，丰富知识，提高现代媒介消费水平，需要的正是媒介素养 。

联合国教科文组织指出，在大多数工业化国家，儿童接触媒介的时间平均为每周30多个小时，而在教室里度过的时间每周平均只有20多个小时。因此目前澳大利亚、加拿大、英国、法国、德国、瑞典等国已将媒介素养教育设为中小学的正规教育内容，而在我国的基础教育阶段尚无这样的要求。故此，需要在高等教育阶段及时补上这一课，成年人与未成年人同样需要提高媒介素养。以大学生为代表的当代青年热情但脆弱，聪明却容易冲动，敏感但不会思考，执拗却见识狭隘，自尊但缺乏求真，主观但尚无逻辑。他们热衷接受新事物，追求时尚与公平，强直觉但弱推理，几乎无信仰也不知道怎么想。关于媒介的认知、解读和使用能力，任凭自己的感觉，知道什么用什么，玩得高兴就是目的。整日飘浮在网络中的语言垃圾，时常可见的肮脏而粗野的谩骂实际上也在侵害着人们的思想和心灵，这些都说明媒介素养教育应该成为一项终生教育——这甚至已经超出媒介素养的范畴了。

针对公民开展媒介素养教育的意义在于：使社会公民在当代网络生存状态下了解媒介的一般属性和传媒影响力，通过建立关于传媒的知识结构树立媒介意识，以科学理性地处理人媒关系。在“人人可以是编辑，人人可以是记者”的传媒语境下，在解读传媒讯息、思辨传媒内容、欣赏传媒作品等环节运用当代媒介素养技能，学会辨析与判断、选择与评估，进而有效地利用传媒工具开阔视野，更新知识，表达自我，以个性化角色参与社会生活，最终，避免成为被媒介所复制的人。

公民媒介素养教育是培养“媒介公民”的必经途径。既然同其他素养一样，媒介素养不是一种天赋，那么公民接受媒介素养教育的过程也是了解自身的传播权利和责任、自觉提升传媒文化品位、优化传媒环境的过程，这一过程可以使公民逐渐意识到作为媒介消费者应该承担的责任与义务，自觉提高在当代媒介素养刻度表上的位置。当代媒介素养由于传媒技术等因素赋予了公民主动权和个体话语权，同时意味着公民承担了更高、更重的社会责任，需要通过当代媒介素养教育将自身培养为“媒介公民”——具有能够通过媒介参与社会生活、参与传媒资讯的生产与传播、善用媒体并进行公共监督的公民境界。

### （二）面向专业传媒人的媒介素养教育

这类媒介素养教育一般是由高等院校面对新闻、广告、娱乐以及更广域的传媒类专业学生施教，或政府有关传媒主管部门面向传媒领域在岗从业人员进行培训。即使是专业传媒人也会不断面临新技术、新软件以及新应用的挑战，其媒介素养教育的意义在于提高专业传媒人的专业素质和职业伦理水平，其内容则以理性文化和受众接受来阐释媒介知识、解构现代传媒现象，从而提高传媒人才驾驭媒介工具的能力。本书定位于公民媒介素养，这部分内容将在其他著作中阐述。

## 二、当代媒介素养教育的基本内容

为什么在校大学生无论家里的经济状况如何，都要换成智能手机呢？

为什么“滴滴”和“快的”在 2014 年 3 月烧钱酣战打车软件，以争得“入口呢”？

为什么加多宝要投入两亿元天价拍得 2013 年第二季《中国好声音》的独家冠名权？

2014 年奥斯卡的广告价位创造了历史新高，达到 190 万美元/ 30 秒，为什么仍不敌也创新高的 2014 年超级碗广告？2014 年超级碗的最贵广告价格已经达到 450 万美元/ 30 秒。

为什么 2014 年的世界杯又一次牵动全球，本该并列的篮球、排球、足球世界竞技三大球，为什么前两个的观赏价值比不过足球？为什么耐克要投入巨资签约包括 C 罗在内的世界顶级足球明星，并且赞助了 12 个国家队（其竞争对手阿迪达斯 2014 年赞助了 11 个），终于超越阿迪达斯成为世界杯最大销售品牌。这些已经在世界 500 强之列的企业为什么还要血拼世界杯的赞助权？

以上问题关涉媒介属性——媒体性质——传媒产业。什么是媒介？媒体指什么？为什么传媒要发生“二次售卖”？现代传媒的影响力到底有多大？传媒讯息是怎么生产出来的？现代的媒介策划与创意意味着什么？传媒讯息要给谁看？为什么不同的人对同一条讯息有不同的理解？我们怎样利用媒介发展自己？这些基本问题正是媒介素养教育的基本内容。

媒介素养教育是帮助人们了解媒介是如何建构现实的，了解媒介受到什么控制，了解不同媒介对于个体影响有什么不同，深谙多种媒体如何影响了个人社会化过程以及世界观的形成。其中架构媒介知识是媒介素养的核心问题。

美国媒介素养教育中心（Center for Media Literacy）提出了关于媒介素养教育的五个重要问题①，这些与我们的上述的诸多问题具有共同的目标指向。这五个重要问题是：

（1）是谁创造了这条信息？

（2）该信息运用了什么技巧来吸引我的注意力？

（3）别人与我对于这条信息的理解会有多大的不同？

（4）这条信息陈述或是省掉了怎样的生活方式、价值观和观点？

（5）为什么要传递这条信息？

① 参见白传之、闫欢：《媒介教育论》，51 页，北京，中国传媒大学出版社，2008。

**国际视野**

## 媒介素养教育的八大理念

第一，所有的媒介都是建构的产品。媒介素养教育致力于分解和辨析媒介的建构。

第二，媒介构建不同版本的现实。人的多数观察和体验都是通过媒介获得的。

第三，受众与媒介协商意义。受众与媒介交互中选取媒介所传递的信息的意义。

第四，媒介及媒介信息含有商业动机。尤其是媒介的所有权和控制权特别重要。

第五，媒介信息包含意识形态和价值观信息。媒介素养教育隐含对媒介文本的识别。

第六，媒介信息暗含社会和政治诉求。媒介教育包含对媒介社会与政治影响的识别。

第七，媒介中的内容和形式总是紧密相连的。正如麦克卢汉的“媒介即讯息”。

第八，每一种媒介都有其独特的美学形式。受众能在解构和理解中欣赏美学形态。

资料来源：加拿大安大略省教育部颁布的《资源指南：媒介教育》。

关于媒介教育的内容，国内外学者都有明确的表述。加拿大媒介素养教育专家丹·布雷克认为媒介素养教育内容包括：第一，分析媒介产品。从媒介的目的、价值观、陈述方式、符号、惯例、特点和生产等方面入手。第二，受众解读。包括从受众解读媒介信息、媒介信息对受众的影响和受众对媒介信息的影响三方面着手。第三，媒介和社会关系。从谁控制媒介以及谁在多大程度上影响媒介，这当然离不开社会的政治、经济和文化素质等方面。中国人民大学新闻学院教授郑保卫提出，媒介教育大众化的内容应该包括“普及媒介基础知识，传授媒介运用方法，传播媒介批评理念”[①]。

---

① 郑保卫：《论媒介教育大众化的理论内涵与实践路径》，载《新闻界》，2010（1）。

## 国际视野

### 媒介素养教育的十八项基本原则

(1) 媒介素养教育是一种值得认真对待，并有重要意义的努力尝试。

(2) 媒介素养教育的一个核心概念是“再现”(representation)。

(3) 媒介素养教育是一种终身教育，其基本目标是提高学生的学习积极性。

(4) 媒介素养教育应当着眼于对于媒体信息的独立自主地批评、判断能力，而不仅仅是单纯要求学生记住某些批评、判断的手法和技巧。

(5) 媒介素养教育重在调查研究，它不应将某种特定的文化价值强加于人。

(6) 媒介素养教育应与时俱进，善于应对周遭情势的变化。

(7) 媒介素养教育的核心理念首先是分析的工具，而不仅仅是教材、课本上的某些段落和章节。

(8) 对于媒介素养教育而言，内容是达到目的的一种手段。

(9) 媒介素养教育的效果可以用以下两种标准来评估：学生以自己的批评思维应对新的(媒介)环境和情势的能力；学生在各种活动中所展示出来的责任感的高低和主动精神的强弱。

(10) 媒介素养教育理想中的“评价”首先意味着学生的“自我评价”，这种自我评价既为学生的个性所影响，也反过来影响学生的个性发展。

(11) 媒介素养教育尝试重塑施教者与受教者的双边关系，它既向受教者同时也向施教者展开自己的调查研究。

(12) 媒介教育更注重的是对话与互动，而不是讨论，来开展调查研究。

(13) 媒介素养教育本质上是能动的、与人分享的，它鼓励发展一种更加开放、民主的教学方法。

(14) 媒介素养教育涉及合作的学问，它强调团体精神。

(15) 对于媒介素养的教学者来说，实践的批评和批评的实践两者缺一不可。

(16) 媒介素养教育是一种牵涉整体的教学进程。

(17) 媒介素养教育信守变无止境的原则，它必须不断发展以应对随时变化的现实。

（18）媒介素养教育植根于一种独具特色的认识论，是一门批判性调研与对话的学科。

——由英国媒介素养教育学者莱恩·马斯特曼提出

资料来源：白传之、闫欢：《媒介教育论》，48～49 页，北京，中国传媒大学出版社，2008。

故此，综合国内外学者对媒介以及媒介素养教育的论述和我国的媒介环境，我们认为当代媒介素养教育应包含如下内容：

第一，当代媒介与媒体知识的普及。

第二，媒介讯息与传媒符号的解读与评判。

第三，当代媒介的功能及运用方法。

第四，媒体机构与传媒产业的解构。

第五，媒介消费者与传媒市场分析。

## 三、批判性思维是提高当代媒介素养的核心工具

批判性思维是一种质疑、求证、评估、比较、分析和综合信息的思维。批判性思维能力是培养一个人的质疑精神、求真意识和创新思维的重要基础。美国教育哲学家、批判性思维运动的开拓者罗伯特·恩尼斯（Robert Ennis）将其定义为："批判性思维是合理性的、反思性的思考，着重于决定相信什么和做什么。"[①] 批判性思维的表征是反思、理性、公正、自律和非本位。批判性思维是一种思维工具，是一种缜密的思考技艺，也是一种素质品性和一种精神气质。

批判性思考的价值在于理性且科学的思维养成。加拿大批判性思维专家戴维·希契柯克在 1983 年出版的教材《批判性思维：信息评估指南》中把批判性思维解释为："对观察和交流、信息和论证的有技巧的和主动的解释和评估。"[②]可见其对于新媒介环境下人们判断讯息真伪的直接意义。以理性的反思、公正诚实且自律的思考为特征，将质疑态度和反思机制灌注在人们的精神交往——信息或讯息往来——中，既澄清意义又重构论证，既评估证据又公正判断并自我修正，将批判性思维技巧构筑在理智与美德的基础上。无疑，这是一种有氧的思维形态，是一种理性洞察中的科学精神。以这种世界观和方法论

---

① 白传之、闫欢：《媒介教育论》，81 页，北京，中国传媒大学出版社，2008。

② 转引自董毓：《批判性思维三大误解辨析》，载《高等教育研究》，2012（11）。

提升媒介素养，才能对传媒资讯在轻信与不信、抵触与盲从之间做出理性反思，化解纠结，激活新媒介传播技术的正能量。

批判性思维的特征是一种质疑精神和反思机制。目前在中国，对“批判”一词或许还存在误解，需要纠偏并回归本意。“批判”是对事而不是对人：自然对象有“物”理；人类对象有“情”理；社会对象有“事”理。批判性思维是对事理的反思——判断——评估——选择与决策。对各层假说的理性反思和缜密思考，正是批判性思维的品性和特征，它直接反映思考者个体的文化视野、理论见识和实践阅历。尽管目前批判性思维的研究规格尚未学科化，但并不影响它在思维领域的科学价值。“批判性思维不等于否定，而是谨慎反思和创造的过程；批判性思维不等于论证逻辑，而是辩证认知的评估、解释和科学决策过程；批判性思维不等于技巧，而是理智美德与技能的结合，着重于求真、公正、诚实等批判精神的落实。”① 这是目前基础教育尚未涉足的思维知识，是在校大学生以及当代青年短缺的思考程式和思维结构。

批判性思维的主要原则“就是大胆质疑、谨慎断言”②，其价值在于质疑精神和求索意志。媒介素养经过孩童时代进入中级阶段：“开始质疑”是个体独立思考的标志，意味着批判性思维的启程，从中级到高级层阶，经过需要澄清意义的“内涵探索”、评估判断的“批判鉴赏”直至最终的“社会责任感”建构，贯穿着批判性思考的整体维度。当代媒介素养刻度表上从中级到高级的提升，每一个层次都需要批判性思维的方法和技能（见图1—1）。

媒介素养中强调的分析、评价、分类、归纳、演绎、综合与提炼信息七项技能，正是主导批判性思维的技术方法，这对于当下既百花齐放又鱼龙混杂的新媒介环境是一剂媒介消费的良方（见案例1—2）。

当微博、微信等社交媒介普及后，海量资讯近乎滋扰，而对新闻真相的判断、对广告诱惑的甄别、对公关劝服的抵御、对娱乐狂欢的自制，批判性思维都提供了一种最直接的思维取向和讯息接受方法论，使人能够进入对讯息的质疑与判断等理性认知和理解程式中。当下网络的愤青、吐槽、拍砖等一地鸡毛现象，恰恰是人们在理性质疑短缺状态下的宣泄。而“批判性思维正是这样一种模式：思维者在对任何主题、内容或问题进行思考时，通过熟练的分析、评估和重构（论证）来促进自身思维质量的提高，这是自我定向的、自我约束的、自我监视的和自我矫正的思维方式”③。通过批判性思维评估传媒资讯，

① 董毓：《批判性思维不是什么》，载《批判性思维与创新教育》（内刊），2011（11）。

② 董毓：《批判性思维三大误解辨析》，载《高等教育研究》，2002（10）。

③ 美国批判性思维基金网：Foundation for Critical Thinking。

| 序号 | 1 | 2 | 3 | 4 | 5 | 6 | 7 | 8 | 9 | 10 |
|---|---|---|---|---|---|---|---|---|---|---|
| 层次 | 获得基础知识 | 学习语言 | 学会叙述 | 开始质疑 | 拓展媒介 | 内涵发展 | 经验探索 | 批判鉴赏 | 个体表达 | 社会责任感 |
| 阶段 | 低级阶段<br>自发（孩童时期） | | | 中级阶段<br>从感性走向理性<br>（多数人止于此阶段） | | | 高级阶段<br>理性和自觉（培养目标） | | | |

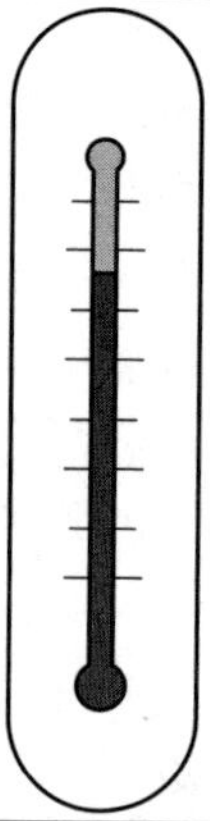

- “社会责任感”以真、美、公正为价值取向
- “个体表达”意味着突破且创新的个性价值
- “批判鉴赏”意味着求美的主观体验
- “经验探索”意味着求真的证实过程
- “内涵发展”意味着澄清且求善的本意挖掘
- “拓展媒介”意味着价值判断的多维视角和多样性
- “开始质疑”即开启理性，这是批思的标志

…………

高级 ← 中级 ← 初级

**图 1—1　当代媒介素养刻度表中批判性思维方法**

已经不仅仅是技能性问题，而是科学态度和信息消费的质量问题。媒介素养是人们通过媒介获取信息、选择与理解、质疑与评估、创造与再生产、利用媒介工具传播信息的知识能力和文化素养，它需要的正是这种思维工具。

## 四、当代媒介素养教育的本质和目的

媒介素养教育的本质是解剖媒介本体要素——揭示媒介本体属性，解读传媒符号——分解媒介文本背后的真实与现实，解析传媒机构——透过人媒关系挖掘背后的人人关系。

当代媒介素养教育的目的是提升全民的媒介素养，使人们自觉维护健康的信息消费环境，建构绿色的媒介生态，全民共享现代传媒科技给予人类信息消费的红利。这是新时期我国全体公民必需的素质教育，且刻不容缓，最终能够提高社会每一位公民乃至各种社会群体的免疫力、心理承受能力和国民心理素质。

于个体：当代媒介素养决定了人们对现代媒介的消费质量。使个人具备科学解读媒介讯息并运用媒介工具的现代人文素质，养成媒介消费者和生产者的文化理性思维定式。当代媒介素养帮助人们提高两个能力：辨别传媒信息的能力和使用传媒工具的能力。

于社会：当代媒介素养决定现代传媒的传播力、公信力和美誉度。媒介素养教育是为了形成全社会的文化自觉，发挥现代传媒技术的正态功能，以传媒文化推动社会的文明进程，无论对于社会哪个领域哪个方面，都能产生正能量的传播作用。正如2011年6月16日《人民日报》的评论《“媒介素养”体现执政水平》中所说：舆情不是“敌情”，相反，媒体是社会的预警器，它对热点事件、敏感问题的反映和关注，眼前或许会让一些地方政府一时难堪，但从长远来说，对维护人民群众利益、推动社会进步利莫大焉。

**案例 1—2**

### 对“周末不许看湖南卫视”报道的批判性分析

2010年10月23日《南京晨报》刊登了一篇题为《名校给初一孩子定规矩　周末不准看湖南卫视》的报道，内容是一位网友将开家长会的经历发上网，孩子在南京某名校上初一，老师在家长会上颁布了N条规定，要求家长督促孩子严格执行。近乎严苛的条款引起一片争议，有的家长立挺学校做法，有的家长直接“拍砖”。让不少家长产生疑问的规定主要有：第一，上课期间不准看电视，周末在家不准看湖南卫视，建议看CCTV-2（财经频道）、CCTV-10（教育频道）、CCTV-9（英文频道）；第二，生日不能跟同学过；第三，不能使用电子产品，包括PSP、手机、电脑、MP3、MP4等。

一时间，新华网、北青网、中国广播网等几十家网站纷纷转载，这条新闻很快被热炒。腾讯的《今日话题》频道以《凭啥不让孩子看湖南卫视?》开出专栏，提出“对湖南卫视的指控能不能成立”、湖南卫视“少儿不宜吗”等问题。

整篇报道的信息是多元的，但最后多数媒体都集中关注到“湖南卫视”。这条新闻标题隐含的东西很多，从媒介素养视角进行反思，至少要提出五个问题。

**反思**

（1）是谁首先发布了这条新闻?

（2）这篇新闻报道运用了什么技巧吸引人?

(3) 别人与我对于这则新闻报道的理解会有多大的不同?

(4) 这条新闻陈述了哪种生活方式、价值观和观点?

(5) 为什么要发布这条新闻?

每个问题都需要辩证批判性思维，以挖掘其中包括的多元化多层次的隐含前提和假设:

(1) 看湖南卫视会影响初一学生成长(成绩)吗?

(2) 湖南卫视的节目存在不利于初一学生成长(成绩)的内容吗?

以上每个问题是否成立都需要重构论证，必要时要调研。纵观语境还存在多种基础假设。

**结论**

(1) 当下电视节目的娱乐现象使其缺少品位，湖南卫视的娱乐性有目共睹。

(2) 省级卫视竞争惨烈且枪打出头鸟，湖南卫视一直是全国的翘楚。

(3) 与《南京晨报》同处南京的另一媒体——江苏卫视，近年来在播放《非诚勿扰》后迅速上位，在收视率和广告播出上与湖南卫视不相上下等。

经过以上持续和细致的求真判断，才可能完整回答五个问题，从中找到南京这所中学出台这些规定的立足点或失策点，进而评论新闻。而对于其他假设前提，如“CCTV 对初一孩子有益”等也须做出同等判断，这里不再赘述。

**小结：怎样提高你的媒介素养?**

——媒介素养需要后天的学习和训练
——媒介素养教育包括媒介知识和讯息评估等内容
——提高当代媒介素养的核心工具是批判性思维
——批判性思维的特征是反思与评估并重构事理
——培养质疑精神和求真意识是思维创新的机制
——媒介素养教育的最终目的是理性处理人媒关系

## 本讲课业

● 思考：1. “媒介公民”的含义。

2. 当前人们的媒介消费中有哪些“低水平满足”现象?

● 阐释：当代媒介素养有哪些特征?

● 体验：通过最新的传媒资讯案例反思自己的媒介素养状态，试描述你可能在当代媒介素养刻度表的位置。

课业辅导：阅读这条微博，你怎样理解柴静“大家只是需要一个话题而已”的态度。

【“当代林徽因”引发一场微博运动】“当代林徽因”的封号对柴静本人来说，可能并不在乎，但是却惹毛了一干人等。微博上开始了新一轮口诛笔伐，被人戏称为“砍柴”，“护柴派”也不甘示弱。两方酣战之时，柴静却依然低调，她明白这个时代，大家只是需要话题而已。

——摘自《中国新闻周刊》新浪微博，2013－1－29

分析这段微博，可以看出笔者的媒介素养处在“批判鉴赏”和“个体表达”的高级阶段。

## 本讲阅读

1. [美] 詹姆斯· 波特. 媒介素养. 北京：清华大学出版社，2012.

2. [美] 克莱·舍基. 认知盈余. 北京：中国人民大学出版社，2012.

3. [加] 文森特·莫斯可. 数字化崇拜. 北京：北京大学出版社，2010.

4. [加] 董毓. 批判性思维. 北京：中国传媒大学出版社，2005.

5. 白传之，闫欢. 媒介教育论. 北京：中国传媒大学出版社，2008.

# 第二讲　鱼知道自己是湿的吗
## ——媒介本体属性

**本讲要义**

* 媒介是什么
* 哪些要素构成媒介的本体特征
* 什么是传媒的本体属性

传播技术的伟大进步，反而加重彼此的理解困难。

——麦克卢汉

## 第一节　媒介是什么

加拿大著名传播学学者马歇尔·麦克卢汉曾经发问："鱼是否知道自己是湿的?"人们猜测"不知道"。鱼的生存由水决定，只有在没水的状态下，鱼才会感觉到它的处境。

人与媒介的关系亦如此。今天，媒介已经完全渗透到人们的日常生活当中，摆不开，甩不掉，以致我们经常感觉不到它的存在。除非某天一个人被彻底隔离，断绝了与所有媒介的联系，才会感觉到这种依赖程度的强烈。"媒介"是媒介素养范畴的第一个核心概念，是构成媒介素养知识结构和知识模式的基础。领悟媒介，是人们驾驭传媒的前提。

## 一、媒介、媒体与传媒之彼此

### (一) 媒介

“媒介”的英文单词为“medium”，意义很明确：指一种中介物，是用来承载和传递信息的物质。伴随着媒介作用的不断扩展，人们对它的中文译法曾发生过迭译，最早是以“媒体”见之于众的，现在更多用“传媒”取代。“媒介”一词由于在英文中经常被用做复数，其英文单词为“media”，中译音很接近“媒体”，所以在早期的中文使用中，“媒体”经常替代“媒介”一词，甚至尚无区分。伴随着科技与人媒关系的不断演进，一些学者开始研究并有意识地区分“媒体”与“媒介”二者的异同。目前学界较为权威的表述为：媒介是“使双方（人或物）发生关系的人或物”[①]。我国传播学学者明安香认为：“媒介是指直接为接收者传递或运载特定符号的物质实体（即载体）。”[②] 可见，媒介指人类在传递信息、延续文化过程中所使用的中介、载体、工具或技术手段等。故此，媒介的“运输机”含义就很清晰了，媒介就是携带信息内容符号的传输载体、渠道或平台，即以语言（书面和口语）、音响、图像（静态和动态）等符号来承载和传输信息的各种物质实体或平台。媒介是在信息传者与信息（接）受者之间发挥通道、桥梁作用的中介物，如印刷媒介、广播媒介、影视媒介、网络媒介等，包括手机和数字阅读器等各种日新月异的数字新媒介终端。显然，媒介的技术与功能直接影响到人们的使用体验和讯息的传播效果。信息时代，人们对传播媒介的依赖如鱼得水。

### (二) 媒体

“媒体”是指从事信息传播的组织机构，如杂志社、报社及报刊集团、出版社及传媒集团、电视台及电视网、网站及媒体运营商等。如今，这一概念的指向越来越被人们认同。21 世纪初期，当我国社会仍以报刊、电视等传统媒介主导传播领域，现代网络和数字媒体还不像现在这样普及的时候，我国传播学学者邵培仁即用“媒介组织”作为同质概念表达过“媒体”的内涵：“所谓媒介组织，是指专门从事大众传播活动以满足社会需要的社会单位或机构。”[③] 由此奠定了“媒体”的传媒机构属性。如今，当各类数字媒介平台日渐普及、构成主导人们信息消费的新的媒介环境时，“媒体”这一概念依然指向媒介机构（或组织）。它指拥有自己的媒介或媒介平台，如印刷媒介、电子

---

① 中国社会科学院语言研究所：《现代汉语词典》，204 页，上海，商务印书馆，1999。

② 明安香：《关于传播学几个基本概念的界定》，载《新闻界》，1994 (12)。

③ 邵培仁：《传播学》，85 页，北京，高等教育出版社，2000。

媒介、网络媒介以及各种新媒介等，专事信息传递和经营的经济实体或社会团体。

在市场经济的国家，各个媒体机构享有市场主体的权益，要作为一个经济实体进入市场的产业化运营中。因此，包括我国在内的市场经济体制的国家，所有新闻媒体都存在二次“售卖”的市场经营现象：第一次是向媒体受众卖新闻——赢得受众（这里强调公信力、权威性等社会效益的重要性）；第二次是向广告商卖受众——赢得媒体的经济效益，媒体由此获得在市场中生存与发展的生态资质。

**（三）传媒**

“传媒”即媒介和媒体的统称，较“媒体”的使用更晚些，是日前人们使用较多的同义表达，全称应该为“传播媒介”或“传播媒体”。综合闵大洪和明安香两位传播学专家的观点，“传媒”是“媒介”和“媒体”的通称，在多数情况下可以通用，一些理论性文章和公开或重要场合也并未分清。需要注意的是，有些较早的词典对“传媒”的解释，在今天看来，其内涵指向囿于历史的发展，如“传播媒介，特指报纸、广播、电视等各种新闻工具”[①]，需要人们在学习时用历史的研究方法与时俱进。总体而论，在目前人们的约定俗成中，“传媒”基本上与“媒体”的意义相近，人们经常不加区分地混用。本书语境中，将根据以上含义使用这三个相关术语。

如此，我们对“媒介”、“媒体”和“传媒”有了较为清晰的当代注解。这里还需提到“大众媒介”或“大众媒体”一词，尽管目前专业研究人员对其使用得越来越少，但长期以来却一直留在公众的概念中。作为传统媒体时代的术语，“大众媒介”曾含义清晰，界定准确。但当 Web 2.0 技术突破传统互联网的功能以后，互动传播、社交平台、私人订制等个性化媒介消费进入了人们的生活，促发了整个社会的“碎片化”现象，“大众媒体”的概念受到质疑，甚至被动摇或瓦解（详见当代词注：大众媒介）。已故社会学家雷蒙·威廉斯曾言：“并不存在着大众，只有把人们当做大众的方法。”[②] 互联网正在成为“把人们当做大众的方法”的终结者。由媒介科技引发的传播形态的互动化、多元化、个性化时代已经到来。

---

① 中国社会科学院语言研究所词典编辑室：《现代汉语词典》，194 页，北京，商务印书馆，1996。

② ［美］克里斯·安德森：《长尾理论 2.0》，186 页，北京，中信出版社，2009。

**当代词注：大众媒介**

大众媒介即指大众传播媒介。英国学者丹尼斯·麦奎尔将大众媒介定义为："是对以大规模的方式运作，在或多或少的程度上能够触及并影响社会中的每一个人的传播方式的简称"，"在一个整合协调的现代社会，经常会存在一个庞大的、通常是依靠大众传播的公共传播网络"，大众媒介"最为显著的特征就是他们是被设计出来向众多的人传播的"。我们熟悉的书籍、报纸、杂志、广播、电视等传统媒介以及传统意义的互联网、手机等都可以看做大众媒介。以此逻辑，由专业人员从事大规模运作的专业机构，也被称做大众媒介机构或大众传播媒体。

在以移动网络和数字技术为标志的新的媒介环境下，日益普及的智能手机、平板电脑等多种类终端，使数字阅读和数字视听产品深度进入人们的日常生活，把过去只依赖报刊、电视等传统大众媒体的受众对象——"大众"——离散为"分众"，甚至"小众"。报纸、电视等传统意义上的大众媒介留住的受众现在只是大众中的某个部分，且特征越来越明朗。毋庸理论纠葛，事实力证："大众媒介"不再"大众化"。

资料来源：参见［英］丹尼斯·麦奎尔：《麦奎尔大众传播理论》，1、8、35页，北京，清华大学出版社，2006。

## 二、媒介类别、载具与视域

### （一）媒介类别

"媒介类别"即按照某一标准对纷繁多样的媒介形态进行归类划分。对事物的分类固然重要，但在迷离幻彩的媒介世界里众媒介之间的区隔界定变得越来越模糊。伴随"融媒介"、"全媒介"等当代媒介术语的横空问世，传统的媒介分类方法受到挑战。这里不妨按照化繁为简的思维方法论，以研究的实用目的为视角，按照不同的分类标准将各种媒介划分为多元类别体系。在这个体系中，各个类别之间是交互并存且横向关联的，并非线性逻辑的关系，如：

（1）按照媒介涵盖区域分为全球媒介、全国媒介、地方媒介等。

（2）按照媒介受众规模分为大众媒介、分众媒介、小众媒介等。

（3）按照媒介传播内容分为综合媒介、专业媒介、行业媒介等。

（4）按照媒介技术性能分为数字媒介、非数字媒介等。

（5）按照媒介普及时间分为传统媒介、新媒介等。

(6) 按照媒介物理属性分为印刷媒介、电子媒介、其他媒介等。

…………

即除以上分类，还可能有其他或更新的划分视角。其中最基本、最常用的分类方法是按照媒介物理属性的划分，本书只列出在这种视角下各类媒介的特点。

按照媒介的物理属性，媒介可以分为印刷媒介、电子媒介、户外媒介和其他媒介等，其中每一类媒介又包含多种媒介形态，这里将重点比较印刷媒介与电子媒介的性能和特点（见表 2—1）。

**表 2—1　　印刷媒介与电子媒介特点比较**

| 特点 | 印刷媒介 | 电子媒介 |
|---|---|---|
| 讯息的物质承载方式 | 纸张或其他物质印刷 | 电子信号 |
| 传递形式与速度 | 人工传送，较慢 | 电波传送，迅捷及时 |
| 受众接收形式 | 视觉单向接受，阅读 | 视听双向接受，收看 |
| 讯息的重复能力 | 弱，以天、周或月为周期 | 强，以秒、分、时为周期 |
| 讯息的容量 | 可容纳更多文字深入阐述 | 文言容量有限，难深度展示 |
| 讯息表现符号 | 文字和图案，静态展示 | 图文音像立体、动感传送 |
| 创意的承载能力 | 只能承载图案和文字符号 | 可承载图文及音像符号 |
| 对受众感官冲击力 | 仅对视觉的冲击，较小 | 对视听感官的冲击，较大 |
| 受众的主动性 | 主动选择保留、重复使用 | 被动接收、不易保留和重复 |
| 媒介广告商品考量 | 以版面大小为记费单位 | 以分、秒时段为记费单位 |

印刷媒介是指将文字、图像等有形符号制作成版或直接数字化传输，通过电子硬件设备用油墨打印出来的物质载体，如报纸、杂志、书籍、海报、宣传单（册）等。印刷媒介是人类最早、最主要的传播工具。尽管印刷媒介以纸介质的使用为主，但是其他物质，如丝绸、帛、棉布、各种矿物质以及其他化学合成材料等，都可以承载油墨打印的传播内容（户外横幅标语等），故也属于印刷媒介之范畴。

电子媒介是指运用电子技术、电子技术设备及其电子产品进行信息传播的媒介，以声光电为介质。现在看来，电子媒介又可以继续划分为传统电子媒介和现代电子媒介。其中传统电子媒介指传统（非数字数、非网络化）的广播、电视、电影以及 Web 1.0 时代，即以搜索引擎和电子邮件为主要功能的互联网传播；现代电子媒介指以网络化、数字化技术为特征的数字广播、数字影视、数字报、PC 互联网、移动互联网、流媒体、富媒体等载体。

户外媒介是指位于室外空间且可以承载信息的人工物品或自然物质，如各类交通工具、室外建筑、路面木质或石质的各种户外物质等，凡是具有承载信息的户外物质或设备设施，都属于户外媒介范畴。

其他媒介指未能列入以上类别的媒介，不是我们的主要研究对象，不再一一赘述。

**（二）媒介载具**

媒介载具"指某一媒介大类（例如杂志）中的特定媒体（例如《读者》、《时尚》）"[①]。如电视媒介类别下的中央电视台、报纸媒介类别下的《北京青年报》、网络媒介下的腾讯网等。媒介类别广泛，每一种类别下包含的特定媒介载具规模庞大，难以量化总括，一般用媒体的具体空间、时段或位置表述。如中央电视台新闻频道的《焦点访谈》栏目、报纸媒介类别下的《北京青年报》文娱新闻版面、网络媒介下的腾讯网女性频道等。媒介载具一定是指承载传播内容的具体媒体的频道时段或版面位置。

在同一类别下的媒介载具在受众规模、媒体形象和传媒影响力的方面上都存在差异，需要从传媒效果和商业价值方面进行评估，这一点将在第三讲第一节"媒介的功能"里详细阐述。

**（三）媒介视域**

随着数字技术、多媒体技术、网络技术与通信技术的进步，媒体的外在形式不断翻新。各种新媒体也由于新兴技术之间千丝万缕的联系以及新媒体内容承载技术和新媒体内容表达方式的相互混杂而越来越难以区分。多姿多彩的媒介形态、多维视角的媒介种类、多种样式的媒介载具，在新技术的驱动下还将不断出新，丰富多样。媒介生态环境里的主体要素——传者与受众，以及他们与传媒内容之间复杂多样的各种社会关系无疑都会映射在传媒生态系统中。在这里，我们试图让不同概念的人都能找出这一领域主要元素的归类位置，给出一个关于传媒生态系统的综合视域。

（1）以传播内容视角：新闻、广告、娱乐、游戏、电视剧、音乐、舞蹈等。

（2）以媒介技术视角：印刷术、传统电子技术、网络技术、数字技术等。

（3）以消费形态视角：报纸、杂志、电视、广播、PV 互联网、手机及移动终端等。

（4）以生产机构视角：报刊社、电视台、广播公司、网站及各类传媒集

---

① 丁俊杰、康瑾：《现代广告通论》，166 页，北京，中国传媒大学出版社，2013。

团等。

（5）以传媒受众视角：读者、观众、听众、网民、手机用户等。

（6）以媒体所有制视角：公办媒体机构、民办媒体机构、股份制媒体机构等。

**小结：媒介是什么？**

——媒介是携带信息内容的传输载体或渠道
——媒体是指从事信息传播的组织机构
——传媒即媒介和媒体的统称
——大众媒介非“大众化”已走向目标分众或小众
——媒介类别即按照媒介形态进行的分类
——媒介载具指一定媒介类别下的特定媒体载具

## 第二节　构成媒介的本体要素

决定事物性质的是构成事物自身的那些本体要素。媒介的本体要素是指构成媒介形态、决定媒介功能的媒介呈现、媒介技术、媒介语言、媒介产品和传媒产业。这五大要素直接影响媒介的本体特征和生态规律。

### 一、媒介要素术语

#### （一）媒介呈现

“媒介呈现”也称“媒介再现”，是指真实事物被认知后，人们利用媒介架构现实的方式和手段。近年来“媒介策划”渐渐浮出水面，其应用已经超乎传播学中原有的议程设置原理。通过媒介产品呈现出来的事物或现象，无论在社会领域还是自然领域，无论再现的质量、数量还是情感和价值取向等方面，都能够体现出传播者的立场、品格和价值取向，投射到人媒关系背后的人人关系和社会关系。此内容将在第四讲“谁在背后玩拼图游戏——媒介语言与现实”中阐述。

#### （二）媒介技术

“媒介技术”是指媒介产品的摄取、制作、传播和展示等技术手段、技术工具和设施，是构成媒介及媒介产品的物理组成部分，包括信息摄取、信息处理、讯息再生、符号制作、讯息传递等各类讯息内容的创制与传播技术。近年来，传媒领域的技术因素直接影响媒介产品的创制力和传播力，是当代传媒影响力的必要构成。媒介技术拉动媒介素养的提高，此内容将在第九讲第一节“媒介技术与主体的互动”中阐释。

**（三）媒介语言**

“媒介语言”是指构成媒介内容产品的文字、图像、声、光等符号表现系统，包括有声语言系统和无声语言系统，即字母、数字或构成语言的字、词等符号，也包括表达内容的图像语言、电子声光语言符号等。媒介产品的生产，即创制和编码这些符号语言的过程；媒介产品的消费，即购买和解码这些符号语言的过程。此内容将在第四讲“谁在背后玩拼图游戏——媒介语言与现实”中阐述。

**（四）媒介产品**

“媒介产品”也称“传媒产品”，一般情况下多指媒介传播内容。其从专业经营的角度有狭义和广义之分。狭义的媒介产品指报刊、电视节目、广播节目、网络板块以及携带的讯息或作品内容等；广义的媒介产品还包括一切讯息和广告版面或节目、栏目时空的广告时段等，即广义的媒介产品还要包括广告产品——传媒产业化经营中二次售卖的需要。

媒介产品是一种信息产品和精神产品。在市场经济体制的国家中，当传媒领域也被推向市场之后，媒介产品便具有商品属性，也可以称为“媒介商品”。商品要具有使用价值和价值，其价值是通过满足媒介受众需要来实现的。故此，在进入市场的生态环境下，满足媒介受众需求是构成媒介产品（媒介商品）的必要条件。

**（五）传媒产业**

“传媒产业”也称“媒介产业”，是由以传播媒体为核心的信息传播行业各经济实体组成的产业群。这些经济实体如印刷媒体的报刊、图书以及各类出版机构；电子媒体的广播、电影、电视、电信以及其他从事信息流通的机构；网站及各类网络媒体机构，以及以跨媒介、融媒介经营为特征的交合了传统媒介和新媒介的现代传媒集团等。产业群里的各家传媒企业，各自经营产业链条上的优势环节，彼此合作，联合构成一条条较为完整的产业链，使产销良性循环，共同依赖市场化运作得以生存和发展。

在市场体制下，我国国有的传媒机构也由原来的事业单位向企业经济实体转型，由此决定了这些传媒单位要以“企业”的身份进入市场，形成自主经营、自负盈亏、自担风险、自我发展的经营机制。报刊、电视节目、广播节目和网络虚拟空间这些媒介的时空为媒介受众提供资讯服务、娱乐服务和知识数据库等，媒介受众需要付出时间和注意力来读报、收看收听节目或上网消费等。传媒产业与其他产业一样，通过生产适销对路的媒介产品投放市场，以满足媒介消费者的需求（包括服务），在传媒市场机制的调控下流通，实现其价值和使用价值。在我国，传媒产业是一个在传媒市场依赖传媒受众消费、以传媒产品营利、隶属信息服务的第三产业。

## 二、传媒的本体特征

媒介或传媒的本体特征意指与传媒或传媒现象同在的本质特征。这些特征无论对于哪类传播媒介，无论什么传媒内容，都会客观形成并与生俱来。由于媒介的物理性能和技术发展的阶段性，媒介本身在传播信息符号时会带有一定的偏向性；由于传播中的人媒关系反映的是背后的人人关系和社会关系，传播内容则带有一定的框架性。既然媒介产品永远是信息产品和精神产品，今天传媒经营的铁律依旧是“内容为王”。

### （一）媒介的偏向性

“偏向”一词源于多伦多传播学派的先驱哈罗德·伊尼斯（Harold Innis）的传播学经典之作《传播的偏向》，这部虽已问世60余年，但至今仍被新闻传播界奉为圭臬的巨作完整地叙述了传媒偏向理论。伊尼斯认为媒介和传播都是有偏向的，“我们对其他文明的了解，在很大程度上，有赖于这些文明所用的媒介的性质”[①]。

媒介的偏向性是指媒介的物理和技术性能致使该媒介承载的传播内容倚重于某个方面，例如，动态的视频媒介倚重于展示空间，静态的平面媒介倚重于时间。现代文明与报纸有密切联系，使我们养成了倚重视觉的偏向。原始的烽火台烟雾信号不可能饱含任何思想观点，其形式已经排除了内容。在伊尼斯所处的时代，他认为媒介偏向大体上可分为口头的传播偏向、书面的传播偏向、时间的偏向和空间的偏向等。“根据传播媒介的特征，某种媒介可能更加适合知识[②]在时间上的纵向传播，而不是适合知识在时间上的横向传播”，“也许可以假定，一种媒介经过长期使用之后，可能会在一定程度上决定它传播的知识的特征。也许可以说，它无孔不入地影响创作出来的文明，最终难以保存其活力和灵活性。也许还可以说，一种新媒介的长处，将导致一种新文明的产生”。“只能敦请大家注意：我们必须始终警觉这种偏向的含义。”[③] 这些阐述在今天

① ［加］哈罗德·伊尼斯：《传播的偏向》，28页，北京，中国人民大学出版社，2003。
② 这里的“知识”指代目前人们常用的“信息”，下同。——笔者注
③ ［加］哈罗德·伊尼斯：《传播的偏向》，28页。

蕴涵的深刻意义——媒介形态和形式在不断更新、创新的环境下更显得高屋建瓴——是传播学理论大师的高瞻远瞩。由此需要把镜头拉回现代，审视一下我们面前的这些媒介的偏向以及传播特征。

1. 印刷媒介

（1）印刷媒介多以静态的平面纸媒为介质，如书籍、报纸、期刊、宣传册等。

（2）印刷媒介可以使视觉持久驻留，聚焦注意力，静心、凝神，具有集中思考的张力，为更加复杂的思维活动留下充足的时间。印刷媒介是一种高级学习工具。

（3）印刷媒介通过图片、文字、表格的组合传播信息，作为最早的信息传播形态，可以容纳更加充分的内容，且选择性强，具有深度说服力。

（4）印刷媒介有地域性，受众的针对性强，与传媒地域性目标的对象性契合。

（5）印刷出版物在我国具有合法性、权威性及公信力，有较强的印刷管控系统。

（6）印刷媒介的质感一般较差，印制成本相对较高，承载大创意的能力低。

印刷媒介版面的不同位置具有不同的视觉吸引力，一般而言：左方高于右方、上方高于下方，如图 2—1 所示。

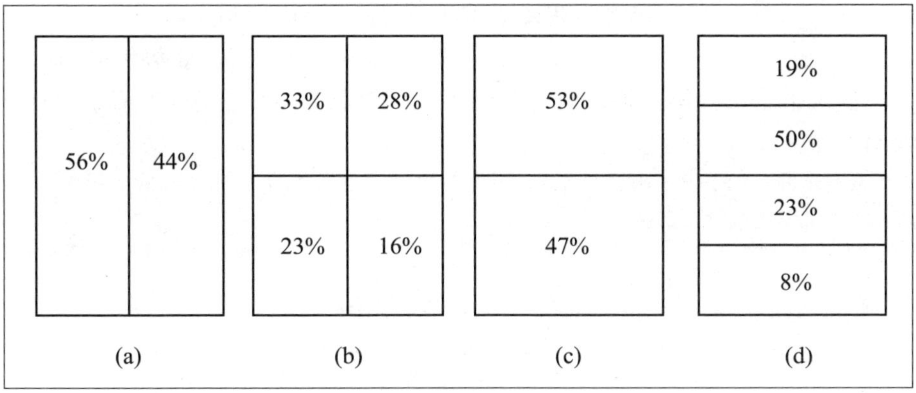


**图 2—1　印刷版面的优先阅读顺序**

注：根据国外调研结果，在如 A4 比例的平媒中，左比右、上比下更容易引发关注。

2. 传统电子媒介

（1）传统电子媒介指集声、图、字、像各种符号于一体的早期非数字化的电子介质，如广播、电视、电影、录音、录像以及 Web 1.0 时代的互联网等。

(2) 电子媒介是一种能够打破隔离使信息流通的载体，是对印刷媒介质的升级。

(3) 组合多种语言符号，音视频结合，声像文字并茂，讯息形式多元化表达。

(4) 声光电交合的传播力，视觉冲击力强，穿透力强，可承载大创意。

(5) 符号具有穿越时空的表达力，其中影视语言对情感的震慑力堪为媒介之首。

(6) 传统影视作品动态画面视觉快感强但思考性弱，电视、电影制作成本相对较高。

(7) 互联网 Web 1.0 时代即时自主跨越时空的传播，全球连线，全天在线，海量信息。

**国际视野**

**美国学者艾伯特·迈赫拉宾的研究成果**

在面对面的交流中：有 7% 的信息通过语言文字得以传播
有 38% 的信息是通过语调传播的
有 55% 的信息是通过面部表情和姿势传播的

从这个意义上讲，通过电子媒介人们能够获得的信息量 10 倍于同样内容的书籍。

资料来源：约书亚·梅罗维茨：《消失的地域：电子媒介对社会行为的影响》，北京，清华大学出版社，2002。

■ 偏向性议题之一：印刷媒介与电子媒介偏向之比较

由于传播介质物理属性的不同，印刷媒介与电子媒介具有截然不同的话语模式。印刷媒介主要以文字语言为话语模式，电子媒介主要以图像语言为话语模式。比较二者对人类认知结构和思维方式的影响，可看出其明显的偏向性。今天人们热衷于新媒介的即动与方便，对印刷媒介的延时静态与拙笨不屑一顾。然而或毁或誉之间，审视以印刷媒介及文字为主体的话语方式，尚需保持冷静、坦诚和理性的态度以及科学的思维发展观。

在古代中国，作为四大发明之一的印刷术先后传到朝鲜、日本、中亚、西亚和欧洲，成为人类近代文明的先导。毋庸置疑，印刷术作为隐喻和认识论创造了一种严肃而理性的公共对话。纵观人类传播之历史长河，“从 15 世纪诞生之初起，印刷术就被看做展示和广泛传播书面文字的理想工具，之后它的用途就没有偏离过这个方向”[①]。印刷文字带给社会的是一种“阐释”的思想模式和表达途径，今天看来，这本身就偏向于一种学习方法或思维训练教程，并可从如下方面得以印证。

第一，印刷文字具备内容命题。印刷文字“具有某种内容：一种有语义的、可释义的、有逻辑的命题的内容”[②]，这是印刷术下印刷文字的基本特征。

第二，印刷文字具有思想意义。“特别是一旦语言付诸印刷机，语言就不可避免地成为一个想法、一个事实或一个观点……只要语言成为指导人思维的工具，这些想法、事实或观点就会具备某种意义，如果一个句子不能起到陈述事实、表达请求、提出问题、明确主张或做出解释的作用，那它就毫无意义，就只是一个语法的空壳。”[③] 阅读印刷文字赋予人们一种思想力。

第三，印刷文字带来严肃阅读和理性文化。“读者往往是孤独地面对文本的。在阅读的时侯，读者的反应是孤立的，他只能依靠自己的智力。面对印在纸上的句子，读者看见的是一些冷静的抽象符号，没有美感和归属感。所以，阅读从本质上说是一件严肃的事情，当然也是一项理性的活动。”[④] 印刷文字赋予人们与生俱来的阅读理性。

第四，印刷文字阅读养成缜密的逻辑思维。印刷术统治时期的阅读与今天截然不同，阅读的目的是严肃、专注而明确。“阅读为他们和外部的联系提供了纽带，同时也帮助他们形成了对于世界的认识。书本一行行、一页页地把这个世界展现出来。在书本里，这个世界是严肃的，人们依据理性生活，通过富有逻辑的批评和其他方式不断完善自己。”[⑤] 印刷铅字有序的排列，自身具有逻辑命题性，培养人们的逻辑思维和对于知识理性分析、归纳和管理的能力。“阅读时要跟随一条思路，需要读者具有相当强的分类、推理和判断能力，要对不同的观点进行比较分析，而且能够举一反三。”[⑥]阅读中形成的线性思维使读者感官与文字保持一定距离，受情感牵制较少，具备冷静、客观的信息接收语境，极少出现面对视频时的欣喜若狂或情不自禁，是严谨的思维方式和认识论。

---

① ［美］尼尔·波兹曼：《娱乐至死》，75 页，桂林，广西师范大学出版社，2009。

② 同上书，46 页。

③④ 同上书，47 页。

⑤ 同上书，57 页。

⑥ 同上书，47 页。

第五，印刷术统治下的文化逻辑有序。在印刷文字有序的排列中，印刷文化呈现出事实清楚、观点明确的气质倾向。“印刷术赋予智力一个新的定义，这个定义推崇客观和理性的思维，同时鼓励严肃、有序和有逻辑性的公众话语。先后呈现在欧洲和美国的理性时代和印刷文化的并存，并不是什么巧合。”① 这在当今的传媒文化界是何等稀缺！

第六，印刷文字维系整个社会的文化水平。印刷机统治下的“阐释时代”，公众话语的主要途径来源于铅字，人们要参加社会生活必须具备驾驭铅字的能力。这意味着“没有高深的文化程度要想成为一个成熟的公民是不可能的”②。以严肃阅读为特征的印刷文字倚重的是自我思考，这培养了读者的耐力、自制力和承受力。

总之，与电子媒介时代的视频图像相比，印刷文字是一种相对成熟、富有逻辑思维的话语方式，使阅读具有高度理性、秩序和反思、反省、反悟的思维情境。表 2—2 对比研究了在两种媒介偏向下的话语模式。

**表 2—2　　文字语言与图像语言的话语模式比较**

| 两种话语模式的特性 | 文字语言 | 图像语言 |
| --- | --- | --- |
| 媒介消费方式 | 读 | 看 |
| 媒介信息内容 | 关于事物的概念观点 | 关于事物的具象形态 |
| 媒介传播功能 | 概括抽象<br>如抽象的、内在的人、树等 | 呈现表征<br>如表现一个人、一棵树等 |
| 受众反应模式 | 思考理解 | 感官辨认 |
| 媒介传播效果 | 理解事物 | 了解事物 |
| 媒介信息关联 | 有逻辑关系和事物内在联系 | 无逻辑、彼此无关的事物可堆积 |
| 受众思维特征 | 理性之启 | 感性之发 |

19 世纪中叶，印刷媒介带来的印刷文化以及印刷文字传播的诸多品性被以电报为首的电子媒介打破了。媒介话语方式的变化加剧了人们的思维差异，也形成在世界观和方法论上更大的“知识沟”。

由物理属性和技术引发的电子媒介偏向，甚至与印刷术所导致的思维方式格格不入。“在以印刷品为基础的文化和以电视为基础的文化中，话语特征的区别是非常显而易见的。”③ 尽管印刷文字和图像视频都可称“语言”，但二者

---

① ［美］尼尔·波兹曼：《娱乐至死》，48 页。
② 同上书，57 页。
③ 同上书，52 页。

之间的话语模式存在本质的区别，如表 2—2 所示，表征如下。

第一，电子媒介是一类跨越时空的信息流通载体，印刷媒介一般是在有限的空间内进行地域性的发行。通过电视机，人们可以在不同的地方获取同样的资讯，从而形成同样的信息基础。这样，社会群体之间信息分隔的屏障——纸媒时代的印刷品和更早的地域区隔——被打破，这是媒介文明的一次质化发展，是人类信息消费的进步。

第二，电子媒介的话语方式促生新的认识论。以秒为计量单位、短平快式的讯息方式，使电子媒介造就了“一种无法连接任何东西的连词，相反，它把一切都分割开来。它已经成为当今美国公众话语支离破碎的一种象征”①。“所有这些电子技术的合力迎来了一个崭新的世界——躲躲猫的世界，在这个世界里，一会儿这个，一会儿那个突然进入你的视线，然后又很快消失。这是一个没有连续性、没有意义的世界。”② 但是其乐无穷，娱乐至死，不需要理性。广播试图倾向较为理性的话语内容，但终究脱离不了电子媒介语境下的话语方式，所以是“交流媒介创造了躲躲猫的世界”③！我们不难找到 2009 年 2 月云南省某看守所“躲猫猫”事件的技术依据和历史背景。新的话语方式促生了新的认识论。“电视的倾向影响着公众对于所有话题的理解。”④ 如今，这种认识论早已潜伏在我们的思维里，它建立起来的“躲躲猫”世界被人们运用自如。

第三，电子媒体使脱离语境的信息合法化。“由电子媒介勾画出来的世界里不存在秩序和意义。”“看电视的时候，观众很少需要把上一时间段的思想或情绪带到下一个时间段。”⑤ 相对印刷媒体，电报、摄影、电视等描述的事件是难以理解、缺少阐释的。这是公众信息消费的无奈，也是受众媒介消费趋于弱智化的开端。

第四，电视媒介生产了娱乐文化。电视时代，信息的价值不再取决于其在社会行为中所起的作用，而是取决于它是否新奇有趣。“思考无法在电视上得到很好的表现。”“电视需要的是掌声，而不是反思”，正是“电视本身的这种性质决定了它必须舍弃思想，来迎合人们对视觉快感的需求，来适应娱乐界的发展”⑥。在电视媒介世界，人们彼此娱乐，不交流思想而是交流图像。公众人物通过视觉形象而不是思想与社会公众交流。人们更关心的是印象、风格和

---

① ［美］尼尔·波兹曼：《娱乐至死》，86 页。

②③　同上书，70 页。

④　同上书，71 页。

⑤　同上书，87 页。

⑥　同上书，80 页。

外表，而不是观点、思想和内涵，这与印刷时代大相径庭。视频媒体使文化话语的性质发生了改变，一切公众话语都可以娱乐的方式出现，并成为一种文化精神，尼尔·波兹曼称这种现象为“娱乐至死”，实质是弱化理性后的思想至死甚至灵魂至死，这是人性文化的遗失。

第五，电子媒介开启了讯息的商业化市场。最初是“电报把信息变成了一种商品，一种可以置用处或意义于不顾而进行买卖的东西”[①]。这是信息商业化的开启，是讯息有偿价值的开市。随后电报与报纸的结合使信息转化为商品的潜力迅速爆发，一些报纸背离了发表理性政治观点和紧急商务信息的传统。在发明人莫尔斯公开演示电报功效的一天之后，报纸就利用了电报的讯息，展示出传媒人之市场敏锐以及媒介整合效益。

第六，“图像革命”与生俱来的文化缺失。美国著名历史学家和社会学家丹尼尔·布尔斯廷（Daniel Boorstin）提出了“图像革命”的概念，指出图像试图替代印刷文字来发挥诠释、理解和验证现实的功能，然而却是百弊丛生。图像革命的力量在于用感官兴趣替代思想逻辑，“看”取代了“读”，成为人们判断和评价事物的基础。丹尼尔·布尔斯廷“提醒众人注意到各种机械制作的图像对语言进行的猛烈攻击——照片、印刷画、海报、图片和广告，这些图像无可遏止地迅速蔓延于整个美国文化”[②]。在今天的中国，Photoshop 一类修图与剪辑等技术软件同样带来视频图像或报刊插图的真假难辨，如 2008 年的“周老虎”等诸多事件。这是传媒造假的技术条件基础和历史根源。

需要特别指出的是，在这里笔者绝无否定视频图像的传播价值之意，照片、视频等图像能够激发人类感官的活力以及对文字语言起到很好的补充作用。“我说的只是以电视为中心的认识论污染了大众交流和相关活动，而不是说它污染了一切……虽然电视消弱了人们的理性话语，但它的情感力量是不容忽视的。”[③] 19 世纪前深受铅字影响的阅读形成了人们崇尚理性，注重论据，擅长论证，遵循逻辑和客观分析等思维特征。强于自己学识渊博，普遍开明理智，憎恶自相矛盾。电视文化中的人们只需要一种对于视觉和听觉都没有过高要求的“平白语言”[④]。电子媒介带来的话语形式的转变也使“报纸上一行行有序而连贯的文字渐渐失去了帮助我们获得知识和了解这个世界的能力”[⑤]。

---

① [美] 尼尔·波兹曼：《娱乐至死》，60 页。

② 同上书，67 页。

③ 同上书，26 页。

④ 同上书，43 页。

⑤ 同上书，64 页。

“随着印刷术退至我们文化的边缘以及电视占据了文化的中心，公众话语的严肃性、明确性和价值都出现了危险的退步。”① 笔者的旨意并非停滞于印刷媒介时代之古旧，而在以史观照传媒物技术性能所致的人类媒介消费的偏颇，借此警示媒介物理属性带来的传播偏向对人类思维及社会文化的深刻影响。

3. 现代网络媒介

(1) 现代网络媒介：指以网络化和数字化技术为特征，以互联网 Web 2.0 时代的各种终端为载体的电子介质，如 PC 互联网、手机以及微博、微信等社交媒介平台等。

(2) 在形式上实现了人人乃至多人之间的即时互动，且具有平台化交往的社交媒介功能。

(3) 在技术上实现了网络化、数字化、移动化、终端多样化和多媒体化。

(4) 在内容上实现了即时性和互动性，其操作方法和表达方式着力于客户体验。

(5) 在本质上发生了传播关系改变，目标是实现多数人对多数人的传播。

■ 偏向性议题之二：现代网络媒介与传统电子媒介偏向之比较

现代网络作为一种信息高速公路更是对传统电子媒介的升级。网络媒介使隔离信息的藩篱基本消失，使信息更易获取，使拥有现代电子媒介，哪怕是手机的所有社会阶层的人，都更容易交流。在第一时间，用第一感觉，而且现场即时，所有人都可以成为信息的制造者。网络媒介充分展示出社会角色的后区讯息：“议程设置”被破解，作为信息采集者和传播者的专业传媒机构和传媒人正在逐渐失去其神秘感和权威性，从而传统媒体“无冕之王”的地位被全面颠覆；互联网公民记者诞生了，从未有过的网民话语权意识逐渐“萌醒”，媒介正在改变生活！信息传播的“去权威化”，使任何传媒都具有“无中心”特性，同时放大了平台效应，受众能够很轻易地传播自己的意见，并找到志同道合者。这意味着信息流通、信息交往的人人媒介时代已经到来。

然而，由于渠道畅通更容易扩大传播效果，“洗翻”与“杯具”同在。媒介的“双刃剑”功能凸显，现代网络媒介传播的正能量与负能量功能被同时放大，正负讯息强化扩散，海量讯息需要辨析。现代电子媒介时代更加呼唤当代媒介素养。

4. 户外媒介

(1) 户外媒介指能够承载信息的各种人工设备或自然物质，如各类交通工

---

① ［美］尼尔·波兹曼：《娱乐至死》，27 页。

具，包括网络化的电子显示屏、人工的路牌、灯箱，以及如山壁、石墙类自然物质等。

（2）它是人类有史以来的第一种传播媒介，可追溯到几千年前刻在岩石上的符号。

（3）全天候自然暴露且抢眼夺目，无须人们的任何操作即可获得讯息内容。

（4）媒介受众重复，由于位于固定地点或路线，讯息存在重复消费现象。

（5）在形态上多样聚合，具有网络化、数字化、交互性、高效性、多元化等属性，内容聚合于电视屏、PC屏、手机屏、户外屏，进入四屏合一的新视频时代。

**（二）传媒的框架性**

"框架"一词源于美国学者塞伦·麦克莱（Ciaran McCullagh）在《传媒社会学》一书中提出的"框架理论"，这一理论是基于"取景"的观点："传媒不是简单地提供给我们某个场景和事件的信息，它们也提供给我们自己的观察。它们把事件和问题放在某一特定环境中，使受众以某一特定方式接收理解。实际上，传媒不是简单地选择事件去报道，它们也提供了用以理解信息的框架。这些架构或观点即被称为'框架'。"① 正是这种"框架"决定了传媒的影响力量，产生传媒对社会及人们生活特有的作用即传媒力量。传媒力量即指"传媒在特定框架中展示问题和事件的能力，能够限制并控制信息被理解的方式"②，传媒讯息或报道的每一种"框架"都以传媒特有的视角定位问题，产生暗示，即隐喻。传媒通过选择——框架——取景的途径实现"隐喻"的意义。

传媒的框架性以传媒的选择力体现出来。传媒的选择力是传媒选择报道事件或问题的能力。传媒有权选择报道哪些问题或事件；也有权选择报道的内容以形成自身的论点；还有权为受众破译事件和问题，即通过特别结构或特别观点告知受众这些事件或问题的来龙去脉并阐述自己的立场和观点。传媒的选择力是传媒社会力量的源泉。

"取景"的概念和"框架"理论以及传媒的选择力，都将导致传媒、传播媒体、传播者描述信息或事件的语言符号存在自身的偏向性，不可避免，甚至形成"偏见"。"框架"是传媒力量的核心。如传媒对事件具有什么样的"框

---

① ［美］塞伦·麦克莱：《传媒社会学》，16页，北京，中国传媒大学出版社，2005。

② 同上书，17页。

架”，如何去分辨这些框架，受众是否会接受现有框架下传递的信息，谁在影响和形成传媒使用的框架等问题，是“传媒社会学”的中心问题。美国社会学家塔奇曼（Gaye Tuchman）在框架研究中把效果放到中心地位。如在对新闻的考证中，他认为，在整个新闻过程中最重要的是如何强迫受众接受新闻框架。电视观众所见到的视频内容都要依赖于拍摄的位置，记者、编辑也参与了新闻的生产过程，并且对于框架的形成还发挥着反制作用。受众有时会排斥这些框架，这是新闻框架的研究问题。例如对一场战争的报道，战地记者把镜头聚焦在不同的位置，会有不同的立论，反映不同的状态，体现不同程度的残酷性。

无疑，传播具有目的性。无论何种类型的传播，无论在人类社会发展的哪个阶段，传播都是人们在各种各样的需求下从自发到自觉的主体性行为。由于人的社会关系本质，由于人自身的七情六欲，传播具有功利性，而且与生俱来。于是客观事物的客观“信息”在人类目的的诱使下会转化为带有功利性的主观“讯息”，使传播内容不断经历策划、创意、创造等“再生”的回合，经过媒介传递给受众。至此，进入传播领域的“讯息”内容已经不再客观与真实，也难以谈及公平与公正。这是传播人之过，在此意义上可以确立“传播带有原罪”这一命题。

媒介作为传播工具呈现信息（讯息），因此也成为世界的镜子、世界的窗口。由于媒介有限的承载能力以及环境中的诸多原因，传媒要按照一定的媒介逻辑进行议程设置，生产所谓对现实事件或议题的报道。在一定的框架下取景，亦或放大，亦或缩小，如何设置，如何选择，是选择完美的镜子还是“破碎”的镜子……总之，这是人媒关系或传媒与社会关系所致，是传播的目的性抑或功利性导致的偏向。在以电视为标志的传统电子媒介时代和以网络为标志的新媒介时代，传播更明显的偏向则发生在社会利益和文化价值取向等方面；传播的偏向性同样依赖于技术工具（如 PS）。于是在历史的各个时期，任何传媒都难以呈现全息或真实的信息传播。

**（三）媒介效果及传媒铁律**

媒介的效果亦即媒介传播的效果，关系到公众媒介消费的品质。媒介的偏向和传媒的偏向都在力证“传播带有原罪”这一命题，而“原罪”则是由传媒与传播的偏向所致，有自然物理性的、技术性的，也有人为实用性的、功利性的，与生俱来，无论是源于媒介自然属性的物理性偏向，还是源于传播者或传媒机构人为目的的主观性偏向，都是一种必然出现的客观存在。当自然与人为所然相交织、客观与主观共同作用时，媒介传播的效果，即媒介讯息或传媒产品的质与量如何评价呢？当传媒面向市场经营时，一方面，如何选题、如何“取景”、如何创作、如何传播，都是传媒人必须面对的专业问题；另一方面，什么是好讯息、什么是好媒体、什么是好作品，又是受众自然考问并各取答案的问题。受众价值多元化，媒介经营多策略，双方只有在契合点上才能实现传播的最佳社会效果和经济效益。今天，这个契合点又是什么，这是传媒铁律的坐标。

社会文化繁荣的标志是思想者的创新，一个好的传媒产品终究能够打动受众。德国哲学家、社会学家、法兰克福批判学派的代表人物哈贝马斯曾经提出了关于传播行为四个有效性要求的经典理论：第一，可理解性；第二，客观真实；第三，道德适当；第四，真诚。可见，哈贝马斯有效传播的四个要求都是围绕人性、理解、真实、真诚、道德的人文情怀舒展的。这在当下更具有价值导向意义：为了克服市场机制下的商业动机和社会诚信危机，任何传媒都需要重视与受众的互动环节，只有通过沟通行动才能促使受众认知和领会传播内容的利益点，才有可能欣然接受并达到传媒的目的。人为情怀的“沟通”是借助于内容（Content）、渠道（Channel）和情境（Context）这样系统化的“3C”作用实现的。其中渠道具有工具意义，情境有助于理解，而袒露真诚、赢得信任的只有内容。有效的传播是基于受众信任的、渗透式的、累积的、感知的、内生式的。正如我们评价一部电影的好坏固然离不开影片的拍摄手法与特技，但最终仍归到心灵震撼与否（参见案例 2—1）。尽管传播效果的决定性因素越来越复杂——关涉传者及可信度、传播媒介的便利、传媒技术的适当、传播内容的切合、传媒环境和语境等，但是最容易达成的因素却也越来越清晰：基于信任的传播内容是否触及受众的心灵，是否引发受众的共鸣而动情，是否禁得起受众的推敲和反思，是否经得住时间和事实验证。故此，在当代，基于上述标准的好的传播效果，传播的铁律依旧是“内容为王”。

**案例 2—1**

### 从奥斯卡最佳影片看人性价值背后的“内容为王”

每年奥斯卡最佳影片之争，一次又一次放射出人性价值的光辉。

2010 年，第 82 届奥斯卡的最强竞争来自于《阿凡达》（图 2—2）与《拆弹部队》（图 2—3）两部电影。人们曾猜测，充满现代科技手法、票房全球飘红的《阿凡达》稳操胜券。然而结果却是，充满了残酷的战争画面却回归了传统人性关怀的《拆弹部队》胜过风格奇幻唯美的《阿凡达》，而获得奥斯卡最佳影片奖。

2011年，这一幕几乎重演：被称为第83届奥斯卡最大热门的影片是由大卫·芬奇执导、根据纪实小说改编、讲述Facebook创始人马克·扎克伯格故事的电影《社交网站》（图2—4）与传统风格的《国王的演讲》（图2—5）之争。谁不知《社交网络》的影响力：被IT人熟知的哈佛大二辍学学生马克·扎克伯格和牵动了数亿人的Facebook，如何缔造了一个影响全球的社交媒体帝国时代。然而最终，反映英国王室题材的影片《国王的演讲》却意外胜出。这部影片没有宏大的场面和华丽的演员阵容，也没有超级惊险的特效镜头，凭借的只是王后伊丽莎白帮助乔治二世从口吃到成功发表演讲鼓舞第二次世界大战中的英国军民这一段感人和励志的故事情节。荣获最佳影片，赢的并非王室的奢华与尊贵，而是人性的传统。

**图2—2**

**图2—3**

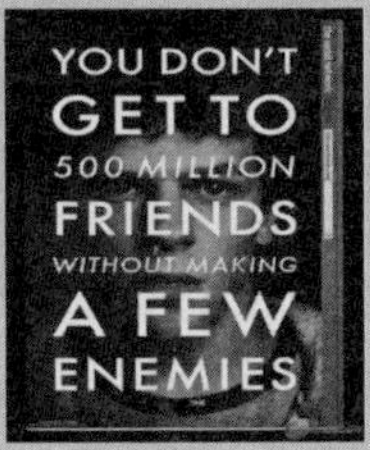

**图2—4**

**图2—5**

此外，2011年第83届奥斯卡的最佳外语片奖颁给了丹麦电影《更好的世界》，这也是一部以人性和价值观选择为题材的剧情片，并非我们经常见到的警匪、武打、戏说、谍战、反腐以及由无厘头搞笑堆积的喜剧这类所谓大众"流行"题材。

**评析：**多少年来，奥斯卡的评价标准和价值取向在不知不觉中被不少国家拿来作为全球文化创意产业价值的风向标。文化创意的真谛不再是由符号组合的闹剧效果，而是符号背后的思想、文化背后的人性。"内容为王"，这不仅仅是传媒产业的文化意义，还有其背后的社会意义、政治意义，以及由此决定的经济意义和商业意义。

“内容”即容纳之物，“是满足特定需求的信息组合，其形式有文本、图片、音频和视频等。内容产品是信息元素按照逻辑结合在一起，具有应用功能的信息产品”①。内容需要根据传媒市场目标受众的需求和先进文化的导向力，发挥创作者——专业传媒人，如编辑、编剧、导演等，以及持有自媒介的一切传播者——的创新与创意能力。通过传媒文化产品的创制与传播，从而实现目标效果和效益。这一过程与文化创意产业如出一辙，目前在我国已形成所谓内容产业，即通过内容的生产以规模化和标准化（并非量化指标，这里多为质化取向）借助市场获得经济效益，由此构成传媒产业的核心环节。

传媒产业的“内容为王”意指传媒是内容产业，传媒依靠生产具有内容意义和内容价值的文化产品吸引受众，通过社会效果和文化效果而获取经济效益。当下一些人提出，伴随市场力量的强大，传媒经营应该以“受众为王”，即跟着受众需求走；也有人提出，随着媒介技术的发展，传媒经营应该以“渠道为王”，即把握最新的媒介通道等。这里我们可以通过批判性思维加以分析和判断，以求更加全面之解，参见背景知识：传媒经营的“内容为王”。

**背景知识**

### 传媒经营的“内容为王”

“内容为王”缘于维亚康姆公司（Viacom）总裁雷石东的阐述：“传媒企业的基石必须而且绝对必须是内容，内容就是一切！”近年在新的媒介环境下，传统的“内容为王”和市场新派的“受众为王”一直争论不休。伴随传媒技术和社交媒介的普及，新媒派又提出“渠道为王”，更使人们对这个关涉传媒产业链核心价值的问题不置可否。

作为传媒经营实践与理论的核心问题，也是当代媒介素养的基本问题，面对业界不同的观点，利用批判性思维工具就会发现：如果三个命题的预设都是收视率决定产业价值（另外论证），其隐含与支撑假设就会出现以下三种情形（见图 2—6）。

检验以上三个命题在预设假定、隐含前提和支撑假设等环节论证的有效性，都能够找到反例，且都不是最佳选择，需要澄清意义以进一步寻找更加逼“真”的范畴。

于是，既同时包含“内容”、“受众”和“渠道”三者，又突破了彼此的“平台”概念一跃而出，“平台为王”目前正在业内得到更多共识，其核心仍旧

① 赵子忠：《内容产业论》，11 页，北京，中国传媒大学出版社，2005。

是“内容”。

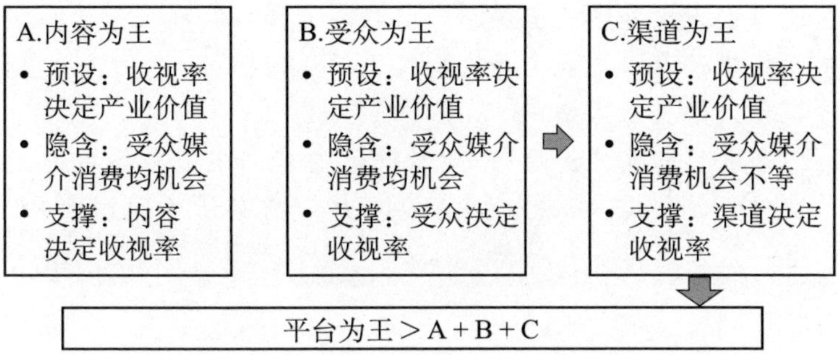


**图 2—6　关于“内容为王”的命题论证**

“内容为王”坚持以传媒作品的文化力和思想力赢得受众，占领市场。同时否认“市场为王”和“技术为王”。尽管传媒科技牵引着人们的媒介消费，媒体的市场化转型要求面向受众而生产，但是传媒首先是文化产业，需要以人为本的人文情怀，只有高质量的文化创意内容才能最终满足受众的文化需求。这是从受众精神消费的更深层次，即意识形态上构成传媒产业的本体特征。

**小结：构成媒介的本体要素**

（一）媒介要素术语

——媒介呈现、媒介技术、媒介语言、媒介产品、传媒产业

（二）传媒的本体特征

——媒介的偏向性（见图 2—7）

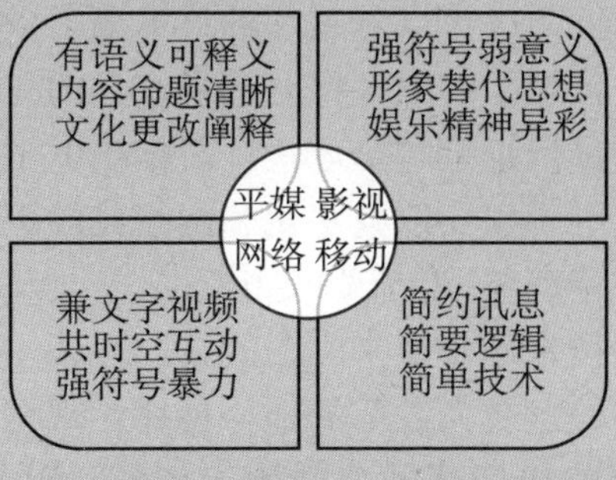


**图 2—7　媒介的偏向性**

——传媒的框架性

通过议程设置中的框架——取景等选择力实现“隐喻”之意，任何传媒都难以呈现全息或真实的信息传播

——媒介效果及传媒铁律

传播的目的是“沟通”，即借助于内容、渠道和情境的系统化而实现，其中渠道具有工具意义，情境有助于可理解性，“内容为王”依旧是传媒“铁律”

## 第三节　传媒本体属性的甄别

提高媒介素养首先需要具备媒介以及传媒的知识结构，只有建立了媒介自身的属性特征等知识模式，才谈得上以传媒信息的理解模式和能力模式解构在媒介讯息或传媒产品中的人为或人文烙印。媒介作为人类精神交往的工具，其属性是多元化和多维度的，进一步甄别媒介的自然物质属性和人为社会属性，可以将传媒的本体属性分为四个方面：传媒的基本属性、传媒的社会属性、传媒的文化属性和传媒的产业属性。

### 一、传媒的基本属性

传媒的基本属性是技术性和工具性，源于媒介物质技术和物理性能的本体属性。媒介或传媒作为物质载体传播和扩散信息，并构成对社会和媒介受众的影响能力。

#### （一）技术性

每一代媒介的问世都以更卓越超凡的技术赢得世人的青睐：针对印刷媒介的地域性，电子媒介跨越了时空；针对电视媒介的有限视频，网络媒介网聚视频与文字于一体，海量信息穿越全球；针对传统电子媒介的集成式、一对多式的单向度传播，现代电子媒介以数字化和网络化的平台式交互实现了多人对多人的互动传播，同时移动与PC互联交相呼应，人人一网打尽且一触即发。这是技术的力量，也是技术进步带来的正能量。

一方面，过剩的信息及大数据的强势传播，现场、同步、即时互动的自然化效果，使媒介受众的权威感随之而生，相信自己目睹的就是事实；另一方面，拼接式、多轨式制作把人们引到拟态环境中接受“虚拟现实”，使“现实”也具有多重性，人们越来越难以辨别讯息的真假。技术上的蒙太奇组接使视频

图像看起来极度逼真，越来越容易欺骗人的眼睛。更有甚者，影像一旦转化成数码形态，就会规规矩矩地听任操纵，与它表征的事实若即若离，甚至大相径庭。这虽然是媒介创意的技术前提，但也容易引发技术的负能量。总之，媒介首先以其技术性能留存于世且取悦于世。

**（二）工具性**

媒介的技术性只能决定其工具性而非主体性。无论由哪种技术构成和支撑，媒介由始至终都是一个信息（知识、理论、思想等）的承载物，都是一种信息的流通管道，都是一个讯息交流的平台，都是一种精神社交的触点。它在各种类型的传播中起到的都是工具的作用。传媒最基本的内在属性就是作为传播载体服务于人类社会信息传播（互动与交往）的工具性。

加拿大传播学学者马歇尔・麦克卢汉于 1964 年提出了"媒介即讯息"①这一命题，直接表述了媒介对于人类社会的工具意义，以及媒介本身能够作为人体的延伸，使人能够更广阔、更深入地感知、认识和了解世界。"媒介即讯息"意指人们接触媒介便能得到信息及传播渠道。人类拥有了某种媒介，即开始了信息传播活动。媒介决定着信息的结构和内容，影响着人们感知和认知社会事件的思考方式和接受习惯。既然是作为工具，麦克卢汉在这里也喻示了媒介工具的作用力和局限性，人们对世界的认识受到媒介的信息表现和传达能力的制约，这是工具效用范畴。麦克卢汉成名之作《理解媒介》一书的副标题——论人的延伸，意为任何媒介的发展都是对人的感官或感觉的扩展和延伸，人的感官与感觉都是大脑的工具。传播媒介的社会历史发展同步于人的感官能力从"统合——分化——再统合"的逻辑演递，这正是传媒工具在性能上的不断升级。

**当代词注："热媒介"与"冷媒介"**

麦克卢汉在媒介分类时提出过"热媒介"与"冷媒介"两个概念。

"热媒介"能使信息具有"高清晰度"，使人"低参与度"，信息含量多而且清楚，接受者不必动用很多的感官就容易理解，如书、报刊、广播等。热媒介有排斥性。

"冷媒介"则相反，它承载的信息含量少而模糊，要求接受者的参与程度高，理解时必须以更多感官和丰富想象来填补其信息量的不足，如言语、

① ［加］马歇尔・麦克卢汉：《理解媒介》，北京，商务印书馆，2000。

卡通画、电话、一些电视节目等。冷媒介有包容性。

其实，麦克卢汉界定这两种媒介的概念恰恰是围绕媒介的物理性能，即以其信息承载物的物态属性而划分，从侧面展示了媒介的工具性能。

现在看来，这两个概念在当代难以界清，传媒技术的发展推动了媒介形态上的融合与功能上的贯通，交互信息本身的清晰度和接受者的参与度都在不断提高。

资料来源：参见［加］马歇尔·麦克卢汉：《理解媒介》，51页，北京，商务印书馆，2000。

现代电子媒介已经成为人与人、人与社会信息交流和文化娱乐的重要工具。试想，鱼没有水能生存吗？今天的我们，如果没有信息交流，没有新闻谈资，没有专业数据，即没有一切媒介消费，也就失去了社会性这一人类的本质。

## 二、传媒的社会属性

传媒具有社会属性，传播的本质是对社会关系的建构，传播的社会属性是缘于媒介的工具性而生发的传播现象和传播本质。传播是人类的社会行为，是沟通一切人际关系和社会关系的必要手段，甚至是唯一形式。“传播是一切社会交往的实质。”[①] 传播作为植根于社会实践领域的实用行为，客观上是在建构人与人或人与社会的相互关系。因此，人的各种传媒活动都是具有目的的，都难以剥离所在的社会环境与背景，都难以超脱当时的传媒语境，根本不存在个体纯粹意义的传播形态。

美国媒介素养教育中心提出的关于媒介素养教育的五个核心理念，正面表述了人类信息传播与其他社会因素之间的必然联系：

（1）所有的媒介信息都是被构建的；

（2）媒介信息是使用一种具有自己规则的创新性语言构建的；

（3）不同的人对媒介信息的体验是不同的；

（4）媒介融入了价值和观点；

（5）建构的媒介信息是为了获得利益或权力。

传媒的社会属性揭示了一切传播现象背后的社会关系，传播的过程即人们社会关系建构的过程。人媒关系实则体现的是人人关系以及人与社会的关系。故此，出于不同目的，基于不同立场，必然有不同的“议程设置”，不同的传

① 陈卫星：《传播的观念》，1页，北京，人民出版社，2008。

播“框架”及“取景”，以选择性再现，形成特定的导向力。媒介服务于人类社会的传播活动，媒介素养提醒人们需要立足于社会学视角，以批判性思维全面观照媒介讯息或传播内容。

## 三、传媒的文化属性

传媒具有文化属性，传播行为是人类的精神交往行为，传媒的文化属性缘于人类自身特有的文化行为。承载内容信息的传播媒介以文化载体的身份问世，以媒介语言符号创意的方式传播人文价值和意义，并由此产生一种文化的渗透力，对人类以及社会发展的影响举足轻重。新闻、广告以及我们观赏的音乐、舞蹈、戏剧、美术、影视剧等各类信息或艺术产品是文化符号的承载形式；媒介是文化的承载物；媒体是文化的传承机构。没有传媒就没有历史文化的传承，任何传媒机构都是文化企业，具有传播文化的历史道义和社会职责。

从哲学的层面诠释“文化”之内涵：文化即“人化”，阐释的是世间万物对人的意义，这是一个以人的生存与全面发展为核心价值的评判标准，即人们常说的“以人为本”的抽象概念，凡是关涉人们之间沟通交流的各类传播活动都属于人类特有的文化行为。文化凝结着人类历史，开拓着人类未来，展示人类的精神交往，揭示了由个体人走向社会人的通途。文化是一个人的精神力量，是一个民族的情怀，是一个国家的软实力。它为传媒领域提供了广阔“田野”和无尽资源，且取之于人并用之于人。

传媒技术的发展是一个不断开发人的能动性的进程。互联网功能的升级激活了大众的主体性，使广大“草根”百姓获得前所未有的表达空间和话语权（详见第三讲“谁的风笛谁定调儿——媒介功能与话语权”）。人们消费信息，表达自我，交互沟通，人的社会性本质在这个时代得以全面体现，传媒技术推动了人类社会的文明进程。但是，由于技术的强势也引发一系列负面效果：网络讯息鱼龙混杂，谣言容易放大，Wifi 破解电视被“黑”，网络陷阱重重，各种文化与价值观的交汇更容易混淆是非，虚拟与现实世界的模糊使各类信息更容易真假难辨等。于是负能量传播内容与效果同时膨胀（详见第九讲“技术想要什么——媒介技术互动与报复”）。数字技术环境的提升更有待传媒机构和个体传播者的媒介素养和自律。面对市场无序、拜金主义、贪污腐败蔓延之诸多不良，应当净化传媒环境，在伦理道德上启蒙认知，以文化感召力应对社会道德滑坡的危机，以文化影响力的正能量传播社会和谐、民众安详的福音。

传媒企业的生存与发展依赖健康的文化产品。传媒厚德载物，承载文化，传承文化，培育文化，打造文化，肩负人类文化发展之重任。目前我国也开始实施“制播分离”，即传媒产品的生产与传播由不同的企业完成。以内容制作为主业的企业成为传媒产业链的主要环节，其生产目的是不断满足传媒受众的文化娱乐需求。传媒依赖其人际聚合的平台功能、文化管道的流通功能和文化交流的传递功能，确立其生存和发展的价值趋向和社会角色。传媒首先是文化企业。试想，电视台能像制作企业一样，一切以经济效益为核心目标吗？电视机构的实力体现在新闻报道能力和以丰富多彩、雅俗共赏的电视节目满足观众不断增长的文化娱乐需求等方面，这是电视媒体发展的根本所在。传媒机构不同于一般市场企业，不应沦为融资和赚钱的工具。电视台永远不能等同于工业或农业企业，传媒作为文化企业当以信息传播和文化娱乐功能为本，获取经济收益是其生存和发展的条件和手段，而不应以经济效益作为唯一的发展目标。

## 四、传媒的产业属性

传媒具有产业属性，传媒的产业属性并非与生俱来，而是源于社会的市场经济体制。自从以电视机为代表的电子媒介出现以后，传媒在娱乐产业的牵领下迅速走向产业化的发展轨道。曾经在印刷媒介传播时代，信息消费出现过的报刊负定价、电视媒体的低成本甚至无偿收视等现象都不复存在，传媒以自身凝聚的受众注意力资源进行了“第二次售卖”，获取了广告商的经济回报，也使传媒机构能够作为经济实体自主经营。传媒的产业属性体现在第一次“卖信息”和第二次“卖受众”的需求与供给的市场关系上。

伴随我国文化体制的深化改革，传媒的产业化政策逐渐明朗，传播媒介自身的生产与消费、价值与价格规律日渐凸显。传媒的第一次售卖面向人类永恒的需求——新闻传播和娱乐节目。人们购买报纸，缴费上网，缴费看有线电视等，这是受众信息消费的第一次购买成本。而传媒所获得的最大经济回报来自于针对媒介视听受众的“第二次售卖”——面向商业广告主企业卖广告的时间或空间。在视听率或点击率较高、诚信度较好的媒介上投放企业品牌或产品讯息，广告主企业能够得到较好的商业回报。传媒凝聚的受众规模越大，广告主投放的商业效果越好。由传媒的有效传播拉动的广告主产业的商业效率越高，广告主就会不断投放广告，传媒第二次售卖能够成功循环，商业信息传播得以推广，产品市场销售盈利。如此良性循环，构成市场经济体制下传媒与广告主企业不断循环健康发展的传媒产业链，且周而复始，形成传媒的产业效益。

解析传媒产业价值，取决于传媒对受众的聚合能力以及能在多大程度上保持对于目标受众关键认知行为的影响，并且这种对于目标受众的影响又会进一步影响社会经济、文化等领域。传媒的产业属性是媒介以及传媒机构在市场经济体制下生存与发展的前提，传媒产业的经济本质是注意力经济和影响力经济，这是我们在第四讲要阐述的内容。

**小结：传媒本体属性的甄别**

- 基本属性——技术性 ＋ 工具性
- 社会属性——人类精神交往 ＋ 社会关系建构
- 文化属性——传播文化产品 ＋ 文化企业性能
- 产业属性——第一次“卖信息”＋ 第二次“卖受众”

案　例　2—2

**四名论坛管理员因银行降半旗网帖被刑拘**

2010年10月3日，山西省临汾市一家银行前本该升起的国旗降成了半旗。谁会想到，经过网友的拍照、发帖和转帖，几句话就能说明白的事情，竟在几天之内发酵成了一个牵连甚广的刑事案件。公安机关以涉嫌敲诈勒索刑事拘留了当地四名与此事相关的论坛负责人和管理员。报案的银行称，并没有人以此为由向他们索要财物。

（1）国庆假期，银行“降半旗”。这篇惹事的帖子最初是发在临汾论坛上，拍照片的是论坛管理员李X，当时他车都没下，在中行门口拍了照片，配了几十字的图片说明，发在了临汾论坛上。实际上这个简短的帖子也确实没有引起网友的关注，“几乎没有人点击”，于是下午，李X给山西一家媒体驻临汾记者站某记者打了电话，并传给他5张照片。当晚11点多，临汾记者站该记者将自己写的评论《中国银行临汾支行国庆下半旗默哀为哪般?》用“聚焦临汾”的网名发到了临汾论坛上，同时，还配了3张图片。

（2）帖子被删，转帖人被抓。这篇千余字的帖子有了回应。中国资讯传媒网、百度贴吧都转载了这篇评论。10月4日，李X接到临汾市网络管理部门负责人的电话，要求他删掉尧都贴吧上关于中国银行临汾支行降半旗的转帖。“临汾论坛上我自己发的帖子也同时删掉了。”不过他们没有注意到，6 日又有网友把这篇帖子从别的地方转进了临汾论坛，直到 8 日才最后被论坛负责人删除。而此时，网站之间原本再普通不过的转贴已经变得不平常。7 日晚，中国资讯传媒山西临汾论坛一管理员被抓；8 日该论坛的另一名管理员被公安机关传讯，家中电脑被带走；9 日上午，李 X 的电脑主机被公安机关带走。同时进入警方视线的临汾论坛的另一名管理员也被公安机关带走。随后临汾论坛负责人以及转贴此文的尧都贴吧吧主都被临汾市公安机关带走。李 X 言：“我的初衷只是为了提醒那些挂国旗的机构和部门，既然升了国旗，就要尊重它，不能不管不问。”这虽然是“揭人短”的帖子，但是帖子删了就该没事了，公安机关怎么还要抓人呢？

(3) 银行报案。中国银行临汾分行有关负责人说：10 月 3 日营业部曾接到一个自称记者的人打去的电话，说他们银行门前的国旗降了半旗，问怎么回事，要银行方面回电话答复，来电者“并没有提出要钱或者要物”，“我们认为是有人故意搞破坏，所以就报案了”。

10 月 16 日，中国青年报记者来到中国银行临汾支行，大门外旗杆上迎风飘扬的国旗看得非常清楚。不过 10 月 3 日银行大门前的半旗是在李 X 的帖子发出去以后才升上去的。

10 月 18 日，警方在调查多日后否认了银行方面“故意破坏”的说法。已经查明是当天几名学生在附近玩耍时不小心把国旗降了下来，不存在有人故意破坏的情况，无意间降下国旗的这几名学生并不是受人指使，与后来在网上发帖子的人无关。

资料来源：李丽：《四名论坛管理员因银行降半旗网帖被刑拘》，载《中国青年报》，2010－10－19。

**反思：**

(1) 若仅仅是一个地方论坛发出的帖子能引发如此严重的刑拘事件吗？

(2) 临汾论坛管理员李 X 为什么要给省级媒体记者站的记者打电话并传照片？

(3) 既然是“揭人短”的帖子，删了就该没事了，公安机关怎么还要抓人呢？

**结论：**

(1) 媒介属性使然：记者站记者的专业新闻标题引发关注并挑战了人们的底线。

(2) 媒介偏向必然：网络小贴在专业报道策动下，长尾效应不断发酵迅速扩大了事态。

(3) 现代网媒“一发不可收拾”的超强传播力，警示所有人在弹指间需谨慎且有担当。

**本讲课业**

● 思考：1. “媒介偏向”的含义。

2. 为什么说传媒“不应沦为融资和赚钱的工具”?

● 阐释：传媒有哪些本体属性?

● 反思：为什么在2010版电视剧《红楼梦》播出时，语文出版社社长王旭明在新浪博客提出了“建议少看多读《红楼梦》”的建议?

课业辅导：阅读以下王旭明的博客内容，你认为作者在这里隐喻的观点是“受众为王”，还是“内容为王”，抑或“渠道为王”，或隐喻了其他观点，请阐述你的看法。

【建议少看多读《红楼梦》】“对包括《红楼梦》这样的经典文学巨著，无论是原拍、戏说还是翻拍，不看最好，少看次之，而要多读、多读、再多读。因为想通过电视剧读《红楼梦》，就好比有人想通过电视读懂孔子、庄子一样天真且无知。”

——摘自王旭明 新浪博客，2010-09-03

**本讲阅读**

1. [加] 哈罗德· 伊尼斯．传播的偏向．北京：中国人民大学出版社，2003.

2. [加] 马歇尔·麦克卢汉．理解媒介．北京：商务印书馆，2005.

3. ［美］尼尔·波兹曼．娱乐至死．桂林：广西师范大学出版社，2009.

4. ［美］塞伦·麦克莱．传媒社会学．北京：中国传媒大学出版社，2005.

5. 陈卫星．传播的观念．北京：人民出版社，2008.

6. 赵子忠．内容产业论．北京：中国传媒大学出版社，2005.

# 第三讲　谁的风笛谁定调儿

## ——媒介功能与话语权

**本讲要义**

* 媒介能做什么
* 传媒有什么作用
* 何谓传媒话语权

倘若一个国家是一条航行在大海上的船，新闻记者就是船头的守望者。他要在一望无际的海面上观察一切，审视海上的不测风云和浅滩暗礁，并及时发出警告。

——美国著名报人普利策

## 第一节　媒介的功能

某物的“功能”，即由于其内在机理而产生的能力和效果，这种效能进而作用在其相关方面并对之产生影响，继而可以进一步分析这种影响引发的效果。媒介的功能即由于其内容传播而对社会各方面产生的作用，继而可以进一步分析这种影响带来的积极或消极的效果。本讲只阐述媒介的功能以及作用，其“效果”将放在第十讲详细阐述。

媒介由于传播而在人类社会的意义而富有价值。“传播”的英文“communication”源于两个词根：“cum”和“munus”。希腊文中“cum”（com）指与别人建立一种关系；“munus”表征产品、作品、功能、服务、利益等结果。故“communication”具有共享、共有之意。“古罗马时期的政论家西塞罗

(Ciceron) 把‘communication’定义为：把握一件事情或者是与别人建立一种关系。这样，拉丁语中的‘communication’的意思就是沟通、参与。后来communication这个词就意味着一个发送者、一个中介和一个接受者，从而界定人与人之间的传递关系和交换关系。”① 可见“传播”范畴揭示了人们之间的相互传达、传递、传送、沟通、通信、交往、共享等多重内涵。“传播”是一个具有多向信息流通、人际交流、多元沟通、交换共享等丰富意蕴和张力的范畴，是个体生存和立足于社会必不可少的活动。媒介以传播为使命，媒介的传播功能与生俱来。

## 一、监督功能

监督的功能即向受众提供信息并告知近况，使人们了解自己处于一个什么样的生态环境中，体现出传媒的“守望”作用。这里的“环境”既包括社会生态环境，也包括自然生态环境；既包括市场秩序，也包括政府行政；既包括基层民众，也包括各级官员，当然也包括传媒机构本身。传媒犹如“麦田里的守望者”，随时监视影响人类社会的生存和发展的各类动向，并及时告知、提醒、预警以及督办。这是新闻得以产生的历史渊源——对社会群体的生存至关重要的本能演变为传媒的第一要旨。传媒对社会的“守望”不是迎合公众的猎奇心理，而是通过信息传播使公众了解自己的处境以便应对和纠偏，这是传媒监督功能的第一要则。“守望”源于美国著名报人普利策的名言（见当代词注：普利策奖），是传媒的一项严肃而神圣的使命，旨在为社会正常运转提供及时的资讯。

**当代词注：普利策奖**

今天，全球新闻界对于“普利策奖”的熟悉程度已远远超过了对于奖金的设立者普利策本人。普利策奖是美国首个国家级奖项，自1917年颁发至今，已成为美国当今文化界、新闻界最权威的大奖。美国报界至少有300种名目众多的奖项，但都没有普利策奖如此的威望，普利策奖所具有的魅力至今难以解释。

① 陈卫星：《传播的观念》，1页。

约瑟夫·普利策是美国著名新闻学家和报业巨匠。

(1) 普利策的报纸具有三性——趣味性、刺激性和教育性，洋溢着普利策赋予的崭新生命力，他创立了煽情主义，多采用耸人听闻的手段刺激读者感官。

(2) 普利策认为新闻是文明社会中崛起的一股最强大的力量，他珍视报纸的独立性，因而十分重视发行量。“如果一家报纸真是为公众服务，它的发行量一定很大。第一，因为它的新闻和评论必须吸引广大民众；第二，因为发行量意味着广告，广告意味着金钱，金钱意味着独立。”

(3) 普利策一生做了两件卓有远见的事：第一是先后出资 200 万美元，帮助哥伦比亚大学创办新闻学院；第二是设立了一个 50 万元的基金会，作为优秀的新闻、历史和戏剧作品的奖金和年度奖，这便是普利策奖。

(4) 普利策于 1911 年逝世，历史学家记住了他积极的一面，也留住了“守望精神”。

资料来源：阿迟、子建：《普利策的人生传奇》，载《人物》，2001 (11)。

在传媒的常规化运营中，监视社会的功能集中体现在两类传播内容上。

第一，对突发性事件的报道——关于天灾或人祸。

传媒对某些源于自然或社会的突发性事件进行真实报道，以及时告知并提醒人们进行防范，例如，山洪、地震、飓风、火山爆发、恶劣气候等非人为因素造成的灾难，及空难、矿难、海难、火灾、车祸、瘟疫、各种传染病等人为因素造成的灾难，以便人们随时了解情况，做好各种准备，防患于未然。这类新闻报道要求信息的及时性、真实性和可靠性，并需要持续报道。

第二，对服务型信息的播报——关乎日常生活。

传媒对关系到人们日常生活须知的信息的真实播报，旨在对人们生活或工作中必需的信息消费进行指南性告知。如天气预报、交通状况、文娱活动预告，以及一些公共设施和公共服务的变化等。传播内容与公众生活密切相关，伴随人们的生活和工作，日复一日，为人们提供一种公共信息服务，这类新闻播报具有常规性、周期性，要求信息具有及时性、准确性和可靠性，强调信息的实用性、服务性。

传媒监视社会的功能更有意义的是“守望”，既是监督又要提醒，对百姓和社会生活及时拨乱反正。中央电视台一年一度的“3·15 晚会”，从 1991 年开播持续至今，成为保护广大消费者权益的百姓栏目。诸如“×××被曝食材过期继续用，卫生部连夜调查取证”之类的新闻报道屡见不鲜，对维护百姓权益，打击市场不法行为产生了积极的推动作用。反腐举报网站以及各大门户主页上的“网络监管专区”等都是传媒“守望”的平台，无不彰显媒体监督的力量。

传媒通过舆论实施监督的功能是当今主流传媒机构首要的社会职责，关涉社会的正态发展以及百姓的正常生活，主要体现在监督政府决策的科学性，监督法规执行的公正性，监督市场行为的公平性，监督公民履行义务的自觉性等。传媒的舆论监督虽无制止力却也具备说教力，各类经营主管们的“防火防盗防记者”的说法则是如实写照。

## 二、联系功能

联系社会的功能即传媒通过选择、整合以及解读信息，有目的地引导受众对社会事件的反应与认知模式，联结社会，进而调整或建构社会各主体之间的社会关系，体现出传媒的“协调”作用。这种功能体现在两个方面。

### （一）对传播信息的选择——议程设置

传媒协调或建构社会关系的作用是由选择信息开始的，这就是所谓的“议程设置”。议程设置的基本思想萌发于李普曼提出的“拟态环境”概念。1972年，美国传播学家马尔科姆·麦肯姆斯和唐纳德·肖两人在《舆论季刊》上发表了题为《大众传播的议程设置功能》的论文，由此标志着一个新的传播效果理论的诞生。议程设置的主要含义是：传媒具有一种为受众（大众传媒时代就是“公众”）设置“议事日程”的功能，传媒选择了什么，人们就只能了解什么。媒体的新闻报道和讯息传达活动赋予了各种“议题”不同程度的显著性，以影响人们对周围世界发生的“大事”及其重要性的判断。传媒的一切信息都是在“取景”与“框架”之后才得以呈现给受众的。故此，传媒具有两种特质的身份。

其一，“把关人”，又称“守门人”（gatekeeper）。意指在信息的传者与受者之间，传播媒体身居“把关人”要职，决定信息是否传递出去。如报纸在印刷前需要负责人签字；新闻在播报前需要主管审查；任何人发的微博在上线前都需要传播平台进行关键字验检等。总之，一切信息发布前都需要传媒机构“过筛子”。从宏观看，传媒是全社会信息流通的“把关人”；从微观看，在信息的选择、提供、采集、撰写、编辑和报道中，尚存在诸多环节的“把关人”。

在一个健康的传媒环境下，“把关”的基本准则一般有四个方面的价值取向：

（1）法规：符合国家的政策与法制法规。

（2）道德：符合社会大众的文化道德与伦理。

（3）心理：符合社会多数受众的审美接受心理。

（4）经营：符合社会效益与经济效益相统一的传媒经营原则。

其二，地位授予。即传媒的传播内容容易使受众以及社会公众形成一种思维定势：凡被传媒选择与报道的事件或人物都是重要、重大的或显赫的、具有关注或观赏价值，尤其是针对主流传媒报道的事件或人物。这是传媒的一种特殊功能。

传媒的这一特质对于国家重大事件以及正面的典型报道，具有正能量传播作用，而对于其他各种讯息往往都有双刃剑作用。例如，传媒对时尚的追逐、对奢华的展示报道，一方面可以引导潮流，另一方面也容易渲染奢靡和不切实际的过度浪费，尤其会促生年轻一代的超前消费。一切揭露社会问题以及犯罪行为的报道，一方面有正面的警醒作用，另一方面也有心理暗示或行为模仿的负面效果，有时候更容易引发类似的案件。

**（二）对受众接受的引导——主题定调**

传媒通过对信息的选择，框定了报道的选题内容，随即便是通过主题定调阐述媒体观点，利用媒介的各种形式和资源，如借助专家解读等进行媒介理论，进一步引导传媒受众按照媒介逻辑认知信息，推动共识，“谁的风笛谁定调儿”。

了解传媒具有“把关人”和“身份授予”的特质身份，把握传媒对信息的选择，即议程设置和对受众接受的引导，从而发挥主题定调的作用，这是媒介素养的自觉意识，其意义在于理解传媒动机，洞察有可能引发的“双刃剑”作用。尽管有时人们对心理暗示或模仿犯罪行为类事件只能停留在事件实证上，很难拿到确凿的心理考证，但对这类现象的认知却是建构在国际著名社会学家的研究成果和经典理论的基础上。

法国社会学家塔尔德社会学理论的核心就是“社会模仿论”（见经典理论：塔尔德的“社会模仿论”）。他在《模仿的法则》一书中从社会心理学角度阐释了传播在人格形成和人的社会化过程中所具有的重要影响；法国社会心理学家、群体心理学的创始人古斯塔夫·勒庞在其著名的《乌合之众：大众心理研究》中指出，人群集时的行为本质上不同于人的个体行为，非常易受感染和暗示，行为多变而冲动，进而提出“乌合之众”概念：在群集情况下，人们群集时有一种思想上的互相统一，群体行为可能是突然的和极端的；智力过程可能是初步的和机械的。个体放弃独立批判的思考能力，而让群体的精神代替自己的精神，进而也放弃了责任意识乃至各种约束，最有理性的人也会像动物一样行动。[1] 勒庞总结说，当它成为集体时，任何一种虚弱的个人信念都有可能被强化。美国心理学家所罗门·阿希通过引发业界关注的“阿希从众实验”表明，人在社会压力下会说出明显错误的答案。他在1952年撰写的教科书《社会心理学》中阐明，有些人情愿追随群体的意见，即使这种意见与他们从自身感觉得来的信息相互抵触。群体压力导致了明显的趋同行为，哪怕是以前从未彼此见过的偶然群体，人人都有从众心理。美国心理学家米尔格兰姆关于从众行为的实验研究对心理学做出了创造性贡献而获得许多荣誉，他揭示了人们对权力主义的服从。他的实验显示了成年人具有对于权威无法遏制的服从和崇拜现象，对于权力者有多么大的服从意愿，就可以做出权力者期待的、可以到任何程度的有关行为。以上理论都能够清晰地解读当代网络上的围观、吐槽、“谩骂”现象，以及一些大V们的影响力。在这里，我们也找到了传媒被当做协调社会行为工具的理论依据。

当媒介进入以营利为目的的传媒经营时代，为争夺受众注意力的模仿现象层出不穷。以“时尚”的名义跟风、仿制，造成传媒产品的同质化。在一个全球化的媒介图景中，多元传媒文化带来了价值错乱、人们的读写能力下降、独立思考能力丧失、个性创作能力退化，人们在追逐潮流的同时却进入“趋同”，人们在公共领域出现的面貌和姿态越来越失去个性风格和个体价值，这也是媒介“地位授予”功能之“原罪”。警惕这些信息传播的作用是具有较高媒介素养的人在社会责任感这个层次针对传播行为的自律。

**经典理论**

## 塔尔德的“社会模仿论”

法国社会学家塔尔德（Jean Gabriel Tarde，1843—1904），社会心理学模仿理论创始人。他认为，不存在任何超越个人心理体验的实体，一切社会过程无非是个人之间的互动。每一种人的行动都在重复某种东西，是一种模仿。模仿是最基本的社会关系，社会就是由互相模仿的个人组成的群体。他在《模仿的法则》一书中从社会心理学角度阐释了传播在人格形成和人的社会化过程中具有的重要影响。

塔尔德揭示了模仿的规律是对一切社会现象的一种理解律，分为：

- 下降律：意味着上等阶级被下等阶级模仿

① 参见刘豪兴、徐柯：《社会学概论》，154～155页，北京，外语教学与研究出版社，2012。

● 几何级数律：意味着风尚和流言会迅速传播
● 先内后外律：受众更容易模仿自己文化的行为模式
人们通过模仿完成自我肯定，获得在社会群体中的安全感。
资料来源：百度百科，http：//baike. baidu. com/view/34429. htm? fr=aladdin#1。

## 三、文化功能

文化功能即传承历史和现实社会特定的文化符号，传媒通过一定的传播渠道或平台，将特定时期特定的文化内容和内涵展示和流传给人类的功能，体现出传媒的文化载体与历史传递作用。传媒的一切内容都是以特定的语言符号或非语言符号形式为载体来传播文化。传媒具有文化属性，传媒的一切内容都在展示和传播文化。传媒不仅在传递历史文化，也在创造现代文化和未来文化。

《档案》栏目的历史再现、《焦点访谈》的针砭时弊、《消费主张》的生活指南、《汽车之友》的新款推介等，不都是在倡导某种文化行为吗？今年的网络流行词有哪些？你在主流媒体上看到了什么？怎么混搭最时尚？送什么礼物最流行？星座与性格有什么关系？"高富帅"怎么生活？夏威夷什么花草可以美容？人们对于媒介的需求与消费无形中也打造了今日的流行文化。美国ABCNEWS网站曾经做过一次网民调研：请人们用一个词来描述"年轻的一代"，由于不同时期媒介留在年轻一代身上不同的烙印，结果出现了不同的语词描述（见表3—1）。

**表3—1　　不同媒介时期"年轻的一代"特征**

| 不同时期使用的不同的媒介 | 描述"年轻的一代" |
|---|---|
| Prisoners of Microsoft Generation | 微软囚徒的一代 |
| "You've got mail" Generation | 有邮件的一代 |
| Choice Making Generation | 选择的一代 |
| Computer Generation | 电脑的一代 |
| Cyber Generation | 网络的一代 |
| Generation of the Eye | 眼球的一代 |
| Digital Generation | 数字的一代 |
| Generation Scan | 扫描的一代 |
| Instant Generation | 快餐的一代 |
| Media Generation | 传媒的一代 |

在我国，或许可以用"Media Generation"，即"传媒的一代"来描述现代"低头族"的生存状态，智能手机的"酷"与"炫"也无时不在感染着新生代

的性情。媒介符号性能与媒介文化内涵的交合影响着人媒背后的人人关系——一种新型的文化关系。

传媒技术的发展不断促生传媒文化的新符号、新形式、新价值乃至新业态，全面激发人的主观能动性。基于传媒的文化创意产业在一个国家的勃起，既彰显传媒的威力，更体现文化的演进。民族文化的繁荣与创新既依赖于文化创造力，又依赖于传媒的通达。现代传媒技术已经深刻改变了文化的生产方式、传播方式和消费方式，也赋予文化产业新的内涵和新的功能。文化于传媒如思想之座驾，传媒的文化功能与生俱来，传媒的创造力同样引擎于文化。只有占领传媒市场，才能获得强势文化地位，民族文化的输出和国际影响力依赖于当代的中国传媒业。

## 四、娱乐功能

娱乐功能即传媒通过提供娱乐内容为受众带来快乐的享受，体现传媒在人类生活中的特定价值和作用。追求快乐是人的本能，这是娱乐的心理学基础。人对幼年的记忆与游戏玩耍联系在一起，人类从诞生之日起，娱乐伴随成长，从坐滑梯到过山车，娱乐需求不曾停止。人类学学者认为，从原始巫术、宗教到神话产生发展的过程，是一个从通神、娱神再到娱人的过程，在这个过程中，原始的娱乐形式包括游戏和艺术等逐渐出现了。娱乐是一种通过表现喜怒哀乐而使受者喜悦，并带有一定启发性的活动，它包括戏剧、音乐、舞蹈等各类文艺表演、各种比赛和游戏、电影以及娱乐类的电视节目，也包括今天在数字网络平台上各种各样以趣味互动推广其他活动的娱乐内容。

### （一）传媒与娱乐

传媒是娱乐内容的载体和平台，文化娱乐内容一般都需要借助传播媒介才能到达娱乐对象。娱乐需要传媒，但传媒业不等于娱乐业。娱乐业专指为娱乐活动提供场所和服务的行业，包括经营性的剧院、歌舞厅、音乐茶座、台球、高尔夫球、保龄球场、网吧、游艺场等娱乐场所，以及这些场所为顾客娱乐活动所提供的服务业务。传媒业以传播信息为主业，包括娱乐节目、娱乐栏目内容，但娱乐只是其中的一个版块。不能否认的是，娱乐在传媒业中对吸引观众、提高媒介的收视听率或点击率、提高关注度方面功不可没，所以任何一家媒体都将娱乐内容作为传媒经营的重要策略之一。

### （二）娱乐精神与传媒文化

娱乐是人的客观需求。健康的娱乐内容给个体在感官和情绪体验方面带来轻松快感，可以使人们放松身心、充实闲暇、享受生活，可以使人暂时逃避某个方面的压力，获得心灵的舒展。一些教育内容可以采取寓教于乐的方式，在人们愉悦身心的过程中达到教育目的，尤其是对儿童教育。故此，人们应该充分肯定娱乐在生活中的积极意义，娱乐精神是人们生活质量的重要特征。

人们的生活需要娱乐和娱乐精神。然而要反对传媒领域的娱乐化。“娱乐化”即将一切传媒内容均以娱乐的方式体现出来。如一些革命剧、红色剧为达到娱乐效果而扭曲人物、夸大事件、篡改历史、胡编乱造得离谱。自从电视诞生以来，电视荧屏呈现的纷繁影像足以吸引眼球，应景至极，使人们在视觉愉悦的接受氛围中产生娱乐效应。于是，媒体的价值也逐渐取决于它能带来多少笑声或嘘声。“电视把娱乐本身变成了表现一切经历的形式，问题不在于电视为我们展示具有娱乐性的内容，而在于所有的内容都以娱乐的方式表现出来，这就是另外一回事了。一切公众话语都以日渐娱乐的方式出现，并成为一种文化精神，我们的政治、宗教、新闻、体育、教育和商业都心甘情愿地成为娱乐的附庸，毫无怨言，甚至无声无息，其结果是我们成了一个娱乐至死的物种。”[①] 娱乐化的传媒内容，搞笑取代幽默，喜剧变成闹剧，甚至新闻也娱乐化了。这样，本该承载信息内容的严肃意图与价值评说的传媒话语被淹没在无痛无痒、无轻无重甚至无情无义的娱乐语境中，既背离传播的初衷，也牺牲了受众利益。在今天的媒介快餐和浅阅读消费中，这种现象更加值得警惕，娱乐精神绝不应该是传媒文化的全部。

## 五、经济功能

经济功能即传媒通过信息传播沟通市场，促进贸易，从而实现市场主体以及传媒自身的经济效益，体现出传媒在社会经济和文化生活中不可替代的信息生产力作用，以及传媒产业自身的经济效能。

传媒在社会经济和文化生活中具有不可替代的信息生产力作用。信息生产力首先包括由于传媒内容引发了文化需求，进而拉动物质消费的直接能力，如由于《舌尖上的中国》带动的各地美食的热卖，由于电影热播引发的外景地旅游热，由于中央电视台春节联欢晚会上演员的服装引发的时尚新款等。信息生产力也包括由于商业信息的传送与沟通从而促进市场贸易的间接能力，如电视热播“怕上火喝王老吉”广告之后，“王老吉”以及之后的“加多宝”品牌在我国市场的热销等。在市场经济体制下，传媒已经成为社会经济宏观产业链条上的重要一环。传媒的经济功能是通过传播信息实现的，主要体现在社会宏

① ［美］尼尔·波兹曼：《娱乐至死》，76页，桂林，广西师范大学出版社，2009。

观、企业微观和传媒自身三个领域中。

**（一）传媒在社会宏观经济领域的功能**

传媒通过信息传播，无论是经济新闻、财经资讯还是直接的商业广告，在社会宏观经济领域，即国家的产业结构，行业与行业之间、企业与企业之间能够直接或间接引发整个社会市场资源的有效配置，从而促进市场经济要素的合理流动。

（1）加速流通：真实的商业信息传播能够沟通产供销以加速市场的正向流通。

（2）刺激需求：健康的信息传播能够刺激社会大众的整体需求。

（3）良性竞争：企业间的市场信息有利于同类或异类产品之间的良性竞争。

（4）财富增长：有效的信息传播可以促进社会经济和财富的增长。

**（二）传媒在社会微观经济领域的功能**

传媒通过信息传播，在社会微观经济领域，即对市场主体——企业以及传媒受众，都会提供生产和消费信息的指导，传媒对于个体企业的经济功能体现在：

（1）产品差异：信息传播有助于企业实现产品的差异化。

（2）市场细分：信息传播有助于企业了解消费者以实现市场细分。

（3）品牌定位：信息传播有助于企业实现各自的品牌定位。

（4）赢得利润：信息传播有助于企业知己知彼，高效经营，获得企业利润。

传媒的信息传播对传媒受众，即广大消费者的作用体现在：

（1）指导消费：信息传播为消费者提供了大量的指导性的生活资讯。

（2）帮助识别：信息传播通过提供消费知识，帮助消费者识别商品。

（3）增加多样性：信息传播增加了消费者生活消费的多样性。

（4）提供选择性：信息传播增加了消费者生活消费品的选择性。

（5）改变生活方式：信息传播影响着消费者的生活方式和生活质量。

**（三）传媒自身的产业化和平台化经济功能**

传媒的经济功能更直接地体现在传媒经济的发展中，作为传媒产业纳入现代社会经济的整体生态。不仅如此，在传播与展示的基础上，当代网络媒介的电商平台早已渗入商品销售领域，实现了电子商务市场的供销服务，归结为以下表现：

（1）经济的独立：传媒以自身的效益支撑并维系媒体机构本业的生存与发展。

（2）产业化效益：传媒通过二次售卖等已形成产业化的经营效益。

（3）媒介生产力：传媒的产业化机制进一步成为其开拓发展的内生力量。

（4）企业化运营：传媒以市场主体身份进行企业化运营从而实现彻底转型。

（5）网络全能化：当代电子商务平台超越实体销售且几乎无所不及。

传媒具有监督功能、联系功能、文化功能、娱乐功能和经济功能，这是其内在的工具性转化而来的外部的功能性，即作用与效能。传媒的功能性体现在与社会政治、文化和经济的相互建构中，工具属性的多元化呈现出服务功能的多向性，其合力形成了传媒特有的影响力。

**小结：传媒能做什么？**

（一）监督功能

——“守望”自然和社会生态环境，为人类社会正常运转提供资讯和警示

（二）联系功能

——“建构”社会关系，通过议程设置选择信息，引导传媒受众达成共识

（三）文化功能

——“传承”文化符号，通过媒介载具传递和展示历史与现实的人类文化

（四）娱乐功能

——“快乐”愉悦大众，提供娱乐内容使受众享受快乐而非一切都娱乐化

（五）经济功能

——“沟通”信息促进市场贸易，实现企业实体以及媒体自身的经济效益

## 第二节　传媒话语权与影响力

传媒作为当代社会生态环境的重要组成部分，为人们提供新闻信息、生活资讯、舆论话题、娱乐内容和知识资源等，像一双巨大的看不见的手，时刻点拨、操控、指挥着人们在精神方面和物质方面几乎全维度的日常生活。传媒作为权力的工具，在文本世界、游戏世界、权力世界，应答真实状况，建构社会

关系，引导公众认知，对人们的社会生活具有方方面面的影响力。传媒的功能能够释放出来的前提，是传播媒介具有“发声”的资质和能力。

## 一、传媒话语权

### （一）话语权

“话语权”指人们能够将自己发现或创造的概念、思想或视角通过一定的媒介载体阐释出来并传播给社会其他人的行为和能力。这种“声音”可以被他人接受或使用，并将其引导到特定的思维层面上思考问题；也可以不被他人接受，甚至受到其他人的反对。但是至少，有人听到了这种“声音”，了解了发声者的观点或立场。话语权是一个人在社会上能否维护其合法权益、争得做人之尊严的重要标志。

“话语权”的实质是个人或组织在传媒环境中“发声”的资格、资质和能力。在一个民主体制的社会里，每个人都有自己的话语权。然而在传统媒介时代，除了在个人生活、学习、工作的小圈子里地域性的表达自己外，人们想要传播自己的思想并非易事。即使写文章，也要有传播媒介的刊载；即使写书，也要有出版社的出版发行；要传播形象，需要有机会上电视或登讲台（舞台）等。总之，人的话语权需要借助于一定的媒介载体或媒介载具才能实现。传统的传媒时代是偏属社会少数人的。今天，在“一网天下”的新媒介环境中，仅仅一只手机就可以让人们随时表达，说尽天下事。掌握了媒介，即拥有了传播权和广大空间的话语权。

### （二）传媒话语权

媒体以传播为生态，具有与生俱来且得天独厚的话语权。传媒话语权即专业媒体按照自己的逻辑，有组织、有目的地通过新闻访谈、资讯报道、文体娱乐等形式将具有传播价值的各类讯息和文娱内容通过自身的媒介管道传递给社会公众的行为和能力。

在我国，官办媒体机构拥有新闻采访权，故此具有主流传媒的话语地位。在多数情况下，媒体通过选择信息、定义事件、申明立场，能够客观公正地报道而赢得公众的信任。有调查显示：64.1%的被访者表示，“当看到社会上的不平事”时会想到找记者、媒体；24.3%的被访者“在生活中遇到依靠自己无法解决的困难”时会想到找记者、媒体；15.8%的被访者“当遇到有意思的事”时会想到找记者、媒体。[①] 这些数据表明，在一部分公众心

---

① 参见田育臣：《浅析中国在走向“善治”过程中的公共事务报道》，载人民网传媒频道，2010-09-03。

目中，“记者”已经成了社会正义、公平的化身。公众通过一些专门的“曝光”栏目反映问题，通过媒体的调研与通报，切实能够解决社会生活的诸多问题。

同时，社会各领域的市场竞争策略也通过传媒话语权表现出来。媒体的独特功能与地位能够引导流行时尚，塑造公众人物，创造一个又一个的“传说”或神话。尤其在文娱领域，媒体运用话语权将具体对象抽绎为独具意义的文化符号，使其产生特定的意义，聚合各方面的专业资源，凭借传媒独占性的话语平台，打造明星，刻画其在社会公众中的形象，于是我们见到了一位又一位耀眼的新星横空出世（见案例 3—1）。

**案　例** 3—1

## 从台湾歌手萧××爆红看传媒话语权打造明星

近年来，台湾歌手萧××真实享受了“台湾乐坛新人王”的人气。相比于周杰伦、蔡依林、张惠妹等巨星，他几乎成为台湾歌坛有史以来蹿红速度最快的人。有人说他“一天”就红了；只唱“三首歌”就红了；只录影“两次”就红了。“萧××旋风”的刮起固然与他自身的能力密不可分，但其背后部分媒体的“推波助澜”更是功不可没，有人戏称萧××是媒体的“新宠儿”。且看部分资深乐评人对萧××首张专辑的评价：

萧××的歌是流行声乐演唱的新范本，很有可能取代“中国风”成为未来10年华语流行乐坛的风向标。

——腾讯娱乐频道著名乐评人

不需要第二次聆听，你就会爱上这把好声音！声音好，不一定能代表一切！但是萧××的声音就已经证明了一切。

——湖南电台音乐之声资深音乐主持人

萧××——值得用心收藏的好声音，如果你在夜里听会听到力量，如果你在白天听会听到温暖。

——深圳电台飞扬97《全球 DJ 总评榜》主持人

听他唱歌，会不受控制地沉溺在这个声音的漩涡里，那种感觉好像是你终于找到了心底渴望的自己。

——《YOHO 潮流志》资深音乐编辑

萧××是个招人喜欢的小孩，是个个性害羞的唱歌的人，自然而不做作。

——《法制晚报》资深音乐记者

可见媒体报道对于萧××"敬若音神"的态度。萧××在《超级星光大道》走红后，各种由媒体冠以的身份符号不绝于耳，如"亚洲最新声音"、"乐坛新人王"、"黑蜘蛛"、"萧大侠"、"潮男唱腔"等。资深音乐人的评语超越了声线、唱功等专业层面，而对其性格特点如不爱讲话，媒体则奉为"帅气"、"酷"、"省话一哥"类称号。

从爆红到现在，有关萧××的新闻报道都高举正旗，这在当今的娱乐圈是一件相当难得的事情。萧××跟张惠妹合唱《一眼瞬间》，出动了台湾所有的媒体进行卫星连线（也包括某些香港、内地媒体），当天台湾的每个整点新闻都连续播送杀青的记者会录影，这在之前的台湾娱乐圈是绝无仅有的。

娱乐新闻常将萧××的信息也登以头版头条，他的新闻影音更是人气旺足。借媒体这股"东风"，萧××连续几周将风云榜冠军收归囊中，他的专辑销售量也节节攀升，使他成为各种榜单的"常胜将军"。媒体的一面倒和极度追捧，终于塑成这位"台湾乐坛新人王"。

**评析：**没有媒体的"推波助澜"，难有"台湾乐坛新人王"之诞生。媒体运用话语权，借助文化符号的力量打造身份；当代公众越来越依靠媒体采集和占有信息，于是在双方的互动中强化了媒体的引导力量，媒体话语权为"造星"打开门路，大开绿灯。

资料来源：李萌：《媒体话语权对他人形象的塑造》，载《青年记者》，2009 (10)。

## 二、传媒影响力

### (一) 影响力

"影响力"是一种发生作用的程度或力度，是指人、物或现象左右其他人、物或现象的动态能力。“影响力”概念较早出现在人际交往的理论中，人际交往理论把“影响力界定为一个人在同他人交往过程中，影响、改变他人心理和行为的能力。影响力不仅存在于个体与个体的人际交往中，企业、政府、社会组织等作为行为主体同样能对周围环境产生影响。由此，影响力可以更广泛地界定为：一个行为主体影响、改变其他相关行为主体心理或行为的能力”①。“影响力”的本质是一种控制能力，这种控制能力表现为影响力的发出者对于其发生作用的社会环境诸因子的改变，即被作用者在社会认知、倾向、意见、态度和信仰以及外表行为等各方面合目的性的变化。

传媒影响力是传媒影响受众以及其他相关行为主体态度和行为的能力，如今被称为“当代社会新的权力核心”（见当代词注：第四权力）。为了达到传播目的，媒体机构或个体传播者总是以一种受众愿意接受或喜爱的方式策划与传播媒介内容，从而有效地影响受众的想法或行为（见案例3—2）。传媒要通过信息传播过程实现左右他人行为的目的，其影响力的发生必须建立在传媒受众接触媒介、关注信息，并能够满足需求的基础上。

**当代词注：第四权力**

“第四权力”是西方社会一种关于新闻传播媒体在社会中地位的比喻。它所表达的内涵是：新闻传播媒体总体上构成了与立法、行政、司法并立的一种社会力量，并对这三种政治权力起制衡作用。19世纪以来它在西方主要工业国家普及，但又经常受到人们的质疑。

“第四权力”的思想建立在18世纪法国启蒙学者孟德斯鸠提出的立法权、行政权和司法权三权分立的基础上。19世纪中叶，美国、英国等西方主要国家的新闻传播业从政党报刊时期逐渐转向商业报刊时期，新闻传播媒介构成了一种相对独立的社会力量。1828年英国国会会议设置记者旁听席，政治家爱德蒙特·巴克在会上将记者喻为贵族、教会、平民代表三个阶级之外的第四阶级；1974年，美国联邦最高大法官彼特·斯图尔特在一次演讲中认为：美国宪法对新闻自由保护的目的在于保障一个有组织的新闻媒体，维护媒体的自主性，以保障新闻媒体能够成为政府三权之外的第四权力，以发挥监督政府、防止政府滥用权力的制度性功能。

虽然今天对“第四权力”的质疑仍未破解，但当代多终端环境下媒体的

① 郑丽勇等：《媒介影响力评价指标体系研究》，载《新闻大学》，2010（1）。

力量，从微博到吐槽、从公共事务的网络民测到舆情的大数据分析，都依赖着媒介。

资料来源：参见陈力丹：《第四权力》，载《新闻传播》，2003（3）；参见董鸽：《论自媒体对官员监督的正当性》，载《法制与社会》，2014（4）。

案例 3—2

### 《舌尖上的中国》引发全民美食热潮

2012年5月14日，《舌尖上的中国》在CCTV-1开播，首集收视率为0.012，第二、第三集分别飙到0.191和0.201，均值比当时的热播剧《甄嬛传》还要高出许多。随即，由于这部纪录片而引发的吃货“暴动”数字惊人。

（1）引发关注。该片在豆瓣网由17 902人参与评价的分值高达9.5，而《阿凡达》的评价值是8.7，《泰坦尼克号》（微博）是8.9。截至2012年5月22日早10时，新浪微博的讨论记录高达180万条，而由此引发的《舌尖上的母校》话题讨论条数多达260万。

（2）网民行动。一夜间人人以“吃货”为傲，某解馋网站第一时间将《舌尖上的中国》里的菜式整理出地道的做法，这81道经典菜再度引发吃货跟风“暴动”。某B2C寡头网站的数据显示，《舌尖上的中国》播出的第5日，已有5 844 791人在该网站搜索零食特产，2 005万人浏览过相关美食页面，成交729万余件。而食品类购买的高峰时段逐渐从上午11点、下午4点—5点向晚上10点以后转移了——此时正是该纪录片的每日播出时段。

（3）美食大卖。销量提升最可观的莫过于第一集提到的云南诺邓火腿，5天之内成交量翻了4.5番，环比增长17倍。淘宝上一家销售诺邓火腿的网店，一个月内成交45件诺邓火腿，其中有44件是在节目开播之后成交的。五天内整个火腿类商品的成交量增长80.1%，搜索次数环比增长179.28%。不少销售湖南腌鱼、内蒙古奶豆腐、台湾乌鱼子等的土产店铺首页均显示“卖家调整作息时间、供货紧张”种种。

(4) 拉动销售。吃货们相信自己动手丰衣足食。某网站显示，烹饪套装在五天内搜索次数环比上涨144%。锅、壶类产品的销售量增长22%，其中用于传统烹饪的蒸锅、砂锅、石锅等成交量涨幅最大，分别达到70.86%和33.4%；云南特产汽锅鸡所需用的汽锅成交量也增近20%。

(5) 网友总结。“电视台台长笑了，各地旅游局局长笑了，食品特产销售商笑了，厨师培训学校校长笑了，厨艺网站站长笑了，炊具销售商笑了，特色菜饭店老板笑了，民俗学会会长笑了，连民俗研究专业研究生导师都笑了。”有网友形象地总结道。

(6) 故乡味道。《舌尖上的中国》直击我民的味蕾和泪点。七集故事尽管每集的主题不同，却串联起各地的美食生态，反映了制作技巧、艰辛的劳作，体现了相濡以沫的真情。上桌的美食、食物的演变过程、方寸厨房——完全就是一部爱国主义教育片。那位和母亲在森林采摘松茸的藏族姑娘卓玛，那个每隔三天就拉着700个馍馍进县城赶集的陕北老黄，那两位隆冬季节到湖北嘉鱼县采挖莲藕的圣武、茂荣兄弟……他们过的也许是我们都市牢笼人最艳羡的最真的生活，这也是《舌尖上的中国》击中我民泪点的原因之一。

资料来源：杜晋华等：《“舌尖上的中国”引发全民美食热潮》，载《精品购物指南》，2012-05-24。

**反思：**

(1) 这仅仅是一部纪录片，却为何引出“吃货”的关注并引爆一场全民性的美食热潮？

(2) 2012年各卫视台真人秀娱乐节目频现，为何《舌尖上的中国》能够脱颖而出？

(3) 在当下全媒体多终端移动便利的媒介消费条件下，受众对传媒的需求是什么？

**结论：**

(1) 寻找人间美食，传播美食文化，传承历史精华，这是传媒的文化功能。

(2) 文化拉动经济，主流传媒以成功的专业策划与制作，实现了文化符号的传播力。

(3) 每个人的舌尖都流淌着乡情和亲情，返璞归真，台网互动，这是传媒内容的影响力。

### (二) 传媒影响力的本质

传媒影响力的本质是通过内容传播直接影响受众的认知与判断、决策以及社会行为。其特征就是“作为资讯传播渠道而对其受众的社会认知、社会判断、社会决策和社会行为所打上的属于自己的那种渠道烙印。这种渠道烙印大致可以分为两个基本的方面：一是传媒的物质技术属性（如广播、电视、报纸、杂志作为不同类型的传播渠道在传播资讯时所打上的各自的物质技术烙印，并由此产生的对于人们认知、社会判断和社会行为的影响）；二是传媒的社会能动属性（如传媒通过其对资讯的选择、处理、解读及整合分析等，在传播资讯时所打上的各自的社会能动性的烙印，并由此产生的对于人们认知、社会判断和社会行为的影响）”①。在不同的研究方法下，关于传媒影响力产生的条件和环节有不同的视点。

视点一，从内涵来看，传媒影响力的发生需要经过两个环节：

(1) 吸引注意：受众接触媒介与关注内容。

(2) 引起变化：受众认知、情感、行为等受动的、合目的性的改变。

视点二，传媒影响力发生与建构需要依赖三个环节：

(1) 接触环节：以规模和特色凝聚受众的注意力资源。

(2) 保持环节：构筑受众对于传媒的行为忠诚度和情感忠诚度。

(3) 提升环节：选择最具社会行动能力的目标受众人群提升影响力。②

视点三，传媒影响力产生需要的四个维度：

(1) 广度：媒介能在多大程度上吸引受众注意，衡量指标是受众接触规模。

(2) 深度：受众对信息选择性理解和记忆的程度，衡量指标是受众接受的信息量。

(3) 强度：传媒影响力的形成和保持取决于媒介内容和媒介品牌对受众的影响。

(4) 效度：受众由于接触和接受传媒的内容而发生在态度上以及行为上的

---

① 喻国明：《影响力经济》，载《现代传播》，2003 (1)。

② 参见喻国明：《影响力经济——对于传媒产业本质的一种诠释》，载《新闻与传播》，2003 (2)。

改变。[①]

以上的不同视点具有殊途同归的共同要义。传媒影响力的发生依赖受众的选择性接触，这是至关重要的第一步；其后是受众的选择性理解和记忆，这是满足需求后受众对传媒内容的接受环节；最后是受众态度的改变和行动力，这是保持环节，在传媒内容和品牌相得益彰、与受众发生互动效应后。受众的行动力还要取决于个体决策力、消费力等其他因素。从媒介素养的角度理解传媒影响力的发生机理，我们更能自控与自制（见背景知识：传媒影响力评价标准）。

**背景知识**

## 传媒影响力评价标准

国际上通常用发行量、收视率、收听率和点击率来衡量传媒影响力，这些指标今天依然反映出媒介的覆盖程度和受众数量，是传媒影响力规模上的量化指标。媒体通过这些指标来考核某个节目或栏目的绩效；广告商需要参照这些数据核算广告投入与产出效益。

针对传媒的价值分析存在量化和质化两个维度。这里我们将媒介分为以印刷媒介为代表的平面媒介、以影视媒介为代表的视频媒介和网络媒介三大类（多形态的户外媒介可以分解到如上三种分类中），列出衡量其价值的主要的量化指标和质化指标（见表 3—2）。

**表 3—2　　传媒价值主要量化指标和质化指标**

| 分类 | 量化指标 |
|---|---|
| 平面媒介 | 发行量：媒介载具每期实际发行到读者手里的份数，分为宣称发行量、稽核发行量、订阅发行量、零售发行量和赠阅发行量等。<br>印制量：媒介载具，如刊物每期实际印制的份数。<br>阅读率：指在一定时间内阅读了某种媒介载具内容的人口占总人口的比率。<br>阅读人口：指在一定的时间内阅读了某媒介载具内容的人口数量。 |
| 视频媒介 | 覆盖率：指在一定地域内传媒能够到达的人口数占该地域总人口数的百分比。<br>收视率：指在特定时间内收看某视频内容的人口数量占拥有该视频媒介总人口数的百分比。<br>收听率：指在特定时间内收听某广播内容的人口数量占拥有该广播媒介总人口数的百分比。 |

① 郑丽勇等：《媒介影响力评价指标体系研究》，载《新闻大学》，2010（1）。

续前表

| 分类 | 量化指标 |
|---|---|
| 网络媒介 | 网页阅读：指一整篇网页被阅读的次数，是网站流量的重要指标。<br>注册人数：在目标网站主动注册的网民人数总量。<br>网站流量：包括点击、网页阅读、上网人次及传输资料量等。<br>上网人次：在规定时间内（如30分钟）使用者在网站上持续阅读网页行为。<br>点击率：指在一定时间内，内容被点击次数占该网页曝光总次数的百分比。 |
| 质化指标 | |
| 传播媒介 | 接触关注度：受众在接触传媒内容时投入与关注的程度，直接影响传播效果。<br>干扰度：即受众在接触媒介载具目标内容时受到其他信息干扰的程度。<br>编辑环境：指媒介载具上的其他信息对该内容的适切程度，通过媒介本身的形象和地位对该内容的传播效果产生影响。 |

作为背景知识阐述以上内容，意在新媒介环境下尽管有的量化指标很少用到，但在某种情况下依旧是人们考核媒介价值的权威指标。另外，对以网络为代表的新的媒介价值的考量目前尚缺乏权威性，这里只提供基本参考。

（1）对传媒价值的量化测评旨在揭示媒介传播范围、传播时间与受众人数等能够以数量衡量的媒介传播效果，如收视率，数据需要建立在长时间、周期性的调研统计分析的基础上。

（2）对传媒价值的质性评价旨在揭示受众对媒介的接触状态，以及媒介威信、媒介保真程度、媒介的适用性和媒介的使用条件等，涉及媒介在受众心目中的定位、印象、权威性、公信力等品质。质化指标对媒介的个性价值评价，具有一定的主观性和不固定性。

**小结：传媒话语权与影响力**

（一）传媒话语权

——“话语权”的实质是个体或组织具备“发声”的资格和能力

——传媒话语权即专业媒体“发声”和传递信息的行为和能力

——传媒凭借独占性资源和话语平台为社会创造无数“神话”

（二）传媒影响力

——“影响力”是发生作用的力度，其本质是一种控制能力

——传媒影响力的本质是通过内容传播改变受众认知与行为

——传媒影响力的发生要经过受众接触媒介、受众选择性理解和接受信息、受众改变态度和行为三个环节

## 本讲课业

- 思考：1. 你怎样理解“传媒话语权”？
  2. “传媒影响力”的本质是什么？
- 阐释：传媒的功能与作用有哪些？
- 反思：选择一个你最熟悉的媒介，试分析其传媒影响力。

课业辅导：如选择《三联生活周刊》。这是一本由中国出版集团下属的生活·读书·新知三联书店主办的综合性新闻和文化类杂志，这是杂志自身的定位。

（1）你需要明确这本杂志的目标受众是哪些人。

（2）你需要清晰表达这本杂志在目标受众心中的印象（因为你熟悉），即形象定位是什么。

（3）你需要了解这本杂志在一般社会大众心中的印象是什么。可以尝试调研。

（4）最后从个人视角，用量化与质化指标来分析这本杂志，评价其传媒影响力。

## 本讲阅读

1. ［英］奥利弗· 博伊德等．媒介研究的进路．北京：新华出版社，2004.

2. ［美］凯瑟琳·霍尔·贾米森等．影响力的互动．北京：中国传媒大学出版社，2004.

3. ［加］文森特·莫斯可．传播政治经济学．上海：上海译文出版社，2013.

4. 陈堂发．媒介话语权解析．北京：新华出版社，2007.

5. 张国庆．媒体话语权——美国媒体如何影响世界．北京：中国人民大学出版社，2012.

# 第四讲　谁在背后玩拼图游戏

## ——媒介语言与现实

**本讲要义**

* 媒介之语言符号
* 媒介现实与真实
* 媒介的构连理论
* 媒介的再现理论

现代技术彻底改变了人们对于信息的态度：过去人们是为了解决生活中的问题而搜索信息，现在是为了让无用的信息派上用场而制造问题。

——美国媒介文化学者尼尔· 波兹曼

## 第一节　媒介语言

语言是传播媒介的内容，是人类思维的基础和交流的工具。如巴甫洛夫所言，没有东西可以比语言更能使我们成为人类。语言作为文化的载体，是人类独有的随身法宝。至今人们对语言的特性描述众多，美国学者赛弗林和坦卡特曾引用普通语义学家们所说的“我们有许多麻烦都是由于误用语言而造成的，如果我们像科学家那样使用语言，就会减少许多谬误，使事物明晰起来”① 来表述语言与人类社会的密切关联。

---

① ［美］沃纳丁·赛弗林、小詹姆·坦卡特：《传播学的起源、研究与应用》，55 页，福州，福建人民出版社，1985。

## 一、语言的性质

### (一) 语言是一套符号系统

语言是用文字、声音或图像形式标记事物或思想、由社会约定俗成的高级且复杂的符号。人类语言的初始状态是以空气介质传播的口头语言，即声音系统及其意义是最早的语言。“如果说声音是现实的第一次符号化——产生语言，那么记录语言则是现实的第二次符号化——诞生文字。”[①] 伴随传播媒介的历史发展，语言呈现出媒介化属性。

语言是群体共同约定的符号系统，不同国家、不同民众的语言呈现出不同的面貌与结构。语言符号是“人类的重要标志，是一切传播的核心。没有它，就没有人类的今天，人类复杂的思维过程和文化之火就不可能延续下来”[②]。人类的每一种语言都具备两个元素——声音系统和语义系统，语言的声音和语义都要通过一定的符号呈现出来。语言符号可分为简明的听觉符号与视觉符号；也可分为文字符号、图像符号、标识符号和象征符号等。自从产生文字语言以后，语言符号就伴随人类传播工具——传播载体——传播媒介的发展而不断演化，当下人们在数字网络里消费最多的视听语言符号就是基于电子媒介的出现而诞生的。对符号进行科学分析的第一个人是瑞典语言学家、被誉为“现代语言学之父”和“现代符号学之父”的弗迪南·德·索绪尔。他从研究语言入手，发现语言是“一种符号现象，我们可以设想有一门研究社会生活中符号生命的科学……我们管它叫符号学”[③]（见经典理论：索绪尔的“符号学”）。

**经典理论**

### 索绪尔的“符号学”

弗迪南·德·索绪尔（Ferdinand de Saussure，1857—1913），瑞士语言学泰斗，被誉为现代符号学之父。他本身并没有作品传世，目前有名的《普通语言学教程》是索绪尔的教学讲稿，由两位学生组合编辑而成。索绪尔将符号分成“能指”和“所指”两个互不从属的部分之后，真正确立了符号学的基本理论，影响了后来法国结构主义学者等一批研究者。索绪尔建立的符号学是一

① 张开：《媒介素养概论》，115 页，北京，中国传媒大学出版社，2006。

② 同上书，114 页。

③ 胡明扬：《西方语言学名著选读》，86 页，北京，中国人民大学出版社，1988。

种对人类社会使用符号的法则进行研究的科学，有别于传统语文学对语言的历史演变进行的历时性（diachronic）研究。索绪尔开创了共时性研究的先河，他的现代语言学集中处理在当下时空中语言内部的指涉法则。

索绪尔将单一符号（sign）分成能指（signifier）和所指（signified）两部分。能指是符号的语音形象部分，即声音系统，可以凭借人的感观捕捉；所指是符号的概念意义部分，即语义系统，是对事物抽象的认知。由两个部分组成的一个整体，称为符号。能指和所指两者之间的关系是任意性的（arbitrariness），没有必然关联，因约定俗成的习惯被指涉为某一概念（意义）。由于索绪尔把语言符号分成两部分来处理，这为全球研究文化符号或意识形态的学者提供了一种符号学方法论，指导人们针对文化现象进行系统的结构分析。

### （二）语言符号对传播媒介的依赖性

语言符号形态由传播媒介决定。在传播媒介的“海洋”中，各种媒介语言符号既可“风平浪静”又能“翻江倒海”，呈现出人们可以感知的各种意义。在媒介素养视角下研究语言符号与媒介的关系，主要体现在两个方面：语言符号与媒介技术性能的关系以及语言符号与传媒语境的关系。

1. 语言符号与媒介技术性能的关系——同一性

“同一”意味着你在、我在的双向依赖关系。平面媒介诞生以后，静态的文字语言符号在记录的意义上得以发展；电子媒介诞生以后，动态的图像语言符号在展示文字以外的形象意义上发展更快。这两次“质变”在传播媒介发展史上都具有里程碑意义。当代以数字技术为特征的网络化媒介也建立在电子技术性能的基础上，其网络视频语言符号与电视图像符号运作的机理是同源的。不同的是，当代网络技术具有“富媒体”之秉性，可以兼容和承载更多形态的符号表达，从而更加丰富了媒介语言符号的形态意义。总之，不同性能的媒介承载不同性质的语言符号，语言符号与媒介技术具有同一性。

2. 语言符号与传媒语境的关系——从属性

“从属”意味着有你才有我的单向依赖关系。“语境”是指“讯息传播过程中同传播有关的人物、场合、时间背景等，在面对面的人际传播中，还包括说话时双方的眼神、面部表情、手势、体态等。有时还指词语和句子的上下文关系”①。在不同的传媒语境中，语言符号可能呈现出不同的形态和意

① 吴文虎：《广告的符号世界》，19页，广州，广州出版社，1997。

义，这一关联自从互联网成为大众媒介之后更加密切，正如人们在微博、QQ群、微信和智能手机APP上见到的网络语言符号的不断创新。紧扣人们的社会心理倾向，诸如“萌萌哒”、“长姿势了”等大批新的语言符号在新的媒介平台上应运而生，我国网民每年筛选出的“网络潮语”正是新媒介语境的宠儿。

当代数字媒介语境建构了一个综合的符号系统表达平台，有益于容纳更加丰富的语言形态，提高媒介符号的表达能量。对综合性符号系统的解读与判断力“是以绘画（图像）、声音和文字组合的群体（符号）的协调作用为条件的”①。尽管这是法国文学理论家、符号学家罗兰·巴尔特以符号学原理对“广告”符号系统的解析，但是这与同样期待关注的数字媒介语境是相通的，意在“协调”。当代自媒体语境更加激活了媒介语言符号的创新与创意，我国的“80后”、“90后”以及“00后”们都有过不俗的表现（见案例4—1）。总之，不同的媒介语境创造不同的语言符号，一定的语言符号形态和意义只从属于特定的传媒语境，语言符号从属于传媒环境。

**案例 4—1**

### “90后”网上风行“火星文”

2007年网络上风靡“火星文”。据说“火星文”是由“90后”发明的语言，由韩文、日文、简体中文、繁体中文、生僻字、符号等组合起来，同时夹杂外来用语、方言以及注音不选字、类似“天书”的文字。对于众人来说，看这样的文字好像在“看”火星人说话，于是得名“火星文”。

“莓天想埝祢.’已宬s’1.种溜惯.’”（每天想念你，已成为一种习惯），这些字你看得懂吗？翻译这些字需要借助网络提供的“火星文”翻译字典或者教材。有人撰文《“火星文”是对大人权威的无声抗议》。腾讯评论曾以“我时代的火星文”作为“今日话题”：这就是时下“90后”在网络上最风行的语言——火星文。有专家认为“火星文”破坏了汉语言规则，提议发动

① 吴文虎：《广告的符号世界》，5页。

针对火星文的“围剿”行动。其实不然，想开一点，“火星文”正是年轻人在“我时代”为张扬自己而寻求的另类表达，且是一种先进的表达方式，其与“选秀表达”、“博客表达”等应归为一类，我们应该给予最大的宽容和理解（见表4—1）。

**表4—1　　火星文与现代文对照例句**

| 火星文 | 现代文 |
|---|---|
| 1切斗4幻j，↓b倒挖d! | 一切都是幻觉，吓不到我的 |
| 莓戾想埝祢 | 每天想念你 |
| 莪还湜戾唻哋莪 | 我还是原来的我 |
| 3Q得orz | 感谢得五体投地 |

**评析**：“火星文”是一种典型且另类的媒介语言。在网络自媒体空间中，所有的公民都有自由表达自己的权利和方式，创新无极限，故此无可厚非。当代传媒在不同的语境里会呈现出不同的语言，难以用统一的标准考量。这里需要谨记的是：遵纪守法，且不伤害他人。

资料来源：腾讯评论《今日话题》，2007-08-07。

## 二、媒介语言符号特征

以媒介素养视角、通过传播媒介承载的内容应该对应符号的“全集”。传播学对符号的分类，最常见的当属语言符号与非语言符号。尽管目前人们对两者的界定依旧看法不一，但没有影响它们在传播产品创造与制作中的使用。不同的传播媒介通过不同的符号或符号组合实现内容传播。

### （一）关于符号

符号学最基本的单位是“符号”，媒介传播内容的最基本的单元也是“符号”。索绪尔指出：“我们把概念和音响形象的结合叫做符号。”[①] 这清楚地表明所有符号都是由概念和音响形象两个部分组合而成：其中“概念”富含意义，是对事物或现象抽象的认知，“音响形象”是人的感官可以捕捉到的感觉和知觉，二者交融为一个独立的符号。如一个字或一个“OK”的手势，都是由其意义和读音或形体形象共同构成的符号。

① 胡明扬：《西方语言学名著选读》，77页。

按照索绪尔的符号学理论，他把对事物或现象抽象认知的“概念”称做“所指”，把能够依靠人的感官感知到的“音响形象”称做“能指”，两者之间却没有必然的关联，这就在“所指”与“能指”之间留下了无限的可变空间，奠定了符号创新的结构性基础，为不同语境在传播策划与制作环节创新符号留下无限的创造空间。

**（二）语言符号特征**

语言符号是媒介素养要阐释的主要对象，主要包括口头语言和以书写文字形态出现的书面语言或字幕语言。“从最基本的意义上说，语言是一种有组织结构的、约定俗成的习得符号系统，用以表达一定地域社群和文化社群的经验。各种文化都给词语符号打上了自身文化的和独特的印记。事物、经验和感情之所以都有着某种特定的说法和名称，只是因为一定的群体任意地予以命名。这样，由于语言是一种代表客观实在的非精确的符号系统，因而词语的含义受到各种各样不同解释的影响和制约。实际上，常有人指出，词语的意义在于人而不在于词语本身。”[①] 从以上阐述中我们看到，语言符号被界定的意义具有相对性，由于不同的地域性、文化性、经验性，相同的语言符号会由于不同文化背景的人而产生不同的意向。语言符号具有如下特征：

（1）语言符号本身也是传播信息的媒介。

（2）语言符号是人们认识世界的窗口与途径。

（3）语言符号是人们建构现实世界的基础框架。

（4）语言符号的意义具有相对性。

可见“有什么样的‘语言’，就有什么样的‘存在’”[②]，语言的“外壳”属性很难与客观世界建立真实的对应关系，这是媒介素养首先提醒人们的。

语言符号传播是人们认知世界的途径。不同的媒介承载不同的符号体系：平面印刷媒介，主要以文字和图片符号展示传播内容；影视与网络视频媒介，主要以视听语言和文字字幕播放传播内容。在当代传媒语境下，人们消费（使用）的多是融合了数字技术的多种媒介形态下的网络视频媒体。媒介素养要求人们既要学会解读语言符号，还要学会分析非语言符号。

**（三）非语言符号特征**

非语言符号是语言符号之外的、非人工创制的、以自然形态为信息载体的符号系统。它是通过人的视觉、听觉、触觉、嗅觉可以感受到的姿态、音容、

---

① ［美］萨姆瓦等：《跨文化传通》，63 页，北京，生活·读书·新知三联书店，1988。

② 李彬：《传播符号论》，12 页，北京，清华大学出版社，2012。

笑貌、气味、颜色等概念的总称。目前，对于“非语言符号”这一概念依然存在着多种解读（参见当代词注：非语言符号）。美国文化传播学者萨姆瓦将其定义为：“非语言传通（communication，即传播）包括传通情景中除却言语刺激之外的一切由人类和环境所产生的刺激，这些刺激对于信息发出者和信息接受者具有潜在的信息价值。”① 人们对媒介符号的合理解读不能忽视非语言符号传播这种“潜在价值”意义。

**当代词注：非语言符号**

在当代学术文献中，对“非语言符号”存在多种定义，现汇集于此。

(1) 非语言符号是指信息传播不以有声语言和书面语言为载体、能直接打动人的感觉器官的各类符号。如电视和视频网站的传播符号，基本上是非语言视觉系统。

(2) 非语言符号是指动作性符号、音响符号、图像符号、目视符号（地图、曲线、绘画等符号），非语言符号的多样化为信息的表征提供了多种途径。

(3) 非语言符号是指通过视觉、触觉、嗅觉感受到的姿态、外貌、语音语调、气味等。语言符号作为思想的直接实现，不仅是具体事物的抽象符号，而且反映了种、类以及事物与事物之间的关系。

(4) 非语言符号指“身体语言”，是人们在交往过程中的动作、眼神和表情等。有学者认为人们交往中的有声语言只起到45%的作用，而55%的作用通过身体语言实现。

(5) 非语言符号是指人类各种静态和动态的包含特定意义的信息载体。静态非语言符号包括：人的外貌、空间距离、时间控制、环境布置和服装饰物等。

(6) 非语言符号是指除了语言符号之外的一切传递信息的交际方式。

(7) 非语言符号在传播学中，是指语言之外的其他所有传播信息的符号。它大体分为三类：一是体语，二是视觉性的非语言符号，三是听觉性的非语言符号。传播学把可以有效地传递信息的一切事和物都称为非语言符号。

资料来源：百度百科“非语言符号”。

---

① ［美］萨姆瓦等：《跨文化传通》，203页。

尽管人们对非语言符号的范围界定不一，但对其在传播活动中具有不可替代的信息作用却能达成共识。正如施拉姆（Wilbur Schramm）所言："传播不是全部（甚至大部分不是）依靠语词来进行的。一个姿势、一种面部表情、声音类型、响亮程度、一个强调语气、一次接吻、把手搭在肩上、理发或不理发、八角星的停车标志牌，这一切都携带着信息。"① 传播作为人类社会关系建构的行为，在非语言符号信息中占据主体地位的是人的"体语"符号，美国人类学研究学者雷·伯德惠斯特尔（Ray Birdwhistell）将其称为"身势学"。按照目前学界普遍的认知，以"身势学"为主要内容的非语言符号分为五种类型，且对于传播具有不同意义。

（1）外貌与衣着：穿着不同的"款"、"型"传递不同的信息。需避免以貌取人。

（2）表情与眼神：人的表情可以戴面具，而眼睛是心灵的窗户，需关注眼神信息。

（3）姿态动作：姿态动作是人的心理和生理状态的外化，经常泄露。需学会破译。

（4）触摸行为：作为象征性传播手段，可传递情绪信息、地位信息和安全信息等。

（5）空间与距离：构成个人领地，与个性相关，不同的空间距离反映不同的关系。"空间与距离"表达的传播关系见表4—2。

**表4—2　"空间与距离"表达的传播关系**

| 距　离 | 传播情境 | 音　量 | 方　式 |
|---|---|---|---|
| 贴近<br>（3～6英寸） | 讲高度机密的内容<br>恋爱，安慰和守护 | 柔和的耳语 | 情侣交谈式 |
| 靠近<br>（6～12英寸） | 讲非常机密的内容<br>朋友，非常体己，关系亲近 | 轻声细语 | 朋友交谈式 |
| 接近<br>（12～20英寸） | 讲较为保密的内容<br>工作关系，二重社交，控制对方 | 小声低语 | 和谐交谈式 |
| 近距<br>（20～36英寸） | 讲一般的内容<br>小团体聚会，一般工作会议 | 声音较轻<br>音量较低 | 工作交谈式 |
| 中距<br>（4.5～5英寸） | 讲公共事务<br>社交场合，事务交往，团体谈判 | 普通声音 | 工作交谈式 |

① ［美］施拉姆：《传播学概论》，4页，北京，新华出版社，1884。

续前表

| 距　离 | 传播情境 | 音　量 | 方　式 |
| --- | --- | --- | --- |
| 公共距离<br>（5.5～8英寸） | 对着20～40人讲话<br>课堂，小型会议，新闻发布会 | 声音偏大 | 公开交谈式 |
| 演讲距离<br>（8～20英寸） | 对着50人以上的听众讲话<br>演讲者在公共集会上使用 | 大　声 | 公共演讲式 |
| 远距离<br>室内20～24英尺<br>室外30～100英尺 | 知名人士做公开大型讲演<br>大型集会，大会议厅演讲 | 高　呼 | 大肆鼓吹式 |

相比语言符号的传播，非语言符号的传播具有以下特征：

（1）连贯性：传播时在符号综合系统中相互连贯又较为突出，故称做连贯符号。

（2）相似性：与指称对象之间具有实物上的相似性，如伸出双臂上下扇动代表飞鸟。

（3）通义性：由于人体与人性的互通，各国都能做出相近共通“世界语”般的理解。

（4）协同性：各种非语言符号在传播中相互关联互为依托、协同一致同时送出信息。

（5）即时性：对于外在变化人体立即反应、未经思考立即条件反射式的传播输出。

（6）真实性：体态比语言更具有真实性，人的眼神及面目无法掩饰，难以骗人。①

**（四）语言符号与非语言符号的比较**

语言符号与非语言符号在传播中的信息意义孰轻孰重，需要人们进行质化分析和量化分析。美国人类学研究学者L.伯德惠斯特尔在研究体态传播现象时发现：“在两人会话的情境中，有65%的‘社会意义’是通过非语言符号传播的。”② 这同时应验了施拉姆的“传播不是全部（甚至大部分不是）依靠语词来进行的”观点。关于质化分析，这里综合各派学者的观点对二者加以比较，见表4—3。③

---

① 参见张开：《媒介素养概论》，115页，北京，中国传媒大学出版社，2006。
② 转引自侯月娟：《新媒体语境中政治人物的公共形象塑造》，载《青年记者》，2013（3）。
③ 参见李彬：《传播符号论》，14页，北京，清华大学出版社，2012。

表 4—3　　语言符号与非语言符号的比照

| 类别 | 语言符号 | 非语言符号 |
|---|---|---|
| 意义 | 接近相对性 | 接近绝对性 |
| 作用 | 映照不同景观的透镜 | 反应内心活动的表征 |
| 形式 | 外壳化 | 内生化 |
| 功能 | 决定存在 | 反应存在 |
| 比喻 | 意识的外化形式 | 潜意识的外化形式 |
| 意识 | 清醒的 | 模糊的 |
| 感受 | 自觉的 | 不自觉的 |
| 隐喻 | 海面上冰山的一角 | 海里的冰山主体 |

在传播过程中，非语言符号对于语言符号具有补充、强调、重复、调节等功能；在一定的情景下，还可以对语言符号起到替代甚至否定的作用。无论是语言符号还是非语言符号，都源于人类社会，超脱人们的生活，在一定情境下使人释放内心，舒展心灵。而在较为复杂的环境中，媒介符号所呈现的意义却可能与真实世界若即若离，甚至大相径庭。

在以自媒体为特征的社交平台上，原有的语言符号会衍生出新的意义，也会诞生更多新的符号；在低成本多终端的数字网络平台上，将会出现更多形态的非语言符号，产生新的意义和功能。对于飞速变化的媒体世界，知识永远无法穷尽。媒介素养的宗旨就是帮助人们与时俱进，利用批判性思维能力不断解构媒介符号的意义，解剖媒介产品的构造，解释传媒机构的目的，使人们在理性和感性上不断接近那个真实的客观世界。

**小结：媒介语言**

（一）语言是一套符号系统

——声音是现实意义的第一次符号化

——记录文字是现实意义的第二次符号化

（二）语言符号具备两个元素：声音系统和语义系统

——声音系统：是符号的语音形象部分，即索绪尔的“能指”，有感知性

——语义系统：是符号的概念意义部分，即索绪尔的“所指”，有抽象性

（三）语言符号形态由传播媒介决定
——语言符号与媒介的技术性能具有同一性
——语言符号与传媒语境具有从属性
（四）媒介语言符号是语言符号与非语言符号的集合
——语言符号的“所能”与“所指”之间没有必然关联
——非语言符号的“体态”意义在传媒信息的价值中不可替代

## 第二节 媒介语言符号与现实

是什么让我们走进了媒介的世界？除了娱乐，除了打发时间，更多的原因是我们希望获得在自己的生活中难以得到的体验和信息，从而更好地理解这个真实的世界。

媒介传播符号既包括语言符号，也包括非语言符号，这里我们统称“媒介语言”或“媒介符号”。承载内容的语言是抽象的，现实是具体的；语言是有限的，现实是无限的；符号是被圈定的，现实是流动的。而它们的指向都是人类社会及其环境。实际上，人们生存在两个世界里：一个是自己所在的真实世界，另一个是传媒呈现给我们的媒介世界。对媒介符号的认知能够帮助我们了解这两个世界的对应关系，以解读媒介世界背后的真实世界。这个不正是我们接触媒介的意义吗？不正是我们提高媒介素养的目的吗？

### 一、媒介构连理论

#### （一）媒介构筑了现实社会

通过媒介呈现，我们看到了一个所谓“现实”的世界。但这是传媒通过媒介语言符号呈现给我们的世界，具有媒介的现实性，所以是“媒介现实”，即由传播媒介营造和呈现在公众视野里的社会环境和有限世界。媒介世界是一个经过传媒的策划、选择、判断、取景、框架、引导，最后通过符号呈现的过程和结果。传媒关于媒介世界的“议程设置”能够左右人们的视点，产生注意力焦点和社会热点。

媒介世界是对客观世界的反映。真实世界是客观的、实在的、无限的；而媒介世界是主观的、虚拟的、片面的。媒介构筑的“现实世界”并不能真实、全面地反映客观世界，却能够在很大程度上影响人们对真实世界的认知，如新闻的引导、广告的劝说、娱乐的刺激、电视情节对人们心灵的撞击等。媒介世界与真实世界之间的关系取决于媒介语言符号的意义，媒介素养要引导人们分析这两个世界“真实性”的差异程度。

**（二）媒介信息真实性的判断**

在很多情况下，我们难以超越媒介对我们的影响，甚至模糊着“媒介世界”和“真实世界”之间的界限——真实性。无奈的是，这个界限无法准确界定。但是“如果你想控制媒介对自己的影响，形成对真实本质的准确理解是非常重要的”①。在任何语境下“真实”都是难以界定的概念之一，尽管它的反义词“虚构”显而易见。

对“真实”与否的判断存在着多种维度，即“真实性”有多种特征，其判定标准也存在于多个方面。美国媒介学者詹姆斯·波特提出：判断真实不是简单判定事物是否发生过；此外孩子和成人感受真实的能力差别不大。詹姆斯·波特认为，对媒介真实性的判定要依照媒介作品不同的性质、情景、语境分别判定，要考虑到媒介呈现的不同角色在人们的生活中遇到或发生的可能性。他提出了三个维度来判断媒介信息的真实性。

（1）神奇的窗口：媒介内容真实发生过且超越了真实的存在。

（2）社会效用：受众是否相信在生活中能用到媒介信息，认为越荒诞越不真实。

（3）身份识别：受众对特定角色的准社会参与感，角色距离自己越近越真实。②

英国媒介文化学者霍尔通过成立研究小组进行了调研，要求参与者给媒介真实下定义，这些定义的风格迥异，主要基于以下六个概念。

（1）真实性：指什么事情真实地发生了。

（2）可信性：指什么能够发生，这是人们判断信息真实程度最经常使用的标准。

（3）典型性：指通常会发生什么。

（4）情感投入：指受众对信息的情感和认知感的程度。

（5）叙述一致性：指故事情节的连贯程度以及人们所认为的情节安排的合理性。

（6）感知说服性：是指摄像摄影等媒介语言符号看起来是否真实。

故此，针对媒介语言符号我们无法简单划分为真实和虚幻，真实性的标准

---

① ［美］詹姆斯·波特：《媒介素养》，156 页，北京，清华大学出版社，2012。

② 参见上书，158 页。

不是唯一的，而是伴随传媒所呈现的不同生活情境与语境处于“游离态”，真实性“游离”在虚构与真实之间。我们不妨用一个“滑块”作为真实性的表达状态，“滑块”总是处于虚构与真实之间。在新闻报道中，这个滑块离真实更近些；在娱乐节目中，这个滑块离虚构更近些；在广告中，这个滑块几乎接近虚构，由此帮助我们解构传媒内容。由于判断“真实”与否存在这种相对性，詹姆斯·波特又提出“下一步真实”概念，更具有媒介素养意义。

“下一步真实”的意思是：媒介呈现的信息看起来要类似于真实的存在，能够引起媒介受众的共鸣，对日常生活有潜在的作用；但是又经过加工超越了具体生活，被额外添加的一点成分给“加甜”了，比受众的日常经验多出一点类似真实的信息。詹姆斯·波特认为：“观众大量的媒介接触决定实际上是被‘下一步真实’的欲望所引导的，这一理念包括两个方面的内容：媒介信息是如何被生产出来的？为何某些信息吸引了大量的观众，而其他的却不能？”① 尽管虚构与真实的界限经常模糊不清，但这一理念可以作为对媒介符号内容分析的组织策略，也可以为传媒人构造媒介产品提供参考（见背景知识：传媒信息的需求与供给）。

**背景知识**

## 传媒信息的需求与供给

人们为什么要接触媒介？人们为什么要消费信息？最根本的层面是精神需求和物质需求，人们需要具有真实性的信息。所以社会大众对于从媒介中寻求信息的动机是强烈且持久的。作为传媒必须迎合受众需求，对媒介符号进行真实性处理，以使受众产生共鸣（见表 4—4）。

**表 4—4　受众需求与传媒供给内容列示**

| 受众需求视角 | 传媒供给视角 |
| --- | --- |
| 人们接触媒介的动因：<br>(1) 人们不可能从自己真实的社会生活中获取所有需要的信息<br>(2) 从媒介中获取信息的成本要比亲身从社会生活中索取低得多 | 传媒迎合受众需求的途径：<br>(1) 尽量保存来自真实世界的元素，提高媒介语言符号的真实性，以求共鸣<br>(2) 进行必要的加工，使信息看起来更加有趣，以求得到更多受众的关注，并非简单复制 |

① ［美］詹姆斯·波特：《媒介素养》，160 页。

续前表

| 受众需求视角 | 传媒供给视角 |
| --- | --- |
| 人们对媒介信息真实性的要求：<br>(1) 信息必须看起来真实，即必须跟人们的日常经验比较接近，能够引起共鸣<br>(2) 信息要准确呈现，最基本要自圆其说<br>(3) 媒介必须能够呈现出比人们真实的社会多一点的信息。否则，人们就不需要媒介提供，生活中就能随时得到 | 传媒构连媒介语言符号基本原则：<br>(1) 新闻性信息对反常事件的报道力度要大于日常事件，越反常越罕见越有新闻价值<br>(2) 说服性信息先提出一个平常问题，接着提出一个解决方案，比其他解决方案都更好<br>(3) 娱乐性信息叙述手法和情节构造比生活更迷人有趣，然后逐步引导受众走向虚幻 |
| 信息通径 | |
| 公众需要媒介提供的是与真实生活有一步之遥的信息，看起来容易发生的、可能发生甚至是确实发生过的信息。 | 传媒符号需要从类似于生活的地方开始，然后带着受众逐渐远离真实，但不会迷失。使受众逐渐自发地跟进“下一步真实”。 |

资料来源：[美] 詹姆斯·波特：《媒介素养》，160～162 页，北京，清华大学出版社，2012。

### （三）媒介“构连理论”的内容

“构连理论”即媒介并非传播事件本身，而是将一些媒介语言符号连接在一起，以传递某种意义。麦克卢汉提出“媒介即讯息”，揭示了媒介内容的意义性；尼尔·波兹曼提出“媒介即隐喻”，揭示了媒介内容的功能性——媒介能以一种隐蔽却强大的暗示力量来“定义现实世界”；李普曼提出“两个环境”论：真实环境和虚拟环境，两个环境又构建出人们所处的三种现实：客观现实、媒介现实、心理现实，而这些都依赖于传媒“构连”媒介符号——文字游戏或拼图游戏都旨在呈现特定意义。这一理论蕴涵如下意义。

第一，媒介现实不对应客观真实。凡是通过媒介呈现出来的现实也称为“虚拟现实”，即媒介给人们呈现出万花筒般的拟态世界，远比我们在真实世界里的个人见识更加丰富精彩，更加多幻迷离，因此被誉为“神奇的窗口”或“魔力之窗”。尽管新闻传播被定义为“第一时间的真实报道”，然而新闻的采集过程本身包含着策划选题、取景、框架、界定意义等环节，“构连”符号都能够成为新闻本身，议程设置覆盖了事件本身，因而媒介现实不能反映真实世界总体上的真实性。

第二，媒介现实和客观真实的共同作用形成人们的心理现实。人的心理现实也称为“主观现实”，建构在媒介世界、真实世界和自我意识三个维度的基础上。首先，真实世界并不依赖于媒介呈现的现实世界而客观存在；其次，人们在真实社会的言行又会受到媒介世界的影响；最后，每个人都会依从自己的认知模式判断事物，其信息部分来自客观事实，部分来自媒体，又拘于自己的主观体验里。所以人们实际上是处于媒介现实、客观现实和心理现实的三种“现实”状态中，对“真实性”的判断具有明显的个体差异。

第三，媒介在一定的意识形态下构连起媒介语言符号。媒介符号构连中的意识形态不是具象的“再现”，而是决定如何选择和组合媒介语言符号以实现传播目标的一套“机制”（详见第十讲“风能进，雨能进，国王不能进——媒介法规与政策管理”）。媒介构连符号的组合呈现的现实世界投射出传媒的意识形态：新闻的排序、电视栏目的菜单、晚会节目的主宰、媒体评论的意见导向，娱乐节目口播广告的时间、电视剧植入广告的位置、媒体实况直播背景信息的设计，节目时段、内容安排、收视率、广告对象、市场利益的运作等，无不反射传媒机构与宏观社会政治、社会文化、社会经济和社会微观企业、意见领袖之间的交互影响。文化霸权就是一种依赖潜移默化达到教化目的的意识形态霸权。

## 二、媒介再现理论

### （一）关于媒介“再现”

“再现”（representation）意指“再次呈现，是真实世界中一些事物的一种映像、类似物或复制品”[①]。媒介再现是通过媒介语言符号呈现给受众真实世界中特定事件的一种映像、类似物或复制品，是以一定方式被改编成媒介代码的人物、事件以及自然或社会环境中一切与人类相关的现象。媒介真实性研究的就是媒介再现的逼真程度。

与“再现”对应的是“在场”。“再现”是对媒介现实的制造和宣称，“在场”是客观世界的真实实在；“再现”是媒介建构的，“在场”是客观实在的。以德里达为代表的解构主义学者认为，相对于“在场”，再现不仅是可能的，而且是唯一的可能性。在此意义上“文本之外一无所有”，再现就是我们所拥有的一切。“再现是一个最重要、最富于生产性的问题。”[②] 媒介再现对于人类感知世界、获得最大范围的有用信息功不可没。

### （二）媒介再现的是“拟态环境”

针对“在场”，媒介再现的是一个“拟态环境”或称“虚拟环境”。“拟态环境”并不是真实社会环境的再现，而是传媒对象征性事件进行选择、加工、重构之后向受众呈现的环境（见当代词注：拟态环境）。在一定意义上，媒介

---

① ［美］大卫·麦克奎恩：《理解电视：电视节目类型的概念与变迁》，139 页，北京，华夏出版社，2003。

② 罗钢、刘象愚主编：《文化研究读本》，212 页，北京，中国社会科学出版社，2000。

再现遵循的是解构主义原则，针对客观实在的事物（事件）整体，运用分解的观念，强调打碎、叠加、重组，重视个体以及局部等方法论，构连媒介语言讯息的表达符号。

**当代词注：拟态环境**

美国著名新闻评论家李普曼提出“拟态环境”这个概念，即传媒再现的是经过选择、加工、重构之后的环境，这一过程通常是在传媒内部隐秘完成，一般观众听众难以了解或意识不到，于是很容易把呈现在镜像中的“拟态环境”作为客观环境本身来认知。“我们并不知道人们在对真实的‘大社会’做出反应时将会如何表现。我们所知道的不过是他们在对——可以公正地说——极为残破的‘大社会’图像做出反应时的表现，指望这样的证据不可能对人或‘大社会’做出可靠的结论”。

李普曼认为传播媒介是“拟态环境”的主要营造者，且对传媒受众和公众舆论的产生有很大的社会影响。人们通过“拟态”的媒介镜像难以认知真实的世界。

资料来源：[美] 沃尔特·李普曼：《公众舆论》，上海，上海世纪出版集团，2006。

媒介再现的真实性决定于媒介产品与真实的贴切程度，以此将媒介再现分为两个基本类别，根据真实与虚构之间的两级性，这两个类别的“滑块”方向是相反的。

- 真实再现：如纪录片、新闻报道、实况转播节目等
- 非真实再现：艺术的再现，如电影、电视剧、话剧、小说等文艺作品<br>错误的再现，如虚假广告、视频恶搞等

**（三）媒介“再现理论”的内容**

“再现理论”即在一定的传播目的下，媒介呈现的并非真实事件的全部情景，而是运用解构主义原则，通过分解、打散、叠加、重组，重视个体或局部等方法，运用媒介语言符号的构连再现目标内容，传递某种意义。这一理论蕴涵如下意义。

第一，传媒内容是重构的，并非摄像、摄影之后的全景展现。

第二，传媒内容是建构的，人们的“眼见未必为实”，媒介再现富有生产性。

第三，媒介再现的背后有其社会政治文化或商业经济等各种目的。

第四，受众需要在媒介内容接受中进行意义协调（见第五讲“我的受众在哪里——受众认知与个体差异”）。

当代全球环境资源正在一体化：金融资本无缝渗透；政治与军事格局不断演变；永无休止的文化侵袭与栖息；一轮又一轮经济大潮对商业利润的催化等。传播媒介呈现的个体形象和社会景观必然渗透经济、文化、政治和商业意识。当代媒介环境中传媒机构所有制的多元化和数字网络媒介载具的多形态化，使媒介符号的构连逻辑更为复杂，使媒介再现更缺失中心化。“下一步真实”的原则告诫我们：媒介信息必然有真有假，我们需要保持一份灵活与清醒，以避免消极影响，享受积极意义。

**小结：媒介构连与媒介再现理论**

（一）媒介构连理论

——人们在两个世界和三种现实中期待“下一步真实”

——媒介呈现的真实性“滑块”般游离于真实与虚构之间

——传媒通过“构连”媒介语言符号的意义建构现实

（二）媒介再现理论

——“再现”是对媒介现实的制造和宣称

——媒介再现的是“拟态环境”

——传媒再现运用解构主义原则重构媒介符号的传播目标，受众需要在内容接受中协调意义

## 案例 4—2

### 媒介见证生命奇迹

2010年8月5日，智利圣何塞铜矿33名井下作业人员被困，位于地面以下700米处。69天后，33名智利矿工全部成功获救。在灾难面前，人类历史上有过无数次生死大营救，但从未有哪次营救像智利矿工救援行动一样受到全球如此广泛、强烈的关注。

（1）成功升井。当地时间2010年10月13日零时10分，如胶囊形状的“凤凰2号”救生舱载着被困69天的第一名矿工缓缓升上地面，23小时候后33名矿工全部“重获新生”（见图4—1）。

**图 4—1　矿工成功升井与所用的设备**

在黑暗的矿井下 33 人居然能存活 69 天，还不是一般的活着，有每天跑 10 公里的，有每天写诗的，有每天给妻子写信的，这是多么强大的精神世界。当日，智利和玻利维亚两国总统亲赴现场迎接“重见天日”的矿工。智利总统皮涅拉说，这在人类历史上无与伦比，从矿工身上学习到了信仰和希望的价值、同志情谊和团结一致的价值。玻利维亚总统莫拉莱斯激动不已：“这是历史性的救援，是令人难以置信的奇迹!”

（2）全球关注。这场大营救牵动着所有人的神经：2 000 多名媒体记者赶赴现场采访报道，多家国际媒体进行实况直播，多国领导人在微博上大赞智利矿工救援行动的胜利，网友们也纷纷在微博上发表看法，或祝福祈祷，或赞叹奇迹，或反思。国内外网友关于这一已达到上千万条，国内新浪微博的讨论在 14 日达到 40 万条。而在 Twitter 上面，“智利矿工获救”已经成为谈论频率最高的话题，每一秒的更新有上百条，智利的营救行动赢得了全世界的赞誉。

资料来源：刘晓雪等：《智利被困矿工全部升井　新浪微博讨论达 25 万条》，载《法制晚报》，2010－10－14。

**反思：**

（1）对于屡屡发生的矿难事件都有救援行动，为什么这次智利救援引发全球关注？

（2）救援时多家国际媒体实况直播，2 000 多名记者现场采访，为何全球媒体大行动？

（3）社交媒介上千万条的讨论，“智利矿工获救”为什么成为谈论频率最高的话题？

**结论：**

(1) 日常矿难多死伤，智力矿难69天后全部生还，这是“下一步真实”中多出的那点。

(2) 通过“胶囊”状专用设备成功救助矿难人员，越是反常事件越具有新闻价值。

(3) 生命价值是人类最关注的意义，自媒体社交平台与主流媒体会产生最强的共鸣。

**本讲阅读**

● 思考：1. 媒介构连理论的内容。

2. 媒介再现理论的要义。

● 阐释：媒介语言符号的特征有哪些?

● 反思：选择两个你最熟悉的电视栏目或节目，判断与比较两者内容的真实性。

课业辅导：如你可以选择电视剧与娱乐节目进行比较，或很典型的新闻与广告 。

(1) 如你选择的是某电视剧与某个娱乐节目，一定是你很熟悉的。

(2) 你需要将两个分别列表，纵向两栏，一栏为真实因素，另一栏为不真实因素。

(3) 分析你熟悉的电视剧和娱乐节目中有哪些真实的因素，有哪些不真实（虚构）的因素。

(4) 质化判断，即二者真实性的“滑块”在真实因素与不真实因素之间的位置。

(5) 比较二者真实性的“滑块”哪个更接近于真实性，也许不很明显，因传媒内容而异。

**本讲阅读**

1. [法] 罗兰· 巴尔特．符号学原理．北京：中国人民大学出版社，2008.

2. ［英］乔纳森·比格内尔．传媒符号学．成都：四川出版集团四川教育出版社，2012.

3. ［英］斯图亚特·霍尔．表征．北京：商务印书馆，2004.

4. 吴文虎．广告的符号世界．广州：广州出版社，1997.

5. 李彬．传播符号论．北京：清华大学出版社，2012.

# 第五讲　我的受众在哪里

## ——受众认知与个体差异

**本讲要义**

* 受众是大众还是小众
* 传媒就是生产受众
* 受众的认知结构
* 受众的个体差异

已故社会学家雷蒙·威廉斯曾言：不存在所谓的大众，只存在把人们当做大众的方法。互联网正在成为把人们当做大众方法的终结者！

——美国《连线》总编克里斯·安德森

## 第一节　受众的媒介接触与认知结构

受众是传播的对象，是接收传媒信息的个人或社会组织。受众是报刊读者、广播听众、电视观众、上网网民、手机用户，这些只是对应他们接触的不同媒介的称谓。一方面，不同媒介有不同的语言符号，同一媒介语言在不同语境下被界定了不同的意义，媒介符号的构连逻辑和媒介再现的真实性又是多维的；另一方面，在传播的另一端，媒介受众也存在个体视角，他们在信息接收和处理过程中存在认知结构方面的个体差异，这使得媒介内容的解读更为复杂。

1996 年，加拿大学者文森特·莫斯可（Vincent Mosco）出版了世界上第一本传播政治经济学教科书，他将传播问题置于马克思政治经济学体系的框架下，揭示了传媒就是“生产受众”这一特殊商品的产业。按照这个结论，受众能意识到自己“被消费”吗？能意识到被传媒导入“受众的商品化”[①] 生产流程吗？按照市场经济制度，把受众放在传媒产业的视野中，是“大众传媒创造出受众，然后再将他们出租给广告商”[②]。媒介素养提醒人们把注意力投向需要的信息，控制大脑处理的编码为自己的需求服务，而不是为媒体和广告商。

## 一、大众受众与小众受众

### （一）受众由大众向小众的转变

在只有报刊、广播、电视等几大传统媒介的时代，传媒技术的发展以体现覆盖面为标志，传媒的作用看起来似乎较单一——以新闻的广泛告知为主体，传播的对象几乎是所有社会公民。于是一个“大众”（mass audience）的概念由此诞生，以此类推有“大众传播”（mass communication）、“大众媒体”（mass media）等概念。那时候，“大众”这一术语指的并不是大量存在的某种特殊类型的受众，而是“传播以大众模式进行，这也就事先假定了信息会以相同的方式传达给每一个人，而且每个人又会以相同的方式加工和处理信息”[③]（见背景知识：关于“大众受众”概念的历史内涵）。然而，20 世纪 40 年代以后的多项研究都证实：大部分人并没有被媒介信息所影响；那些受影响的人也不是以相同的方式被影响；人们对信息做出反应的方式也不相同。由于“所有的受众会以相同方式对信息做出反应”这一支撑“大众”存在的结论被打破，“大众受众”这一概念也被动摇，研究者和传媒开始走向另一极，“小众”应运而生。

**背景知识**

#### 关于“大众受众”概念的历史内涵

早期一些社会哲学家认为报纸、杂志和书籍将各自的思想以大体相同的方式传达给各自的受众，如果一条信息以某种方式影响了受众群中的某个成员，那么它也会以同样的方式影响其他受众成员，这种大众化现象就是“大众”的本源，“大众受众”蕴涵如下意义。

第一，人们对信息的处理方式是“魔弹”性的，易受影响，缺乏防御性心

① ［加］文森特·莫斯可：《传播政治经济学》，174 页，上海，上海译文出版社，2013。

② ［美］詹姆斯·波特：《媒介素养》，44 页，北京，清华大学出版社，2012。

③ 同上书，45 页。

理机制，人们之间不存在彼此的讨论、交流与互动。在社会信息到达方面，媒体发挥着强大的作用。

第二，伴随19世纪中期工业革命的开始，越是高度工业化的国家，越拥有大众社会（mass societies）。因为是技术的进步重新塑造了人们的生活和关系，工业技术下人们的各种方式均趋于同一化。如美国拥有大众社会而印度没有，尽管印度的人口远高于美国。

第三，要想成为大众受众需要具备四个方面的特征：

(1) 受众的构成充分是多样的。受众是又由各种类型组成的，无所不包。

(2) 受众成员是匿名的。传播者不关心对象是谁，因为假定每个人都相同。

(3) 受众之间没有互动。人们不讨论和更改信息，信息以相同的方式作用于每个人。

(4) 受众没有社会组织，没有什么身份角色和社会结构，没有群体意见。

资料来源：［美］詹姆斯·波特：《媒介素养》，44～45页，北京，清华大学出版社，2012。

### (二) 小众受众的界定

第一个批判"大众受众"观点的弗里德森认为，人们接触媒介是处在一个人的语境中，而对媒介内容的讨论（互动性）可以贯穿在之前、之中或之后各个阶段，处于社会关系中的任何一个人都要受到社会环境的影响，"大众这个概念不能准确适用于受众"[①]。今天，尽管还有人使用"大众"、"大众传播"、"大众媒体"这些概念，但所有人接触同样信息的情况已经极其罕见；即使接触同一信息也不一定有相同的体验和相同的反应。故此，不存在大众传播，因为不存在"大众"。受众对信息的需求是多种多样的；受众接触媒介的类型是多种多样的（这在当代尤甚）；受众的媒介体验是多种多样的；受众被传媒讯息的作用方式也是多种多样的。于是受众是各种各样的，"小众"的含义被细分出来，"小众受众"这一概念名副其实，即指具有相同或相近的媒介消费习性，都愿意接受相同或相近的传媒载具以及媒介内容的一部分或一小部分社会公众对象。在当代数字网络媒介环境下，小众受众呈现出前所未有的多元形态，以各种主题的"群"生态维系着各个社交媒介平台，受众成员之间也许每天交流与互动，但是也许一生都不会见面。

① 转引自［美］詹姆斯·波特：《媒介素养》，45页。

最先受益于“小众”概念的是媒体和媒介产品的制作人，正如生产者在没有生产之前首先会明确自己的商品要卖给谁，这是受众市场的定位环节。确立受众目标后，依照这些小众受众的喜好和需求，策划、设计以及制作他们需要的媒介产品，按照他们的媒介消费习惯选择传播渠道，以吸引尽可能多的目标人群。传媒运作到这个环节并不是核心目的。在市场体制下，媒体要进行媒体时段——实则是媒介内容贴片——的广告招标，把目标受众对媒介内容的注意力在一定时间内“出租”给广告商，广告商将自己的商业信息（有时是公益广告信息）以商业广告的形式传达给媒介的目标受众——亦即广告商产品的目标消费者，以广告的专业方式说服他们购买其产品，而媒体得到的广告商的投资就可以投入媒体的再生产，以此循环。在细分时媒介生产的小众受众与广告商产品的目标消费者应该对应相同或相近的社会公众群，这是传媒“生产受众”的前提，是传媒产业化和商业化运作的条件。

**（三）小众受众的细分**

如何找到有商业价值的“小众”，传媒机构与商业企业的方法论是一致的。伴随市场竞争的不断升级，细分小众和目标市场的策略越来越复杂，这里从一般性上简介如下。

第一，地理细分策略。即按照媒介覆盖的地理区域选择受众。作为最古老的细分策略，对报纸、广播等地域覆盖性明显的媒介依旧有重要作用。配合当今商业企业流行的地域性销售目标，地方性报刊、地方性电视台等依旧采取此方法。地理细分因素不够稳定，从整体看，随着数字化、网络化以及上星媒体的发展，这一策略在传媒机构逐渐弱化。

第二，人口统计细分策略。即按照人口统计指标选择受众，在通常情况下这些指标包括：性别、年龄、民族、收入和受教育程度等。人口统计细分因素相对稳定，所以在受众的目标细分中有一定意义。但从整体上看，这些差异趋向于越来越小，如在我国近年来信用卡的普及使用、收入较低的人可贷款消费等。故此，这一细分策略也被逐渐弱化。

针对现代房地产业的定位策略和居民社区型的生活特点，有时将人口统计和地理细分策略结合在一起考量，简称地理人口细分策略。

第三，社会阶层细分策略。这是具有几种特征的一个混合细分策略，如近年来我国使用较多的中产层、工薪层等阶层概念，不仅包括收入，还包括心理特征、社会位置或地位等几种变量。在指标上具有综合性，侧重于人们心理上的价值取向，但又时时受到收入、身份等客观条件的影响。现阶段这一策略无论在传媒界还是在商业领域都较为流行。

第四，心理细分策略。这是一个位于受众市场前沿的策略，同样要依据多种变量来细分，如曾经流行的“白领”、“蓝领”、“灰领”族群，目前较为极端的如“草根”、“白富美”、“高大上”、“屌丝”、“砖家”等。这种细分更加适合当代媒介环境，对人们更有吸引力，更加容易引起人们对传媒内容的关注。这种细分策略贴近受众心理，紧追时尚与流行，变化的速度快并与时俱进（见案例 5—1）。

**案 例 5—1**

### 从《爸爸去哪儿》看受众心理细分

湖南卫视 2013 年 10 月 11 日开播的《爸爸去哪儿》节目已经成为 2013 年度最受关注的综艺节目之一。根据央视索福瑞的收视统计数据：首播当天，在周五晚间全国卫视同期同档推出的综艺节目中，《爸爸去哪儿》的收视效果力压同时段其他卫视，荣登收视率第一的宝座。湖南卫视也将该期节目重播八次，创下了该台非戏剧类节目重播次数之最。《爸爸去哪儿》是一档真人秀类亲子互动节目，节目的嘉宾是明星爸爸和“星二代”，节目以明星家庭父子或父女的野外生存体验为“卖点”，场景与情景交融，实则映射出明星家庭鲜为人知的亲情关系。

**评析**：2013 年在《中国好声音》、《中国好歌曲》等多档真人秀节目竞相 PK 中，《爸爸去哪儿》能够脱颖而出，首先得益于对受众的心理细分策略。“亲子互动”是当代独生子女家庭凸显又普遍存在的新需求，以此定位真人秀节目的选题“生产”了最大的潜在受众群。其次是明星效应延伸到对“星二代”的关注本在情理中。最后是人们普遍具有窥私好奇、求知求真等心理需求。

## 二、受众接触媒介的动机与状态

### （一）受众接触媒介的动机

人们为什么要接触媒介？前面有所表述，为了获得真实生活中亲身感触和体验不到的东西，丰富自己的生活阅历。得益于传媒技术膨胀式的历史发展，

“鱼”已经不知道自己是湿的了，当代人们已经产生了对媒介的绝对依赖性。人们不仅仅是寻找有趣的信息消遣娱乐，更重要的是来自内心，生发于人的心理需求，这种绝对依赖性主要体现在：

（1）求新心理：由于视听疲劳，人们容易被新、异所吸引，如对新闻需求的绝对性。

（2）求知心理：信息与文化一脉相通，人们的求知欲与后天教育成正比增长。

（3）情感需求：人们需要人际交往与交流，这是人的社会本质决定的天性。

**（二）受众接触媒介信息的状态**

以个体视角考察媒介信息对受众的影响，需要辨析什么情况下受众发生了媒介信息的接触，之后受众是否注意，因为接触与注意是不同状态；然后进一步分析受众真正接触信息后继续发生的状态。詹姆斯·波特在《媒介素养》一书中将受众与媒介信息分为“接触与注意”，以及之后的“接触状态”两大阶段，并对每个阶段继续细分出不同状态。①

第一阶段，接触与注意状态。以媒介素养的观点，“接触”与“注意”是需要严格区分的不同概念。“接触”有连续的三种类型：身体的、感知的和心理的。

（1）身体接触：指最基本的亲临状态，信息与人要在某个时段占有相同的物理空间。

（2）感知接触：指人的各感官接收相应感觉输入符号的能力，感官是有局限性的。

（3）心理接触：指某些符号元素进入了人脑并留下痕迹，人能够意识到它的存在。

当媒介受众完成了接触信息的以上三种情形之后，才开始对在大脑里留有的痕迹符号元素有意识地进行关注，这才是“注意”的内涵。因此“注意”的发生是偶然的，有时即使对某些信息产生了关注，注意力也会被牵扯到其他事物上，因为“在任何时刻，意识所包含的仅仅是撞击人的感官系统的很小一部分刺激。没有主动地选择，注意力就被引导或被吸引，甚至会违背本意，走向相反的方向”②。

第二阶段，接触状态。从身体接触，经过感知接触到心理接触，受众接触媒介信息经过了自动信息处理的流程。当信息接触发生了注意和停留以后，又

---

① 参见［美］詹姆斯·波特：《媒介素养》，35～39页。

② H. E Pashler，*The Psychology of Attention*，Cambridge，MIT Press，1998，p. 3.

会产生进一步的自动、留意、情不自禁和自我反省四种状态。其中每一种状态不仅专注的程度不同，而且实现了跨越，使受众个体在信息接触本质上产生完全不同的新的体验。

（1）自动状态：大脑自动导航，信息元素被身体感知，信息在潜意识中自动处理。

（2）留意状态：有意识注意到信息并积极互动，但注意力集中的程度有较大弹性。

（3）情不自禁状态：被强烈吸引到某信息中，进入媒介丧失了此信息之外的知觉。

（4）自我反省状态：高度关注并高度意识到自己是在处理信息，是意识最充分的程度。

自动状态发生在受众心理接触的前一时刻，媒介信息符号元素处于人类感觉极限以上，却在意识门槛以下，直至某些元素打破了受众的默认模式并吸引了注意，受众有意识地追踪它。留意状态发生在心理接触之后，受众关注的程度取决于他的精神资源有多少是专门用于接触媒介信息的，其程度可由部分关注到广泛关注，这取决于受众处理信息元素的数量以及分析的深度。情不自禁状态是当受众被强烈吸引，对于某信息的关注度极高时进入了信息世界，以至于丧失了要离开这一信息的意识。它与自动状态相反，忘掉了自己的真实世界，但是关注度较狭隘，人们的情绪高度参与，容易在媒介内容中迷失自我。在自我反省状态下，人们有意识地高度参与，分析、反思和判明媒介立场、真实世界和自我认知，是能够意识到社会责任的清醒状态。这是人们处在媒介素养刻度表高端时的作用状态。

受众接触媒介信息的认知过程，正是媒介接触——注意——情不自禁——自我反省状态的一个认知信息、获取意义的学习和领悟过程。媒介信息对受众心理的深刻影响是通过受众的认知过程完成的。

## 三、受众认知结构与特征

### （一）认知是人类个体心理活动的产物

“求知是人类的本性”[①]，这是古希腊思想家亚里士多德对人类的肯定。媒介受众在接触信息的过程中处于默认模式，潜移默化，谁说不是一个学习的过程呢？故此，受众的媒介接触过程也是一个对信息的认知过程。现代认知心理

---

① ［古希腊］亚里士多德：《形而上学》，1页，北京，商务印书馆，1996。

学研究表明："人类的行为并不能被视为对外部刺激纯粹的被动反应，恰恰相反，主体地选择、加工在这一过程中发挥着十分重要的作用。"①

认知是主体获取知识和解决问题的操作与能力，是人类个体心理活动的产物。"在传播中人们分享的只是符号（sign），而不是意义（meaning），意义总是属于个人的（individual）。"②受众作为信息的解读者，每个人以自己独特的心理认知结构解读、理解和判断信息，并从中学习和汲取个体所需的养分。

瑞士著名的近代儿童心理学家让·皮亚杰创立了"发生认识论"，研究了知识形成的心理结构即认识结构，以及知识发展过程中新知识形成的机制，他指出每个人在认知阶段的发展顺序是不变的，但是个体之间存在差异（见经典理论：皮亚杰的"发生认识论"）。皮亚杰提出了认知发展或建构过程中的四个核心概念。

（1）图式（schemas）：将知识形象化成为一个概念模型，通过同化或顺化达成。

（2）同化（assimilation）：将新知识和旧有知识进行类比，并做出关联。

（3）顺应（accommodation）：改变或调适旧知识的认知模型，以容纳新的内容。

（4）平衡（equilibrium）：这种形象化过程不会完全只有同化或顺化的过程，而是在两者之间找出一个平衡点，找出这个平衡点的过程就是平衡。

根据皮亚杰的发生认识论，人在接触新知识或新信息的过程中，新的认知是在主体与客体（知识或信息）相互作用的过程中完成的，主要发生在两个环节上：

第一，同化于己。即把外界的知识、发生了心理接触的信息同化为自身的认知结构，用已知的旧知识来吸收和同化新知识、新信息。

第二，顺应于境。即通过改变主体的认知结构来适应新的知识或信息情境，发生在同化于己之后，再对原有的认知结构进行调整甚至改变，这是重构新认知结构的过程。

皮亚杰从人类的生理现象、意识现象和心理现象等共同构成的认知模式中抽象出图式、同化、顺应和平衡四个概念，揭示了在接收新知识（或新信息）时人的认知发生与建构过程，人们不可能脱离过去自身的一切完成一个全新的认知建构。这样，即使在相同的信息接触时，每个人的认知与解读都会由于自

---

① 童清艳：《信息时代媒介受众的认知结构分析》，载《新闻与传播研究》，2000（4）。

② Wilbur Schramm and Willian E. Porter, *Men, Women, Messages, and Media: Understanding Human Communication*, New York, Happer & Row, Publishers, Inc., 1982, p. 60.

身的背景而有所不同。

**经典理论**

## 皮亚杰的“发生认识论”

让·皮亚杰（Jean Piaget，1896—1980），瑞士近代著名的心理学家、发生认识论创始人。他探讨了人的知识是如何形成的，以及人类的知识是如何增长的等问题。发生知识论从各种知识最基本的形式开始挖掘它们的根源，追溯它们从最初水平直到科学思想的发展过程。皮亚杰最著名的学说是他把儿童的认知发展分成以下四个阶段。

第一，感知运动阶段（感觉—动作期，sensorimotor stage，0～2 岁），靠感觉获取经验，在 1 岁左右，发展出物体恒存（object permanence）的概念，以感觉动作发挥图式的功能。

第二，前运算阶段（前运算思维期，preoperational stage，2～7 岁），已经能使用语言及符号等表征外在事物，会使用不具保留概念、不具可逆性，以自我（egocentrism）为中心，即不能区分主体与客体。

第三，具体运算阶段（具体运算思维期，concrete operations stage，7～11 岁），了解水平线概念，能使用具体物质操作来协助思考。

第四，形式运算阶段（形式运算思维期，formal operational stage，从 11 岁开始一直发展），开始会类推，逻辑思维达到较高水平，开始具有抽象思维。

皮亚杰还指出这四个阶段具有以下特色：

（1）发展顺序不变，但具有个别差异。

（2）具有普遍性（不具文化特别性）。

（3）依赖于认知发展。

（4）可普遍化为其他功能。

（5）各发展阶段都是在逻辑上有组织的整体。

（6）各阶段的顺序是自然的层次。

（7）每个阶段在思考模式上会表现出质的不同，而不仅仅是量的差异。

皮亚杰的发生认识论从理论意义上揭示了人的认知发生与发展规律。尽管是针对于儿童的研究，因认知结构基质的稳定性，这一规律也贯穿在成人一生的认知中。

资料来源：Richard J. Gerrig & Philip G. Zimbardo，*Psychology and Life*，Boston，Allyn & Bacon，2010.

### (二) 受众对信息的认知特征

认知结构是由一系列认知成分按某种方式组织起来的有机整体，具有稳定的基质。一个人从孩童到成人，并非其认知结构本身发生更换，而是在其从小形成的认知结构中由于外界信息和知识刺激不断激活各个认知元素的功能，认知元素之间在交互作用中不断完善，不断提高效率。美国认知发展心理学家约翰·弗拉维尔根据皮亚杰的认知发展理论，并以信息处理的观点研究儿童在人际社会层面中的知觉性、概念性角色替代能力的发展，指出个体认知结构具有两个显著的特征：认知结构整体各元素具有相对的稳定性和持久性，作为行为主体背后基础的认知结构具有某种共通性和潜在性。①

美国心理学家斯腾伯格于 1985 年提出了有关智力的认知理论，他针对信息加工过程，认为人的认知结构包括三种成分，即元成分、操作成分和知识获得成分。这三者在信息加工过程中各自担当不同的功能。

(1) 元成分 (metacomponent) 的功能：是最重要的成分，构成认知发展的重要基础。它指制定计划选择策略，实行监控及评估结果，并对其他两种成分进行调控的高级指挥过程。

(2) 操作成分 (performance-components) 的功能：是完成解决问题的整个步骤。它体现在完成任务或解决问题时执行各种策略的过程。

(3) 知识获得成分 (knowledge-acquisition components) 的功能：指知识习得，即学习和掌握新信息并将其贮存在长时记忆中的有关过程。它包括对特定语境下相关信息的筛选、抉择，并将新信息与记忆库中已有的知识相匹配。

个体认知结构的元成分、操作成分和知识获得三种成分之间紧密联系，彼此依存，总是处于不断的相互作用之中。操作成分和知识习得成分之间的相互作用为元成分提供反馈信息。元成分始终处于调节和控制地位。人的信息接受状况是这三种成分相互之间反复激活的结果，而非信息一方的单向作用。

受众获取信息的内在机制在于新的信息与主体已有的认知结构发生联系并相互作用，媒介信息到达受众的首要条件就是激活受众的认知结构和能力。根据皮亚杰的发生认识论和斯腾伯格的智力认知三成分等理论，受众的认知特征体现在以下几个关键词上。

第一，激活。在受众接触媒介信息的自动处理模式下，主体认知结构中的信息和知识单元能够找到相匹配的新的信息从而被激活，这是引发受众关注和注意的起点。

---

① 参见张开：《媒介素养概论》，142 页，北京，中国传媒大学出版社，2006。

第二，同化。受众个体把新的信息刺激纳入自己原有的认知格局，这个过程不是创新，不能改变人们之前的认知结构，而是一个人主动地吸收新的信息、增长见识或学习新知识的过程。

第三，取舍。受众在同化新信息的过程中会产生选择性地“取”与“舍”，用自己思维结构中的“硬核”地域（媒介素养理念以及哲学世界观、方法论等）与被信息刺激而生发的欲念博弈，做出合乎自己逻辑的信息内容取舍和价值导向判断，这是人们主动编码控制媒介信息作用的能力和表现环节。

第四，重构。受众个体受到信息刺激和环境作用引发了原有认知格局的变化，受众对新的信息进行理性取舍之后，需要调整甚至创建新的知识图式或结构，以适应新的信息、知识，即新的认知构成。适应新信息、新环境必须改变原有的认知结构。

至此，在人的认知世界里，受众接触媒介以后，媒介信息被激活，受众进行主动地选择与分析、理性地分类与判断，试图纳入原有的认知结构或图式，继而改变记忆原型并重构新的认知模式。任何成功的信息传输都要依赖受众个体的认知元素能否被激活，受众能否感知、选择和建构自身的认知图式。在人的认知结构微观系统和整个认知流程中都存在受众个体对媒介信息处理的差异性。

**小结：受众的媒介接触与认知结构**

（一）受众已经由大众转变为小众

——受众有地理、人口统计、社会阶层和心理层面等细分策略

——传媒针对小众需求创制媒介产品，以实现“生产受众”的商业化

（二）受众接触媒介信息分为两种阶段

——接触与注意阶段：有身体接触、感知接触和心理接触三种状态

——接触阶段：有自动、留意、情不自禁和自我反省四种状态

（三）受众认知与信息接受是个体心理活动的产物

——受众接受信息是通过激活自身原有认知结构的功能

——发生心理接触的信息通过同化于己和顺化于境被受众认知

——认知结构各元素具有稳定性和持久性、共通性和潜在性两个显著特征

## 第二节　受众的信息处理与个体差异

当受众接触媒介信息进入感知和心理状态、激活认知元素以后，随即进行的就是信息的处理过程，使之同化于己且顺化于境。在认知元成分的指挥与控制下，认知中的操作成分与信息成分的功能交互作用，完成信息的处理任务。以微观视角、从受众自身来看，是人的大脑内容对信息的认知和处理过程；以宏观视角、从整个传媒活动来看，是受众参与媒体的传播活动并发挥角色作用的过程。

### 一、受众的信息处理任务与解读模式

#### （一）受众处理信息的三重任务

当受众被媒介信息激活，进入感知和心理接触状态以后，即进入处理信息的认知活动流程中，要完成过滤信息、意义匹配和意义建构三重任务。①

（1）过滤信息：大脑会自动留意海量信息中影响了触发机制激活认知元素的信息。

（2）意义匹配：识别信息中的元素，从记忆中找出信息元素所对应的含义的过程。

（3）意义建构：将新的信息融入现有的知识结构中，有意识地创造对于自己的意义。

在受众接受信息的任务模式中，过滤是前提，这是媒介素养发生作用的开端。意义匹配和意义建构往往结合在一起，意义建构以意义匹配为基础，二者相辅相成。每一个任务都有自己特定的内容，见表5—1。

**表5—1　　受众信息处理三重任务的内容**

| 内容 | 过滤信息 | 意义匹配 | 意义建构 |
|---|---|---|---|
| 任务 | 决定排除哪些信息和关注哪些信息 | 识别信息与认知中哪些知识定义相匹配 | 超越意义匹配，根据新信息建构新的认知内容 |
| 目标 | 只获得对某人有用的信息，忽略其他 | 有效进入之前的认知结构，找到相关知识构成 | 通过扩大解释意义的范围诠释信息，选择意义 |
| 焦点 | 处在不同环境、语境中的该信息 | 该信息中隐含的意义 | 受众自身的知识结构如何更加完善，有个性 |

① 参见［美］詹姆斯·波特：《媒介素养》，32页，北京，清华大学出版社，2012。

人们接触媒介，无论是在有意识还是无意识状态都要处理信息。大多数时候人们是在无意识状态下开启大脑自动导航系统过滤信息，并完成信息意义的匹配和建构的；有时则意识非常清醒，能发挥批判性思维效能的自觉控制作用，理性处理信息，这是媒介素养的积极作用。

**（二）受众处理信息时的角色参与性**

从宏观视角分析受众处理媒介信息，这也是受众作为传播客体参与传媒活动、完成传播现象的过程。在这一过程中，受众以下列多重角色参与传媒的传播活动：

（1）传媒产品的消费者：受众付出时间和金钱上的成本，消费媒介产品。

（2）传媒符号的解码者：受众以个体认知进行识码和译码，解读媒介内容。

（3）传媒活动的参与者：受众选择性接触媒介，选择性关注和理解媒介内容。

（4）传媒效果的反馈者：受众利用媒介平台发声，参与信息创作和交流互动。

**（三）受众对媒介信息的解读模式**

关于受众处理信息的解读模式，英国著名文化学者斯图亚特·霍尔提出过三种假设，至今依然影响着业界对这个问题的研究。作为传媒编码与解码的一大经典理论，霍尔1973年在《电视话语的制码与解码》中提出了受众解读信息的三种假设的解码立场①，表明受众媒介信息的解读与知识建构同样复杂。霍尔提出的三种假设模式为："主导—霸权性解码"、"协商性解码"和"对立性解码"。他强调了受众的主动的、积极的地位，将传者和受众的关系放在平等地位上，回归了受众在媒介信息传播的本原地位，故此这一关于电视话语的解码理论被后人看做霍尔最大的成就。至今，在研究受众解读信息的模式上，人们继续沿用着这三种模式，将其定义为偏好的或合意的解码、协商的解码和对抗的解码，三者绝不是分离的，它们之间互相联结，其内涵如下：

（1）合意的解码（preferred reading）：取向于编码者预设的主导意义给予解读。

（2）协商的解码（negotiated reading）：取向于在同意与否定之间协商意义的空间。

---

① 参见王磊：《电视话语制码解码的三个阶段——重新解读霍尔的电视话语制码解码理论》，载《当代传播》，2003（2）。

（3）对抗的解码（oppositional reading）：取向于与编码者相反的媒介符号意义。

20世纪80年代后，越来越多的学者关注协商性，也称抵抗性解读，即受众利用文本的模糊性和多义性，生产符合自己立场的定义以抵制传播者预设的意义。解读模式走向趋同并倾向于创造。21世纪以来，传媒更加多元化，批判性解读渐成主流。抵抗性已经不够，受众把解读提升到快感状态、以更多的认知自由摆脱文化工业已成为传媒文化的主角。于是有人提出了第四种解读方式："创造式解码"[①]。这种方式趋向于自我表达和自我创造，更适合新媒体环境下的互动式文本内容（见案例5—2）。

**案例 5—2**

## 从"杜甫很忙"看受众解读

2012年3月，名为"杜甫很忙"的话题在新浪微博掀起一阵"恶搞"之风，有关杜甫各种再创图片、视频通过微博、贴吧等社交网站疯狂流传，引发网络热潮和集体围观。有网友提醒：创作时也要考虑杜甫的身份地位，应该尊重传统文化；也有专家言：实际上历史上的杜甫就有种自我戏谑、调侃的精神。无论如何，这场协同创意堪称网友的"解构经典"，如下各图。

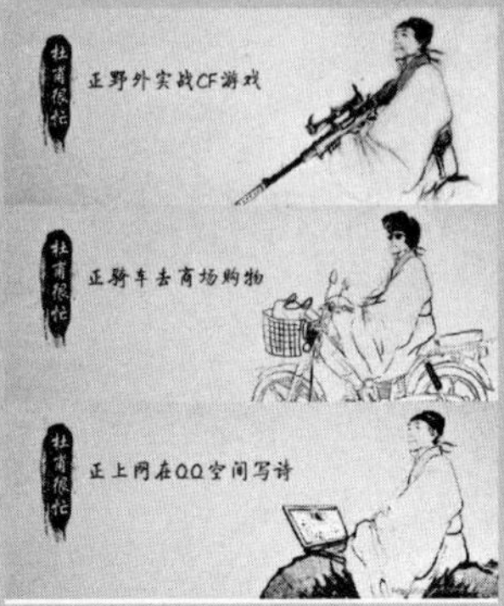

"杜甫很忙"（右为原图与最初涂鸦）表现在以下几个方面。

（1）课本上杜甫插图最早被高中生涂鸦成各种形象，在微博上疯转，乃至中学课本脱销，网友热捧。

（2）各种涂鸦中杜甫时而扛机枪，时而iPod，身骑白马，脚踏摩托，吃洋快餐，玩转千元安卓机。

（3）众多网友涂鸦的作品被网友戏称为"杜甫很忙"，其中很多构思都是网友对自己儿时的回忆。

① 黄鑫：《新的博弈——再度霍尔的编码/解码理论》，载《新闻传播》，2013（4）。

资料来源：百度百科：《杜甫很忙（涂鸦现象）》，2014-08-16。

**反思：**

（1）中学生对杜甫这位历史文化名人的最初涂鸦，为什么能引来题材广域的再创作？

（2）一项中学课本的内容为何引发众网友的疯狂转发，而且出现群体性创造性解码？

（3）社交媒介本身就是话题空间，为何一张插图的涂鸦能够引发出一场网络狂欢？

**结论：**

（1）一个人一种联想，从“杜甫很忙”看受众个性差异化——唤起儿时不同记忆的解读。

（2）受众被了解并有趣的内容“激活”了，“杜甫很忙”验证了认知元素参阅解读模式。

（3）享受媒介消费的快感是当代受众的新追求，使阅读变成“悦读”，以消遣且快乐的心态参与媒介生活，成为当代人释放各种身心压力缓解自我的良方。

## 二、受众的个体差异

### （一）受众的个体差异性

受众的个体差异性即指由于每个人的自身经历与教育背景不同，个体之间的认知心理结构千差万别，在感知和解读媒介信息时各带自身的倾向性，对信息有不同的接收行为和影响结果。媒介信息一般都包含两个层面：表层信息和深层信息。一般认知水准和媒介素养较低的受众接收的是表层信息；具有较高认知水平和媒介素养的受众才可能解读到深层信息并控制其对自己的影响。个体的差异性对于受众细分是极为重要的考量。

受众个体差异是一种客观存在，这是由于引发和影响受众个体差异的因素具有客观性，从而导致媒介信息接收能力的差异化。决定受众个体差异的一般因素如下。

（1）地域/家庭的文化因素差异：来自地域或家庭的文化氛围和背景的不同。

（2）受众心理因素差异：来自不同环境下其心理认知结构和社会经验的不同。

（3）受众需求因素差异：来自多元化社会以及人们个性习惯信息需求动因的不同。

（4）人口统计因素差异：来自性别、年龄、教育程度及收入等基本因素的不同。

以上决定受众差异性的主要因素发生综合作用，会影响受众个体对媒介信息的接触与认知过程，从而形成制约受众理解信息的几大关键要素，主要表现为：

（1）心理预设：在解读信息前根据自身经验而预先设定了信息内容的应有倾向。

（2）文化背景：在理解信息时打上自身行为、观念、习惯、性情等文化模式的烙印。

（3）动机：受众接触媒介的动机对理解和解读信息具有一定的影响和制约作用。

（4）情绪：受众总是处在某种情绪中接触和理解信息，不同情绪导致不同的理解。

（5）态度：受众对媒介信息的认知最终还是决定于解读信息时所持有的态度。

以上影响因素是在共时态下作为受众个体存在的差异性，以及由此形成的受众解读和理解信息的制约要素，在受众个体间有一定的比较意义，对于受众细分策略的选择有市场价值。此外，以历史的研究方法，还需要了解在历时态下受众对于信息传播的反应以及传媒效果差异，这仅属于媒介素养的知识范畴。

**（二）受众对传播信息的反应规律**

以历史的方法研究受众对媒介信息的反应，是从宏观视角、以传播客体的定位将社会公众看做一个整体性对象加以分析。受众总体在不同历史时期体现出了不同的规律。

1. 受众关注信息的选择性定律

这一定律是针对受众接触和认知媒介信息而言的，包括三层含义。

（1）选择性接触：又称选择性注意，即尽量接触与自己观点吻合的信息，实现过滤。

（2）选择性理解：受众总是依据自己的价值观和认知模式解读所接触的信息。

（3）选择性记忆：受众根据自己的需求选择有利用价值的信息储存在大脑的过程。

2. 两级传播理论

这是传播学的经典理论之一，其理论的核心是“舆论领袖”概念。“舆论领袖”又称“意见领袖”，指在媒介信息传播中表现活跃的一小部分受众（如新浪微博的大V们）。他们更为关注信息动态，经常向广大的受众提供相关信息。他们与媒体也有较密切的关系，借此更早地向其他受众发布信息。所谓两级传播，指的就是信息先由媒体传播给舆论领袖，再由舆论领袖扩散给广大受众。有时候舆论领袖更能影响其他受众。由于信息是通过两次传播到达整个受众群体的，故称“两级”。

这一理论提醒传播主体应该注意“舆论领袖”的影响力和作用。在当代社会性媒介平台上，“草根”族的崛起，既是对传统“舆论领袖”的挑战，也是新的影响力代表，为广大受众提供了更平等的“意见领袖”机会，“加粉”现象如是。

3. 创新扩散理论

这一传播理论是由“两级传播论”派生的，这里的“创新”等同于“舆论领袖”的意义。创新扩散论是指一种新事物，如新观念、新发明、新技术、新语言、新符号等在社会系统中的自发扩散和自由推广，这实际上就是一个传播过程。

“创新”本身具备这样的影响力。一旦创生就可能受到社会公众热捧，这是人类求新求异的本能决定的，新事物、新时尚能迅速扩散自发传播，此起彼伏新潮不断，我们的世界看起来雷打不动，但只要你找对一个点，它就可能被引爆。[①]

① 参见［美］马尔科姆·格拉德威尔：《引爆点：如何制造流行》，10页，北京，中信出版社，2009。

今天，创新扩散理论已经成为企业市场营销的主要策略之一。这一源于社会实践的理论以规律的普遍性被传媒和各类企业用做制造热点、吸引眼球、拉动市场、引发受众的手段，借此达到创生流行文化或传播品牌和销售商品的目的（见当代词注：引爆点）。

**当代词注：引爆点**

引爆点即引爆流行之意，源于美国媒体撰稿人马尔科姆·格拉德威尔（Malcolm Gladwell）在2000年出版的《引爆点》一书。格拉德威尔的实验证实，一个新的潮流来临之前一定存在一个引爆点，要制造潮流，就要抓住引起潮流的原因，哪怕是微小的元素，这就是引爆点。格拉德威尔创造了“引爆点”和他的流行三法则，至今成为商业理论的新经典，他本人在2005年也由于此观点被《时代》杂志列入世界最有影响力的100人名单中。格拉德威尔提出引爆流行的三个法则如下。

（1）个别人物法则，即引发流行需要三种人：发展人脉的“联系员”；处理业务琐事的“内行”；将有价值的信息推广出去的“推销员”。因为他们交际广泛、能解决专业问题、是最有力的说服专家。这些个别角色是发起流行的条件。

（2）附着力因素法则，即流行物本身应该具备一定的要素。如让人过目不忘，能够留下深刻印象的吸附力，或生动有趣、简约易行且言简意赅、戳中要害等。

（3）环境威力法则，即强调发起流行的环境及其重要性。清洁的道路更容易让人行为端正，而充满涂鸦的地铁更容易成为滋生犯罪的场所，也就是破窗原理。

资料来源：［美］马尔科姆·格拉德威尔：《引爆点：如何制造流行》，北京，中信出版社，2009。

4. 传媒对受众影响效果理论

这一理论是从时间脉络上揭示从大众传媒开始的传播，在不同的历史时期，对受众的作用是不同的，即由强不断变弱。其主要有三种理论：

（1）中弹即倒论——于早期，传媒信息像射出的子弹，受众如靶击中即倒。

（2）联合御敌论——于后期，受众具备了抵御心理，传媒信息说服力减弱。

（3）使用与满足论——于当今，受众根据需求“自助餐”式的选择传媒信息。①

**小结：受众的信息处理与个体差异**

（一）受众信息处理任务与角色参与
——三重任务：过滤信息 ＋ 意义匹配 ＋ 意义建构
——角色：产品消费者＋符号解码者＋活动参与者＋效果反馈者
——解读模式：合意性的＋协商性的＋对抗性的＋创造性的
（二）受众的个体差异性
——个体差异因素：地域/家庭文化＋心理＋需求＋人口统计
——受众对信息反应规律：选择性定律、两级传播理论、创新扩散论
（三）传媒对受众的传播效果理论
——中弹即倒论、联合御敌论、使用与满足论

**本讲课业**

● 思考：1. 创造小众需求与“生产受众”的关联性。
2. 描述受众面对媒介信息时其身体、感知和心理接触的三种状态。
● 阐释：受众的认知结构在解读媒介信息时如何同化于己和顺化于境？
● 反思：在接触媒介信息后，你经常处于四种接触状态中的哪种？

解读：在进入接触信息阶段以后，人们常呈现出自动、留意、情不自禁和自我反省四种状态，选择各种传媒讯息进行解读，分析针对不同的信息你能进入哪种状态。

课业辅导：安排半个小时到一个小时的时间，浏览媒体多个传媒资讯，然后反思：

（1）首先把你在这段时间浏览的资讯标题记下来，最好在不同的媒体选取10则以上。

① 参见丁俊杰、康瑾：《现代广告通论》，176页，北京，中国传媒大学出版社，2007。

（2）回顾你对于这10则（或更多）资讯分别进入的接触状态，要求四种状态都能出现。

（3）是什么资讯让你分别进入自动、留意、情不自禁或自我反省状态的？结合媒体归纳。

（4）比较二者真实性的“滑块”哪个更接近于真实性，也许不很明显，因传媒内容而异。

## 本讲阅读

1. ［加］文森特·莫斯可．传播政治经济学．上海：上海译文出版社，2013.

2. ［美］马尔科姆·格拉德威尔．引爆点：如何制造流行．北京：中信出版社，2009.

3. ［英］丹尼斯·麦奎尔．受众分析．北京：中国人民大学出版社，2006.

4. ［美］菲利普·M. 南波利．受众经济学．北京：清华大学出版社，2007.

5. 赵月枝．传播与社会：政治经济与文化分析．北京：中国传媒大学出版社，2011.

6. Pashler. H. E，*The Psychology of Attention*. Cambridge：MIT Press. 1998.

# 第六讲　当我们不需要纸时还需要报吗

## ——报刊媒介素养

**本讲要义**

* 报纸的“意”与“涵”
* 报的“品性”何在
* 期刊的品牌影响力如何炼成
* 数字报刊还是报刊吗

报纸即“报”＋“纸”。也许哪天人们不再需要纸了，但我们永远需要“报”！报纸可以退，但新闻的深度报道永远有价；讯息再泛滥，优质的信息永远有求。媒介越新，“报”的品性就越稀缺越珍贵！

——笔者感悟

在传统媒介素养模块中，这一讲本是对应“书报刊”等平面媒体。在当代，由于报刊媒介的电子形态化与数字化，以平板电脑和智能手机为媒介载体的数字报几乎颠覆了纸媒报刊的媒介地位，如果仍以“平面媒介”概念诠释当代报刊媒介显然不适切了。于此，我们仅选择平面媒介里最具典型意义的“报”与“刊”作为代表，阐述相关平面媒介的素养问题，其他如“书”、“海报”等媒介载体有相类似的地方，不再赘述。

## 第一节　新闻纸与数字报

报纸是人类社会第一种用来传播信息的专业化媒介。毋庸置疑，媒介内容的鼻祖是新闻。从全球看，关于传媒的经典学说以及理论著作几乎都生发于报纸流行的年代。那些年代有新闻原则、有新闻操守、有新闻伦理、有报童、有报馆，新闻人的总体形象刚正不阿、正义凛然，俨然是公正、真理的化身。报纸是“newspaper”，即新闻纸，意味着报、报纸、报馆、报界、报业，意味着新闻工作。在传媒的历史演进中，报媒机构经历了与互联网企业的联姻，经过了数字化转型，经受了移动多终端数字化资讯的冲击，尽管还称做了“数字报”，但是，“报”的属性还存留下多少？当代的“数字新闻”与传统的“报纸新闻”在内容、风格上有什么差异？除了传播介质之外，这种差异是否使传统“新闻纸”的意义和性质面目全非？以上，不求答案标准化，只求思考、反省。

## 一、报纸与新闻纸

对于我国的“90后”、“00后”，以及今后的若干代新新人类们，有“报纸算老几”这个态度并不足为怪。因为在他们成长经历的岁月中，一直陪伴左右的是PC互联网、平板电脑和智能手机，他们可能只听到过一些报刊销售店（paper shop）被强拆的资讯。然而持有如此态度的确有失公允。其实如果需要给报纸找个定位，以下的比喻可能较为适当：

报纸——当之无愧的“老大”

杂志——知心可亲的“大哥”

广播——能言善辩的“大姐”

电视——贴心善变的“新宠”

电影——风情万种的“女子”

互联网——年少轻狂的“内弟”

手机——人见人爱的“小妹”[①]

这些我们熟悉的媒介表征，它们有“品”，也有“相”，在众媒介这个大家族中相互“戏谑”着。报纸是老大！业界专家授予实它这般地位实不为过，还是让历史告诉未来。

### （一）报纸的诞生与意义

世界新闻史上第一家真正意义上的报纸产生于17世纪的德国。1605年，诞生了世界上第一张“报纸”。1615年，由艾莫尔创办了著名的《法兰克福新闻》，每周一期，每期刊登数条新闻，[②] 从此使报纸的新闻性和周期性稳固下来，成为人们认知世界的重要媒介工具。1650年在德国莱比锡出现了最早的

① 参见单晓红：《媒介素养引论》，目录页，杭州，浙江大学出版社，2008。

② 参见陈力丹：《世界新闻传播史》，90页，上海，上海交通大学出版社，2007。

日报《新到新闻》，虽然只生存了3个月左右，却是世界上第一份日报。18世纪以后，日报逐渐普及成为报纸中的主角。日报的连续出版，对信息的采集和发送、印刷技术、新闻人员的素质和管理人员的水平，都提出了较高的要求，标志着一个国家或地区的新闻业得以成熟。可见，全球新闻业的发展建筑于报纸媒介发展的基础上。

西方国家的报纸在20世纪前大多经历了三个发展时期：官报、党报和商业时期。19世纪末到20世纪初，大众化报纸在报纸总体中占据的份额越来越大，大众传播时代到来。关于早期西方国家报纸的发展，见背景知识：20世纪前西方国家报纸发展简述。

**背景知识**

## 20世纪前西方国家报纸发展简述

世界上第一张报纸是什么？诞生在哪个国家？迄今仍有不同的声音，也有学者认为最早的报纸就是中国古代的“邸报”。这里我们没有能力一一考证，只是把学界和业界较为公认的说法列示如下，旨在了解20世纪以前西方报纸的发展脉络。毕竟，报纸是传媒的鼻祖，是夯实新闻业发展的载具。

(1) 公元前59年，古罗马政治家恺撒把罗马市以及国家发生的事件书写在白色的木板上，告示市民，这便是世界上最古老的“报纸”。

(2) 有记载说，欧洲第一份报纸是1358年在挪威问世的，但也缺乏考证。

(3) 1450年前后，德国人古登堡发明了金属活字印刷技术，于是印刷的报纸开始在欧洲发行。

(4) 1493年，罗马印制和发行的第一份报纸上登载了哥伦布航海发现新大陆的消息。当时报纸并非天天出版，只在有新的消息或发生引人注目的大事件时才临时刊印发行。

(5) 1609年，德国发行了定期的报纸，据《大英百科全书详编》(1980年版，第15卷，236页)记载，索恩在德国出版《艾维苏事务报》，每周出版一期，这是在过去的很长时间里较为公认的世界上第一张定期出版的报纸。但是最近，一份1605年印刷的请求书被世界上最著名的印刷博物馆之一——德国古登堡印刷博物馆——发现，这份馆藏的珍稀文物证实了世界上最早的报纸德国《通告报》(*Relation*)在1605年以前就已经出现。

(6) 1615年，德国艾莫尔创办的《法兰克福新闻》因为有固定名称、每周定期出版一期、每张纸上印有数条而不是单条新闻，被视为第一张“真正的”报纸，尽管它是单面印刷的。

(7) 1631 年，法国出现了第一张持续出版的周报《公报》，创办人是勒诺多。

(8) 1650 年日报首次发行，在德国莱比锡出现了最早的日报《新到新闻》，是德国人蒂莫特·里兹出版的。第一份日报仅生存了三个月。直到 18 世纪，日报才普及起来。

(9) 1665 年，在英国第一家报纸《牛津公报》上，最早出现了“报纸”的英文“Newspaper”一词。当时英国的报纸是由于发生了政治事件才得以发行。

(10) 1704 年，美国独立前出版了第一张报纸，是由波士顿邮局局长发行的《波士顿新闻信札》。

(11) 1907 年，英国的《每日镜报》首次刊登了照片，取代了图画。

西方发达国家的报纸大多经历了三个发展时期，便进入与电子媒介市场的竞争。

第一，官报时期：报纸对于封建王权主要是政治斗争的宣传品。

第二，党报时期：相当多的报纸从属于各个政党或派别，宣传各自利益；也存在较大的有明显政治倾向的商业性报纸。报纸价格便宜到本国货币的最小单位（美分、便士）。

第三，商业时期：以营利为主要目的，最大限度地争取公众，为扩大发行量，报纸除强化平民新闻外，还增加了娱乐内容。这一阶段电子媒介渐起，为了竞争重视深度报道。

在商业与产业化的历史进程中，西方报纸在 19 世纪末完成了“大众化”，报纸不再接受党派津贴而转为自由出版，独立经营，以各类信息服务为主，并给广大读者，包括社会各界人士以充分的言论表达自由，逐渐成为“社会公器”，起到舆论监督的作用。

资料来源：参见陈力丹：《世界新闻传播史》，上海，上海交通大学出版社，2007；百度百科：“报纸（大众传播信息印刷出版物）”。

中国报纸在古代的产生、在近代的演变以及在当代的发展，都与中国社会的历史变迁密切相关。与西方报业类似，中国报纸在 20 世纪经历了与电子媒介的竞争；在 21 世纪，与西方报业几乎同时遭遇了互联网以及数字移动新媒介的挑战。

古代的中国，早在唐朝就出现了“邸报”，以传递皇宫朝政的诏旨和奏章，成为官方传递政治信息的工具。“中国著名新闻史学者戈公振在他的名著《中国报学史》中首先提出了‘汉有邸报’的说法，但说得不十分肯定，后来在一些学术演讲中才逐渐趋向于肯定。”① 尽管“邸报”不是近代真正意义上的报纸，但是已经具备了信息采集与传报，民间报房翻印，广大官吏、学者、平民都能阅读的“雏形”现象（见当代词注：邸报）。故此有学者认为，世界上最早的报纸就是中国的“邸报”。

**当代词注：邸报**

通过对中国报纸及新闻史的研究，我国一些学者认为，唐代的“邸报”就是我国最早的报纸。早在距今 2 000 年前，中国就出现过类似的文书抄本，是当时朝廷官府用以抄发皇帝谕旨和臣僚奏议等文件及有关政治情况的刊物，称为“邸报”。它具有报刊的某些特点，可认为是最早形式的“政府公报”。原藏于敦煌莫高窟的唐代“进奏院状”，是中国已知的最早的一份手抄邸报，距今已有 1 000 多年了。

“邸”本来是指古代朝觐京师的官员在京的住所，早在战国时就出现了，也有人说始于西汉。“邸”后来作为地方高官驻京的办事机构，为传递沟通消息而设，由此而有“邸报”之称。“邸报”又称“邸抄”，另有“朝报”、“条报”、“杂报”之称，是用于通报的一种公告性新闻，专门用于朝廷传知朝政的文书和政治情报，属于新闻文抄。“邸报”的内容主要包括皇帝的诏书命令，起居言行，中央政府的法令、公报，官吏任命、赏罚的消息和大臣的章奏文报等。“邸报”的发布要受到朝廷官府的严密控制。在不同的朝代，“邸报”也衍生出不同的称谓。

（1）唐代：别称“杂报”，是开元年间发行的邸报，为雕版印刷，质量不高，本身无报名，因发行时的年号是在开元年间，后人便称其为“开元杂报”。

（2）宋代：称谓很多，有“邸报”、“朝报”、“邸抄”、“进奏院状”、“状报”等，“邸报”是其中最通用的称呼，大部分是手抄的。

（3）明末：活字印刷术开始用于“邸报”印刷。清初顾炎武说：“忆昔时‘邸报’，至崇祯十一年（1638 年）才有活版。”

（4）清代：“邸报”普遍采用活字版印刷。因为用木活字印刷，印刷质量不佳，有的字体歪斜、墨色漫漶，校对也不够精确，错字较多。但因内容

① 方汉奇等：《中国新闻传播史》，4 页，北京，中国人民大学出版社，2009。

新颖，销量居然不错。西方印刷术传入后，我国遂改用铅字版印刷。

资料来源：方汉奇等：《中国新闻传播史》，北京，中国人民大学出版社，2009。

近代的中国，报纸是西学东渐的产物。真正意义上的报纸是由英国伦敦布道会传教士马礼逊和米怜于1815年在马六甲创办的《察世俗每月统计传》，这是中国的第一份中文报纸。鸦片战争以后，外国人在治外法权的保护下，先后创办了《万国公报》、《字林西报》、《申报》等一大批中文和外文报纸。尽管外国人把报纸带到中国的最终目的是为了传教或控制中国人的思想和经济，但报纸毕竟是一种先进的传播媒介。以传递新闻、发表意见和监督政府为主要功能的新型报纸的出现，改变了中国官报（邸报）独占的格局。

19世纪70年代以后，受西方思想的影响，中国有识之士开始自办报刊，其中历史最悠久、影响最大的是1874年王韬主编的《循环日报》。有关栏目几乎每期都刊登一篇政论，以评说中外时政、阐述国人面临的严峻形势、揭露外国侵华野心、论述中国富强之道、传播自强精神，这份报纸开创了中国报纸的政论传统。随后《中国日报》、《中央日报》等代表不同党派体系观点的报纸先后问世，其中办报经费主要来自政治团体的捐助或政党津贴，报纸出版以传播政党的观点和主张、为政治的胜利宣传造势为主要目的。

经过简要回溯历史，不难看到，古代社会的“报纸”或不是纸质的，或不是印刷的，或非定期连续发行，在一定意义上也不是面向公众的，实则不是真正意义的报纸。现代意义的报纸起源于德国17世纪，当时出现了有固定名称、定期出版、每张纸上印有数条而不是单条新闻的报纸，形成新闻制作与出版能力，才稳固了作为报纸专业传媒的性质。

报纸的含义首先关涉对报纸基本的定义。迄今各类辞海、词典、百科全书及学界权威众说不一，在新媒介环境下又开始探讨新的定义或重新定义。但是各家表述几乎都指向了四个元素：现代报纸的媒介内容、出版周期、载体物理属性和发行对象。如果将它们组合起来，就是报纸的定义。

第一，报纸以刊载新闻和时事评论为主要内容，也可以登载其他资讯或内容。

第二，报纸是定期出版的，可以是日报、早报、晚报、周报等，周期不一。

第三，报纸是有固定名称、散页印刷、不装订、没有封面的纸质印刷出版物。

第四，报纸是面向广大社会公众定期、连续、公开发行的。

报纸在人类社会传播媒介的发展进程中被历史赋予了鼻祖的意义，它是所有专业性的传播媒介中的第一个媒介形态。报纸的传媒价值正是由于其古老的历史和悠久的传统，以及与新闻报道、新闻资讯天人合一的自然关系，而超越了其他任何一类传播媒介。

报纸的意义表现在如下几个方面。

（1）报纸开启了传播媒介的专业化时代。

（2）报纸开启了大众传播时代。

（3）报纸开启了拥有广大社会公众的大量、公开发行的时代。

（4）报纸开启了反映和引导各阶层社会舆论的媒介功能时代。

**（二）报纸的品性与职能**

纵观历史，报纸的新闻属性与生俱来。报纸被作为传播资讯的工具、作为传播党派观点和政治斗争的宣传品，19 世纪末才由小众走向大众，20 世纪以后才逐渐进入商业市场，后来成为吸引广告商投资的商品。可见，传播媒介被带上“商品化”标签，并不是发于报纸，而是源自具有娱乐天性的电视。那么，报纸的品性和标签又是什么呢?

历史初期的报纸和杂志是混同的，有新闻，也有各种杂文和文学作品等，简单装订成册，于是通常笼统地称为“报刊”。英国、法国、中国早期的“报刊”概念便是在这个意义上使用的。英国和法国从 18 世纪起，报纸与杂志开始明显地分离，中国在出现现代报刊后大约 20 年，报纸和杂志的分野逐渐明确开来。

学界和业界对传媒的研究启于报纸（或报刊），关于传播学的起源以及学科建设，关于传媒、媒体、新闻的研究成果集中爆发于 20 世纪中期，几乎都是建构在“报纸媒体”和“新闻职业”这两个实体的对象性研究上。其中对媒介素养有举足轻重意义的是 1956 年由伊利诺伊大学出版社推出的美国新闻传播学者撰写的理论著作 *Four Theories of the Press*（引进我国后，1980 年中文版译为《报刊的四种理论》，2008 年版译为《传媒的四种理论》）。“四种理论”从宏观视角揭示了新闻媒介与社会的关联，提出的“传播的社会责任论”一经问世便被世界同行广泛采用，被学界誉为“填补了大众传播文献的空白”[①]

① ［美］弗雷德里克·S·西伯特等：《传媒的四种理论》，译者序言 1 页，北京，中国人民大学出版社，2008。

（见经典理论：传媒的四种理论）。抽绎“四种理论”的精髓又寻到其渊源：《一个自由而负责的新闻界》[①]——由美国新闻自由委员会发表的著名报告。在这份报告中，我们终于找到媒介素养刻度表上的最高端——“社会责任感”——在实践与理论交汇的渊源。

**经典理论**

## 传媒的四种理论

报刊的四种理论是由美国的三位新闻传播学者提出来的。1956年，伊利诺伊大学出版社推出了由弗雷德里克·S·西伯特（Frederick S. Siebert，1902—1982）、西奥多·彼得森（Theodore Peterson，1918—1997）和威尔伯·施拉姆（Wilbur Schramm，1907—1987）三位教授撰写的《报刊的四种理论》（*Four Theories of the Press*）一书，研讨了在不同社会政治制度下对新闻媒介的控制和新闻自由问题。该书出版后，“四种理论”不但在美英等国被当做教科书，还直接影响并指导了其后新闻学研究的内容和方向，得到美国新闻界行业组织的赏识，美国新闻学荣誉学会曾授予其研究奖章。其中“报刊”一词实则指一切大众传播媒介，书中阐述了世界各国的新闻传播制度与其社会政治制度是一脉相承的，基本上可分为集权主义、自由主义、社会责任理论和苏联的共产主义四种理论。

第一，报刊的集权主义理论。这是人类传播史上第一种也是最古老的传播制度理论，其代表是马基雅维利的《君主论》。它认为报刊是国家的公刊，必须对当权者负责；大众媒介统一步调，国家才能顺利地为公众的利益服务；在某些情况下，集权原则要体现人民的意志，维护国家利益，就必须严格制约自由讨论和信息的传播。应对报刊严加控制和审查，对违反有关规则的应加重处罚。这一理论本身在当今的大多数国家已被摒弃。

第二，报刊的自由主义理论。这一理论兴起于资产阶级革命年代，其代表是弥尔顿的《论出版自由》。它认为不管观点是否正确都应该出现在报刊上自由讨论。尽管可能错误压倒正确，但真理在历史长河中不断吸取力量，只有在各种意见展开“自由而公正”的竞争中才能产生和发展，最终将战胜谬误。反对对新闻活动实施任何形式的限制，倡导让新闻媒介随意报道任何事实。这种

① 参见［美］新闻自由委员会：《一个自由而负责的新闻界》，北京，中国人民大学出版社，2004。

理论本质上体现自由资本主义时代的特征。

第三，报刊的社会责任理论。这一理论是对自由主义理论的修正，其代表是美国新闻自由委员会1947年的《一个自由而负责的新闻界》报告。它认为职业传播者应遵循公认的道德准则和职业标准，不会为金钱而去做某些事，切实关心公众利益和国家利益。

第四，苏联的共产主义理论。这一理论实为集权主义和自由主义理论的集合体。施拉姆认为，苏维埃国家的大众传媒是国家和党的工具，几乎是专用于宣传和鼓动。传播者被强制要求承担严格的宣传责任，它们由国家经营和控制，自由和责任连在一起。麦奎尔则认为，苏维埃的大众传媒理论并不赞成自由表达，但它建议传媒发挥积极作用，重视文化和资讯，重视经济和社会发展的任务。这一理论“在它的祖国也被抛弃”。

资料来源：［美］弗雷德里克·S·西伯特等：《传媒的四种理论》，北京，中国人民大学出版社，2008；郭庆光：《传播学教程》，北京，中国人民大学出版社，2011。

《一个自由而负责的新闻界》是美国新闻自由委员会以团体的名义发表的。1943年，时任美国芝加哥大学校长的罗伯特·M·哈钦斯（Robert M. Hutchins，也有译为霍金斯）接受了美国时代公司（Time，Inc.）亨利·卢斯的建议和资助，亲自挑选了12名成员组建委员会，投入对美国新闻自由的现状和前景展望的调查与研究工作。委员会成员阵容强大，汇集了当时哥伦比亚大学、哈佛大学、耶鲁大学等美国著名学府在哲学与伦理学、人类学、经济学、历史学、政治学和法学等领域的权威专家，他们研究了当时美国的报纸、广播、电影、杂志和图书等主要传播媒介状况，对新闻界的良知、责任，以及这些责任对于形成公众舆论的益处进行了讨论，最后由委员会13位学者共同起草了研究报告。今天，这一研究成果已经成为新闻乃至整个传媒领域学术发展的里程碑。该报告阐述了媒体自由与责任的相互关系；指出新闻机构的自由应以推动民主政治、承担社会责任为目的，如果新闻机构逃避它的社会责任则意味着将丧失自由。该报告呼吁新闻机构要从道德、民主和自律方面改进工作。1947年3月，以《一个自由而负责的新闻界》为题的总报告正式出版，主旨如题，其中对新闻界提出了五项要求。①

第一，新闻应该是“一种就当日事件在赋予其意义的情境中的真实、全面和智慧的报道”。即一则理想的新闻应该对事情做真实、正确而完整的报道并

① 参见［美］新闻自由委员会：《一个自由而负责的新闻界》，11～16页。

赋予其意义，不但对事实报道，还要关注背景、语境，纵观大局，以“智慧”谨慎处理可能的负能量。

第二，新闻媒介应该是“一个交流评论和批评的论坛”。即媒介应呈现人们对事件的真实反映，各方声音都有所体现，使媒介成为受众意见交换和公正讨论的园地，形成一个可以交换意见、讨论分歧及理性批评的氛围和平台。

第三，新闻报道应该是“对社会群体的典型画面的投射”。即媒介应反映社会各群体的真实情况，各方面的事实存在都有所体现，不可失之褊狭，新闻报道应具有典型性。

第四，新闻报道应包括“对社会目标与价值观的呈现与阐明”。即新闻报道应阐明对事件评论的社会目标及价值标准，使媒介受众有信心、有尺度，建立积极健康的心态解读传媒内容。

第五，新闻媒体应该使受众“充分接触当日消息”。即媒体有能力提供充足、必要、能够满足社会大众多方面需求的最新讯息，并做出最充分而周全的报道，使大众能通过媒介工具了解环境，掌握事态，以对相关事务做出有依据的决定。

正如该报告总结的：“所列的五项要求说明了社会有权向它的新闻界索取什么。”这是理想媒体所具有的状态，它是一个准则，也是一个目标。《一个自由而负责的新闻界》出版近70年以来，其学术思想和职业要求被传播学者不断地阐述和发扬，“五项要求”不仅对新闻界、新闻机构有明确的意义，在当代社会，对于所有手持自媒体的传播者具有相同的教益——在任何新闻或资讯的上传或转帖操作时，需要自律的责任意识。今天的国际新闻界中依旧隐现着这些思想的痕迹。在世界新闻教育界声名赫赫的哥伦比亚新闻学院，其主楼大厅里的大理石上至今依旧刻着约瑟夫·普利策的豪言：

> 我们的共和国和它的报业共兴衰，能干的无私的报业人员有权利、也有勇气做到这一点。而没有公共美德，民主政府便是一场骗局，一种嘲弄。如果报界寡廉鲜耻，唯利是图，蛊惑人心，贪污腐化，那势必使人民也变得像它一样卑劣。
>
> ——约瑟夫·普利策

今天看来，“五项要求”不仅对新闻界、传媒界意义非凡，对全社会公民的媒介素养也是一种尺度，是对媒介素养刻度表高端的“社会责任感”一种最好的诠释。

如此，我们不难分析当时报纸媒介发展的社会环境和语境状态，更容易理解为什么在报纸时代涌现出一批“铁肩担道义，辣手著文章”的报人。如中国近代新闻史上著名报人，《京报》创办者，中国新闻理论的开拓者、奠基人，被后人誉为“乱世飘萍”、“新闻全才”的邵飘萍正是这样一代报人。

邵飘萍从小接受了“子曰诗云”的中国传统教育，读大学时受西方科学、政治文化等新思想启蒙，“新闻救国”成为他一生追求的理想。袁世凯死后，邵飘萍被聘为《申报》驻北京特派记者，他每日发电两三千字，写《北京特别通讯》，一时风靡全国，“邵飘萍”作为笔名在那个时候誉满全国舆论界。他自己投资创办《京报》，不受军阀操纵，主张言论自由，成为民众发表意见的媒介，很快受到广大读者的喜爱。《京报》以新闻为主，以“探求事实不欺阅者”为第一信条，凡事必力求实际真相。1918 年，邵飘萍与北京大学校长蔡元培及教授徐宝璜一起创立了“北京大学新闻学研究会”，揭开了我国新闻学教育和研究的序幕。他作为新闻学会的导师，带出了一批优秀的学生，包括毛泽东、邓中夏等。有学者研究发现“毛泽东在接见新闻界人士时说，胡适不是自己的老师，邵飘萍才是。毛泽东的评价是：特别是邵飘萍，对我帮助很大。他是新闻学会的讲师，是一个自由主义者，一个具有热烈理想和优良品质的人”①。邵飘萍为后世留下了两本新闻学的开山著作：《实际应用新闻学》和《新闻学总论》，是我国最早的一批新闻理论著作。1925 年，孙中山北上准备召开国民会议，邵在《京报》上刊登孙中山在北上途中的照片，冠以“全国景仰之孙中山先生”标题，同年秘密加入中国共产党。1926 年 4 月 26 日凌晨，这位年仅 40 岁的著名报人被军阀杀害于北京天桥。今天邵飘萍依然是中国百年新闻史上光彩夺目的名字，他以报纸和通讯社为武器，宣传真理，抨击邪恶，锐意改革，获得后人“飘萍一支笔，抵过千万军”的高度评价。

另外一位报人张季鸾，在主持《大公报》笔政后，先声夺人，提出了著名的“不党、不卖、不私、不盲”的“四不主义”办报方针。如论及“不党”，他说“不党云者，特声明本社对于中国各党阀派系，一切无联带关系已耳。惟不党非中立之意，亦非敌视党系之谓，今者土崩瓦解，国且不国，吾人安有中立袖手之余地？而各党系皆中国之人，吾人既不党，故原则上等视各党，纯以公民之地位发表意见，此外无成见，无背景。凡其行为利于国者，吾人拥护

① 赵明河：《邵飘萍对毛泽东的影响》，载《新闻爱好者》，2010（11 上）。

之；其害国者，纠弹之。勉附清议之末，以彰是非之公，区区之愿，在于是矣”①(详见案例 6—1：张季鸾与《大公报》)。

案例 6—1

### 张季鸾与《大公报》

张季鸾，中国新闻家、政论家。1888 年生于山东邹平，1905 年官费留学日本学政治经济学。1908 年回国，一度在上海《民立报》任记者。辛亥革命后担任孙中山先生的秘书，负责起草《临时大总统就职宣言》等重要文件，发出中国近代报业史上第一份新闻专电。1926 年接办天津《大公报》，任总编辑（时称“主笔”）兼副总经理，主要负责评论工作。1941 年 9 月 6 日病逝于重庆。

张季鸾主持《大公报》后，提出了著名的“不党、不卖、不私、不盲”的“四不主义”办报方针，始终坚持对时局进行尽可能公正、客观的报道和评论。

论及“不党”，他保持不偏不倚的超然态度和立场。无欲则刚，独立不羁。唯因如此，各党派都敬重他的这一气度，也使他能够及时、自由地发声。

论及“不卖”，他说“欲言论独立，贵经济自存，故吾人声明不以言论做交易。换言之，不受一切带有政治性质之金钱补助，且不接受政治方面之入股投资是也。是以吾人之言论，或不免囿于知识及感情，而断不为金钱所左右”。

论及“不私”，他说“本社同人，除愿忠于报纸所固有之职务外，并无私图。易言之，对于报纸并无私用，愿向全国开放，使为公众喉舌”。

论及“不盲”，他说“不盲者，非自诩其明，乃自勉之词。

① 张季鸾：《社评：抗战与报人》，载《大公报（香港版）》，1939－05－05。

夹随声附和是谓盲从；一知半解，是谓盲信；感情冲动，不事详求，是谓盲动；评诋激烈，昧于事实，是谓盲争。吾人诚不明，而不愿自陷于盲”。

“不党、不卖、不私、不盲”寥寥八字却掷地有声。“四不主义”公诸天下，就界定了《大公报》的堂堂报格，并付诸公众明鉴，天下监督。这八个字并非心血来潮和灵感骤涌，而是渊源有自，思有所本。张季鸾为文坦承，在办报中始终坚持“不偏不倚”的客观公正立场，所以当时各党派都很看重张季鸾，也很重视《大公报》。

1941年5月15日，《大公报》获得美国密苏里新闻学院奖章这一世界性荣誉。张季鸾先生在《本社同人的声明》中说：“而中国报原则上是文人论政的机关，不是实业机关。这一点，可以说中国落后，但也可以说是特长。……假若本报尚有渺小的价值，就在于虽按着商业经营，而仍能保持文人论政的本来面目。”他所指的《大公报》“文人论政”的特点，即《大公报》虽然具有国际媒体通行的商业经营的性质，但同时还拥有中国文人论政的深厚传统。

——图文摘编百度百科：《张季鸾与大公报》，2008-08-01。

**反思：**

(1)“不党、不卖、不私、不盲”的办报方针会否得罪当时的执政党派与权政？

(2)《大公报》也必须按照商业经营，“不卖”会不会影响报纸的正常运行？

(3) 中文报纸很难获得世界报业权威的认可，《大公报》获得世界荣誉的缘由何在？

**结论：**

(1)“不党、不卖、不私、不盲”的办报方针虽独立，却以“高大上”赢得民心。

(2)“报”是文人论政机关，以“文”养商，卖的是市场独到的专业传媒文化品性。

(3) 人格决定“报格”，得益于办报人不受任何禁锢的健康人性、热情和公知。

通过如上报纸生长的历史背景、研究成果以及对著名报人的回望，比照当代传媒环境，我们可以有所依据地观照报纸在成长的过程中通过环境和各种因素打造出来的品性：

（1）历史的厚重感：老的报纸品牌由于历史沉淀而形成的使命和道义感。

（2）品牌的正统性：日报类报纸政论布道般严肃、正规、公立的强势表达。

（3）权威的公信力：主流报纸如党报、政府报与生俱来的强势资源和公权力。

归纳报纸的标签，这种传播媒介的特色、独占性优势和劣势，以及作为平面媒介的个性有：权威公信，深度说服；高级媒介，低价成本；符号简约，视效单调。

关于报纸的职能，不同性质的报纸有不同的办报定位，对于一般意义的报纸，法国新闻学者贝尔纳·瓦耶纳的概括得到学界更多的认同：主要的报道职能，随之而来的辩论职能（即传播观点的职能），附带的娱乐职能。

从我国政党和机关报的角度，“曾被新华社称为‘首席记者’的毛泽东指出：报纸的作用和力量，就在它能使党的纲领路线，方针政策，工作任务和工作方法，最迅速最广泛地同群众见面。[①] 报纸是指导工作、教育群众的武器”。所以“工具性”是报纸作为党政机关报最主要的职能。

**（三）报纸生态与盈利模式**

20 世纪以后广告成为报纸生存和发展的主导力量。西方社会现代意义上的报纸产生于工业革命后资本主义经济飞速发展之时，以 19 世纪末“大众化”报纸的出现为起点，实行企业化经营，降低售价，扩大发行，以吸纳和刊登广告作为生存之道，由此成为自负盈亏的独立的经济实体。20 世纪以来，市场竞争日趋激烈，买方市场逐渐形成。报纸作为商家推介产品、扩大销售的有力竞争工具，越来越受到各种规模的工商企业的青睐。发行量大的报纸容易获得大量的广告，而广告又刺激报纸降低售价，扩大发行，赢得更多的读者，反过来又能吸引更多的广告。如此良性循环的结果是传媒提高刊例，数额巨大的广告费源源而来，成为报纸的主要收入，广告在报社总经营额中所占的比重越来越大。以美国著名的报纸《纽约时报》为例，报纸大量刊登广告，大小广告共占报纸总篇幅的三分之二。广告“养活”了报纸，成为它的经济命脉；同时，报纸通过广告启动消费，平衡供需，促进市场的

---

① 才伟峰：《毛泽东为中国新闻史留下佳话》，载《党史纵横》，2010（5）。

繁荣，拉动品牌产品的销售，又成为社会经济发展的间接推动力量。全球报业的发展推动了新闻媒体的产业化，报纸的商品属性日渐突出，报业也由小生产的经营方式逐渐过渡到企业化管理，形成了传媒的产业化格局，并日益成为一种可获得高额利润的市场经济产业。报业规模胜出，资本迅速集中，随即便出现了报业垄断组织“报团”。20世纪末，这些报业集团财力雄厚，多角延伸，不断滚动发展，涌现出一批跨国经营的媒介产业集团。例如，发自于报业的默多克新闻集团、美国时代华纳公司等，它们在报刊、有线电视、电影、图书出版、音乐等传媒领域全面占领市场，成为全球庞大的传媒集团。

在中国报业，这样的生态进程来得晚一些，启动于20世纪80年代，即在中国共产党第十一届三中全会提出改革开放的政策以后。但是发展迅猛，其中报纸的广告增长率几乎直线上升，直到2005年才出现拐点。

21世纪以来，由于世界经济一体化的趋势和国际政治、经济和文化力量的博弈，面对网络化的全球市场和传媒技术力量的世界同质性，中国报纸与西方报纸出现了一些共同特征。由于互联网、电视24小时滚动播出，广告、直邮等在20世纪末的出现，报纸发行量持续下降。为了取悦读者，报纸不断加厚，制作小报版本方便阅读。跨世纪迎来了“厚报时代”：扩充内容版面，扩充广告版面；纷发免费报，读者无偿获取，报社凭借免费发放报纸拥有大量的读者群，由此赢得广告商的广告投放（详见当代词注：免费报）。

**当代词注：免费报**

根据世界报业协会总干事梯莫西·鲍丁2007年2月7日在《新民晚报》上披露的数据：自从报纸诞生400多年以来，全世界的日报总数首次超过1万种，达到了10 104种。美国报纸中日报发行量的最高峰是在1984年，日均达6 300万份，周报最高峰出现在1990年，达到6 200万份。然而在2002—2005年四年间，全球免费报纸的发行量翻了一番多，从1 200万增加到2 800万份，上涨了137%。并且越来越多的传统报业集团正在陆续加入到创办免费报纸的行列。免费报发端于瑞典，作为报纸营销的一种策略越来越受到世界各国报界的重视。

免费报的商业逻辑：刊载各类新闻和广告，面向大众免费公开发行，以最大的读者群媒介价值卖给广告商，从广告商的广告投放中谋取利润。免费报商业目的非常明确。为降低成本，要到人流密集处发放，地铁是首选，所以也称地铁报。

免费报具有独特的采编规律：低成本；短新闻；中立者；小开本。

(1) 1995年，瑞典首都斯德哥尔摩诞生了一份免费发行的《国际地铁报》，标志着有着明确赢利诉求的免费报纸正式登上了世界报业的舞台。

(2) 1999年，英国报业史上第一份免费报《地铁报》(*Metro*)在伦敦诞生，2003年首次实现了赢利。

(3) 2000年，美国纽约时报公司、论坛公司、华盛顿邮报公司等知名报团纷纷"触电"免费报纸，报业巨头甘尼特公司一口气推出了9份免费报纸。

(4) 2005年，法国免费报纸已占到五分之一，传统付费报刊读者人数下降了1.1%，而同期免费报刊的读者人数则增加了9.8%。

(5) 中国香港，2002年6月，瑞典传媒集团Kinnevik凭借其在欧美成功的办报经验，在香港创办了第一家免费报纸《都市日报》，中国的免费报纸首先在香港成功登陆。香港后来又诞生了《头条日报》、《am730》等免费报纸。

(6) 上海，2004年3月16日，解放日报报业集团《I时代报》正式创刊，标志着我国大陆第一张面向大众公开发行的有正式刊号的免费报纸、也是我国首份免费地铁报正式诞生。

(7) 北京，2005年1月《北京广播电视报》提出"全覆盖免费报纸"的新发行策略，由此北京诞生了第一份免费报。目前北京地铁发放的是《北京娱乐信报》。

(8) 广州，2006年10月1日，由广州日报社主办的《羊城地铁报》诞生了。

免费报2005年之后的发展与整个报业同步，也受到新媒介的冲击。

2005年，"报纸消亡说"在学界和业界盛传，研究报纸30多年的美国北卡来罗纳州立大学教授菲利普·迈尔同年出版了《正在消失的报纸：在信息时代拯救记者》一书，语出惊人："到2044年，确切地说是2044年10月，最后一位日报读者将结账走人。2006年12月13日，美国《时代》周刊发表分析文章称，很多人都预测报纸将在互联网的冲击下走向消亡，并引证了这一预言。"[①] 随即而来的就是美国金融海啸和经济危机的冲击，在2008年以后波及全球，工商企业对报纸广告投入锐减，支持报纸产业的"主梁"受到重创。同

① 转引自陈力丹：《用自信的微笑应对2044年预言》，载《中国新闻出版网/报》，2007-01-26。

时，新的媒介环境使纸媒遭遇前所未有的危机，报纸读者老化；新一代受众流向网络媒介；市场竞争导致报媒同质化，全球各国报业都呈现出疲软、崩塌、倒闭态势，一些报纸陆续停掉纸媒，只出版电子报或数字报。

21 世纪初期，报纸已经退位到新生代可以忘却的地带。随之崛起的是电子阅读和数字报。报纸与数字报有什么关系？今天流行的手机报上还能找到报纸的影子吗？从媒介素养视角，我们无须沉浸在报纸的兴衰史中，却值得对报刊纸媒时代传媒的人文传统和媒介的优质消费进行认真地追忆并反思。“报”作为传媒的鼻祖，值得我们花费更多的笔墨。

## 二、报媒与数字报

### （一）“报媒”意识与数字报

“报媒”是一个被“迁移”出来的概念，当报纸的内容第一次被电子化，搬移到 PC 互联网上时，这种“内容来自报纸的电子版报纸”提法有些冗长，仍称“报纸”显然不妥，所以我们就面对学生大胆称其为“报媒”。当电子报的内容被数字化，又一次迁移到移动互联网上时，我们发现用“报媒”涵盖的妙处。伴随平板电脑和智能手机的普及，“E 报”、“手机报”等概念迎面而来，仍然可以“归巢”到“报媒”这一范畴的旗下。故此，“报媒”的概念既包括报纸以及其电子形态，更涵盖包括手机报在内的一切移动媒介终端的数字报。伴随传媒科技的发展，还可能诞生新媒介新报型，但都可谓“报媒”。

阐释“报媒”概念的意义在于建立“报媒意识”，即“报媒”的重心在于“报”，而非“媒”。“报”具有其母体——报纸——的核心价值，“报”意味着信息的到达与传达之意；“媒”是变化的、动态的、技术性的、工具性的、管道性的、平台性的，是媒介技术发展中的介质载具。技术载具的升级不能等同于信息传播和媒介消费质量的升级。

“数字报”其内涵顾名思义，就是数字技术平台上的“报”，包括媒介载具和媒介内容两个部分，即应用数字软件通过数字平台媒介以电子语言符号呈现在媒介受众终端具有“报”的属性的内容。数字报的发展“从 1981 年美国《哥伦布电讯报》发行第一份数字报纸，到专门针对 iPad 发行的数字报 *The Daily* 的问世，只用了 30 年的时间”①。在我国，为积极应对媒介信息技术对

① ［美］马可·坎图：《Delphi 7 从入门到精通》，7 页，北京，电子工业出版社，2003。

传统报纸出版业的挑战，原新闻出版总署报纸期刊出版管理司曾在 2005 年第二届中国报业竞争力年会上首次提出大力推进“数字报业”发展战略；2006 年 8 月在第三届中国报业竞争力年会上启动了“数字报业实验室计划”，该计划由一批具有数字网络建设基础及经验的报纸出版机构以及电信运营商、软件开发商、电子显示终端制造商、广告商、市场调查机构、学术研究机构等关联行业机构共同组成。这些科技东风和政策春风共同推动了我国数字报业的发展，启动以来影响久远。其中被忽略、导致迄今仍旧问题连连的就是关于“报”的品性如何从报纸“移嫁”到数字报上来。

“报”从纸媒到数字平台的转承移接，从媒介载具上依赖于技术硬件，客观且迅速；从媒介内容上却与原生的报纸若即若离，主观且缺少传承的逻辑。尤其是后来直接创刊的一些数字报，更近乎网络资讯的传播，而缺少了“报”的品性。

**（二）报纸与数字报的比较**

目前我国报媒的主要形态有报纸、手机报和在 PC 端报网上的电子报等，笔者通过表 6—1 对我国主要的三种报媒以传播维度进行了比较。

**表 6—1　　报媒主要形态载体特征及偏向比较**

| 内容 | 报纸 | 手机报 | PC 互联网电子版 |
|---|---|---|---|
| 平台实体 | 报社媒体<br>一家完成 | 报社媒体、移动通信商、<br>网络运营商三家完成 | 报社媒体、网络运营商<br>两家完成 |
| 运营流程 | 编辑、印刷、发行 | 数字化摘编、上传 | 纸媒内容电子化、上传 |
| 媒介符号 | 文字语言、图片语言 | 文字语言、图片语言<br>视频语言、超链接 | 同报纸 |
| 时效特征 | 周期性，可预期<br>收到时间滞后 | 即时动态传播与接收<br>实时报道与互动或反馈 | 稍晚于报纸 |
| 内容特点 | 政论性强、深度报道<br>内容较完整 | 娱乐性强、资讯告知<br>微缩新闻、浓缩新闻要素 | 同报纸 |
| 媒介接触 | 习惯性时间阅读<br>几乎单向传播 | 碎片时间、碎片化阅读、<br>即时互动或反馈 | 可在同一报网进行<br>互动或反馈 |
| 传播效果 | 平媒文字思考性阅读<br>认知提高型的优质餐 | 多媒介多维阅读<br>资讯传达与引领型的快餐 | 近于报纸<br>网媒环境的自助餐 |

手机报的第一时间资讯到达、实时互动或反馈、受众的碎片化阅读都是其优势特征；报纸的深度报道与公信力、思考性阅读与认知提高，也是数字报难

以弥合的差异。尽管目前两者在娱乐、服务、民生等方面都在迎合受众，但从整体看，报纸是偏向新闻的媒介，手机报是偏向资讯的媒介。对于目前很少接触报纸的年轻族群，及时登录相关报网、以了解更加全面的新闻报道、矫正自己只在碎片化时间接受碎片化的讯息偏向是必要的，这是提高性阅读的保障，是对浅阅读的补充，是媒介偏向性互补的必要环节。

### （三）数字报的生态与盈利模式

数字报的生态主要依赖于网络媒介环境、通信运营环境和读者需求。移动的多终端化、通信工具的媒介化都为数字报的迅速普及铺平了道路。但同时，一批社交媒介平台如微博、微信、QQ 等，新闻资讯来得更快更及时，在一定意义上消减了数字报的意义。我国的报“云”已经诞生，如《光明云媒》实现了我国第一个手机报“云媒”的海量资讯，这些数字报出身于政府大报，数字报头条的影响力还是不可撼动的。

数字报盈利模式主要传承了报纸的广告业务，我国报业集团主办的数字报也收取订阅费。如我国第一家手机报——《中国妇女报·彩信版》——在 2004 年 7 月推出时订阅费为 20 元/月，《光明日报》的手机报订阅费现在为 3 元/月，代表了目前我国多数手机报低订阅费的趋向。我国数字报的经营模式与国外相近，如由乔布斯生前与默多克密谋数月的电子报纸 *The Daily* 2010 年年底登陆 iPad 平台后，每周订阅价为 0.99 美元。

**小结：报纸、报媒与数字报**

（一）报纸发于新闻纸，“五项要求”诠释了“社会责任感”
——报纸的品性：历史的厚重感、品牌的正统性、权威的公信力
——报人的品格：“不党、不卖、不私、不盲”，人格决定报格

（二）报纸媒介的品牌特征及标签
——权威公信，深度说服；高级媒介，低价成本；符号简约，视效单调

（三）报媒的核心价值在于“报”，而非“媒”
——报纸是偏向新闻的媒介；数字报是偏向资讯的媒介

（四）数字报弱化了“报”的品性，而技术与便捷不能取代内容质量
——以手机报为代表的数字报能传承报纸的盈利模式，前景看好
——数字媒介消费需要加强提高性阅读，以弥补碎片化资讯的缺失

## 第二节　期刊与数字化阅读

期刊或杂志在媒介大家族里被定义为可敬可亲的“大哥”，源于期刊本身的震慑力。同为早期的纸介传播媒介，期刊与报纸有许多共同的品质和属性，前文已经交代过，二者从早期渊源上是混同的，杂志在发轫期很难与报纸区分，学者们也是将报纸和期刊统称为“报刊”，故用了大量篇幅阐述报纸或报刊的诞生和发展环境。与报纸分离后的期刊之所以还能排在众媒介的前列，是因为相比报纸，它走向了更加深度的内容报道。走到更加细分对象后的专业传播，尽管出版的周期长，却能从更深的层次将更专的选题内容呈现给读者。

### 一、期刊及品牌

#### (一) 期刊与杂志

现代意义上的纸媒期刊就是一种面向受众公开发行的定期出版物。根据一定的编辑方针和选题，将众多作品汇集成册，每期版式大体相同，有固定刊名，以期、卷、号或年、月为序，定期或不定期连续出版。纸媒期刊与报纸的不同如下：

(1) 报纸以新闻和时评为主，时讯性强；期刊以深度专题或专业内容为主，专业性强。

(2) 报纸周期短循环快，有日、早、晚、周报等；期刊周期长循环慢，月、双月刊多。

(3) 报纸散页印刷，不装订、没有封面；期刊要装订成册，有封面而且作用重要。

当期刊或杂志进入电子化和数字化平台以后，这种区分就没有什么根本性意义了。

杂志又为期刊的别名，至今人们一直将二者等同使用。在一些教科书或论文里，亦有“期刊就是杂志”的说法。目前人们也将电子期刊或电子杂志并列，多数人认为二者是一个概念，都代表定期、周期性发行的公开出版物。美国纽约大学研究期刊的学者伦纳德·孟格尔在回答期刊是什么时指出：“有些人把它称为期刊，有些人把它叫做杂志。文学期刊、科技学刊以及时事通讯都能归于这个大的范畴。杂志主要分为消费类杂志和商业（行业）杂志两类。消费类杂志是售给或免费发放给公众的关于公共或特定话题的出版物。商业杂志则是那些关于某些特定行业或商业的商务及金融方面话题的出版物。”[①] 笔者也倾向于将学术（包括大学学报）、时政和文学类的称为期刊，偏向知识信息；将面向社会公众服务的生活、消费和商业类的称为杂志，偏向生活信息。

### （二）期刊的品性和品牌影响力

期刊媒介最早出现在17世纪的法国，世界上第一本期刊诞生于1665年1月，是法国人戴·萨罗在巴黎创办的《学者学报》，其内容“主要刊登法国与其他国家出版的重要的图书评论以及关于哲学、文学和科学方面的研究信息。开始为周刊，1724年改为月刊”[②]。1704年，英国人丹妮·笛福在伦敦创办的《评论》，每周出版3期，每期4页。随后《伦敦杂志》、《苏格兰杂志》等陆续出刊，形成英国早期包罗万象的杂志或期刊体系。1710年，英国的《观察家》就已刊登过茶叶、咖啡、巧克力以及房产、药物等各类广告。

有记载，美国是在1741年1月诞生了最早的期刊——由安德鲁·布莱德福德创办的《美州杂志》。同月，本杰明·富兰克林也创办了《综合杂志》。从19世纪中叶起，美国的期刊业就在社会上确立了主导位置，成为具有主流影响力的传播媒介。至今我们依然耳熟能详的《时代》、《新闻周刊》、《财富》、《纽约客》、《商业周刊》等都在美国乃至世界传媒界占有主流的话语地位及影响作用。如曾经荣登过《时代》杂志封面的政界、商界要人，和一些文化、体育以及娱乐界的人士，如王菲、刘翔、李宇春等，都因为成为《时代》的“封面人物”而提升了人气和国际知名度。这就是期刊或杂志品牌所特有的影响力。

在我国，期刊属“舶来品”。在大陆出版的第一家中文杂志是1833年在广州创办的《东西洋考每月统计传》月刊，内容有社会新闻、宗教、政治、科学和商业动态等。五四运动前后，各种刊物纷纷面世，也多以刊登广告解决办刊经费问题。诞生在改革初期的《读者》，曾以月发行600万的规模占到中国期刊市场的2%，它本着追求人性，身兼理性、知性和平民关怀，给予读者很多人性价值的关怀，记录了改革时代人们对生活和生命的思考，反映了中国人对文化多元的追求。《财经》、《IT经理世界》、《新闻周刊》、《南风窗》等时政类刊物，从一开始就直触社会发展的中心话题，紧跟时代步伐，对政经时事进行周密调查和深度报道，或直接以社会责任感为出发点策划选题，培养出一批集中于社会中坚力量的忠实读者。我国报刊机构深厚的政府背景与资源，也提升

---

① ［美］伦纳德·孟格尔：《期刊经营》，19页，石家庄，河北教育出版社，2004。

② 于翠玲、刘斌：《大学生媒介素养概论》，76页，北京，北京师范大学出版社，2010。

了报刊的可信度、权威性和影响力。

但是，与美国、日本、法国等相比，中国的期刊和杂志总的影响力处于相对弱势地位。20世纪末期改革开放以后，中国的期刊业还未来得及真正走向市场，就遭遇新媒体大潮。除少数几个财经类和时尚类刊物外，其余都没有在纸媒阶段充分发展起来。整体来说，中国期刊格局不稳定。即使是一些名刊如《财经》，这些杂志毕竟年轻，尚未经过纸媒阶段成熟期的锤炼，也很难成为具有代表性的主流期刊，无法与国际著名期刊媲美。

期刊、杂志具有其他媒介不可替代的影响力和造势功能。国人不会忘记那一年，当刘翔在雅典奥林匹克运动场第一次追平世界纪录、勇夺男子110米栏金牌时，当晚的电视画面，人们看到急速奔跑飞跃跨栏的刘翔，感受了一场完整的视觉盛宴；第二天的早报头版，刘翔冲刺的那一刻的巨幅照片，一个完美定格；而两周以后期刊说“刘翔：时代偶像!”这是一个标签、一种定位、一次升华，不仅再现了主题，还升华了主题思想。如果说整个过程像一顿晚餐，人们品味了牛排般的电视，酣畅淋漓；又品尝了美酒般的报纸，凝神注目；或许还进入了自助餐般的互联网搜索查询之后，便静静地坐下来，冲上一杯咖啡，开始细细地享受和回味——这就是期刊的心境和语境。由此，我们看到期刊的品性。

（1）期刊具有反思性和前瞻性，扮演着牧师、说客、教员的角色，以一位评头论足的老者的身份对社会理性具有强有力的支持和影响作用。

（2）期刊饱含精英文化色彩，偏重于为有教养的读者提倡一种高级文化。期刊也培养了最具社会影响力的受众，以主流媒体姿态应对社会发展的主题。

（3）期刊是时代主题的观察者、记录者和思想者。相比于报纸、电视等媒体，期刊很难给予第一现场和第一感觉，但能以选题视野和报道深度形成的极强的阐释能力和说服效果成为读者的精神领袖，成为具有主流影响力的媒体。

（4）期刊具有生产“公众人物”的潜在功能。期刊封面具有传播知名度和美誉度的特殊作用，授予封面人物“打榜”国际影响力的传播效果。

（5）期刊是视觉媒介中的重要媒介，在材质和颜色上的选择具有呈现高品质符号传达的功能，很容易赢得国际广告商投放高端优质的品牌产品广告。

期刊的品牌影响力，即期刊的标签为：主流媒体、有担当的思想者、高品质的平媒。

由此而知，期刊越有品牌知名度，其生态环境和经营效益就越好。期刊的盈利模式更依赖于广告，国际著名品牌的广告商都会通过期刊媒介选择丰富的传播效果。在激烈的传媒市场竞争中，平媒特有的色彩质感、文字的深度阐释、持久关注以及高传阅率等成为期刊的独占性传播优势，见案例6—2。

**案 例** 6—2

## 从《钉床篇》广告文案看报刊平媒表达力

例图为台湾中兴百货企业的形象广告《钉床篇》，该广告曾获第二届《龙玺》杯华人广告大赛最佳企业形象银奖。广告主台湾中兴百货是一家从事零售服务的服务企业，广告创作者根据平媒属性大胆采用理性和感性诉求相结合的诉求方式，在文案中排列了上至天文、下至地理等包罗万象的词语，有力地传达了要由“无知”变成“有知”的企业理念。以平媒上的“床钉”强力刺激视觉，打造一个谦虚好学、不断进取的企业形象。

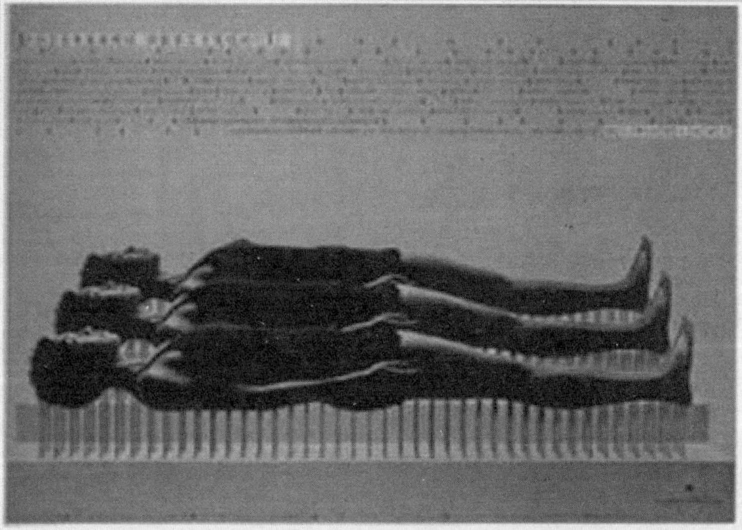

**图 6—1　台湾中兴广告形象《钉床篇》**

广告标题：“对自己的无知很无知，曾在昨天流行”

广告文案：“微重力（microgravity）、X 光结晶学（crystal）、镜像期（mirror）、电浆荧幕（plasma screen）、普朗克能源（planck energy）、多重宇宙（multiverse）、布伦贝里文人圈（Bloomsbury）、生殖系细胞疗法（germ-line therapy）、罗摩衍那（Ramayana）、年龄基因（age gene）、邶风、拖雷多景色（view of Toledo）、南方古猿（Australopithecus）、体组织工程

学（tissuse engineering）、文法的喻况（grammatical figure）、黑暗物质（dark matter）、高超人（meta humans）、磁性局限（magnetic confinement）、诗辩（an apology for poetry）、平行对照（parallelism）、历史风景画（historical landscape）、明湖居听书、中界躯体（limina bodies）、样态主义（mannerism）、符号方块（semiotic square）、音素（phoneme）、外层语境（enunuiation）、辩证学（dialectic）、视觉政权（scopic regime）、刺点（punctum）、盐铁论、古希腊数学（Ancient Greek mathematics）、舞论（Natyasastra）、灵鬼簿、通俗剧（melodrama）、咆哮乐（bebop）、Ibiza、影响精神药物（Psychotropic Substance）、稗海纪游、天体物理（astrophysics）、道卡斯族（Taokas）、几何（geometry）、奥玛·哈央姆（Omar Khayyam）、隐修制度（Monasticism）、阿尔发新文明（Alpha Centauri）、语意学（Semantic）、建筑构件之反立方体手法（anti-Cubic）、萨满旅程（Shamanic journey）、薄伽梵歌（Bhagavad Gita）、新异教（Pagan Glossary）、白霉乳酪（White mould cheese）、扁锹形虫研究（Kriesche study）、完形论（Gestaltism）、星盾海胆（Anatomy）、解剖学（anatomy）、昆曲、认识论（epistemology）、角论扮演游戏（Role Play Game）、古生物学（paleontology）、余姚腔、代数（algebra）、水文学（hydrogeology）、集合体（polymer）。

因为遗忘的可能比学过的多，所以自我改造将成为21世纪最时尚的事。

但即使以每秒2位元的学习速度，每天持续12小时，经过七个世纪之后，你的脑力记忆体达到30亿位元，却连5寸磁碟片也装不满。关于学习要永远谦虚。”

**评析：**试想，如果用视频媒介呈现作品上的各个元素，会是什么效果？

（1）平媒具有表达张力。无论报纸、杂志等静态载具都可使视力驻留符号。

（2）文字语言传达思想。通过平铺细叙静赏，尽展抽象语义符号的无限底蕴。

(3) 图片语言形态刺激。长时静观可以使人由感官感觉进入理性思考状态。

(4) 图文并茂可达到深度诠释。在无限时间里领略全息，使感性与理性交互呼应，通过思考充分解读符号的含义，这是视频类媒介不易达到的能力。

## 二、数字化阅读与电子期刊

### (一) 与世界同步发展的我国电子杂志

电子杂志是以网络媒介为发布平台的杂志（或期刊）的新样态。数字期刊就是在数字技术条件下应用数字软件通过数字平台到达媒介受众的期刊样态。由于传播介质发生了质的变化，与纸媒杂志相比，电子杂志（或期刊）或数字期刊可以使媒介符号的形态更多、内容更丰富、成本更低廉、阅读更及时，加速了人们数字化阅读的发展进程。

我国第一份网上中文电子杂志是《神州学人·电子版》，创刊于 1995 年 1 月，几乎与世界电子杂志的发展同步。“《神州学人》是教育部主办的为出国留学人员服务的杂志，1987 年 5 月在北京创刊。其电子版创办 1 年，直接订户就达 3 000 多个，不定期阅读者在 15 万以上。”① 可见电子杂志在初期由于便利和低成本就得到了受众的认可。之后由于技术、运营以及版权等瓶颈问题，电子杂志在我国出现了整体性的低迷，直到 2005 年因为一批风险资金的投入才又异军突起。这期间由于传媒技术的更新换代，网络上出版的杂志也称为数字杂志、数码杂志、多媒体杂志等。我国电子杂志的发展经历了三个阶段。

第一阶段，是在网络上发布传统纸媒杂志的电子版，主要由国有的传统杂志社主办，只是将传统杂志的内容电子化，然后移接到互联网上。这类电子杂志有刊号、有传媒专业人员，主要存在与纸媒杂志发行的关系问题和版权问题。如《时尚》系列杂志，至今还是靠纸媒发行——以杂志的品牌定位带动广告收入，发行及其他收入等所占比例较低——的盈利模式。在没有解决版权问题和网上订阅价格的条件下，不可能在第一时间线上发布、传播纸媒内容，否则会直接影响线下销售和受众规模。

第二阶段，是利用数字技术，使用专门为电子杂志开发的公用模板而承载内容，主要由民间的互联网网站主办，或与社会其他办刊人合办，根据网络语境

① 于翠玲、刘斌：《大学生媒介素养概论》，89 页。

下的热门选题集优内容而进行网络传播。这类杂志属于网络新创，没有国家正规的杂志刊号，一般也没有富有传媒经验的编辑队伍，在我国大量的网络服务免费的媒介环境下很难收取订阅费，盈利模式不稳定，只有少数具有其他资源的创办者得以生存。如徐静蕾主办的《开啦》杂志，靠名人效应和自身的资源能够直接获得广告商对电子杂志的广告投放。开始也是免费的，经营一段时间以后尝试收费，尽管相比其他电子杂志的经营状况优越一些，但盈利效果和经营模式依旧不够明朗。

第三阶段，是利用 P2P 平台功能，发送、接收、请求、交流、反馈、互动的平化多媒体符号形态杂志，主办者往往需要内容资源的提供机构，如一些是科技类期刊社，和网络运营商等几家联合操作，这是各类电子杂志的共同趋向。这类期刊的经营比第一、第二阶段主要依靠广告投放的生存模式更为多元化，如学术类期刊平台，可收取作者稿件的版面费等。目前在我国已经走入大学图书馆和学术机构并逐渐普及的 OA（开放获取）期刊，就是借助于数字期刊的平台化而实现数字出版和数字阅读形态。

从整体看，我国的数字报也有类似的发展分布，报刊在数字化过程中都面临如何打造品牌这一共同的问题。

### （二）报刊数字化的意义在于品牌增值

在我国，传媒的数字化进程势不可挡。然而在任何时代，经过历史洗练的报刊品牌将越来越经典。在当代媒介环境下，不断推新的各种网络 APP 使 PC 互联网和移动互联网到达终端的符号语言日益丰富。但是对于受众需求而言，无论新闻消费还是资讯服务，内容将永远为王。如何让传统“报”与“刊”的品牌移嫁到新的媒介平台上，这不是媒介技术问题，而是当代办报人、办刊人的媒介素养问题。伴随我国传媒的数字化进程，传统报刊面对的不仅仅是被取代、被淘汰的窘境，或许还是一场前所未有的历史机遇和挑战：借助数字网络迅速扩张，使“报”与“刊”的媒介品牌经过数字化升级得到增值！这不仅可能而且迫切，这能使传媒在历史的逻辑中实现扬弃，为新媒介闪亮路标。因为直接诞生于网络环境的数字报刊其品牌建设及经济效益会来得更加缓慢而且艰难。

从当代媒介素养视角，我们需要提出报刊媒介在数字化进程中的软件资源建制问题。

数字化平台的搭建是媒介技术硬件的问题，品牌的移转和增值则是媒介文化软件的问题。通过网络平台传承报刊的品牌元素并重现和重塑报刊品牌，一方面，需要将新的科技元素和网络形态整合到报刊媒介中，充分开掘“数字化”价值；另一方面，需要将传统报刊的优良文化调性及品性移植到数字报刊内容中，提升信息传播的思想力，实现传统品牌的增值。报刊媒介数字化的起点应该建制在成功的报刊品牌基础上，越是享用公共资源历史悠久的报刊，越不能轻易放弃这些弥足珍贵的品牌资源。首先可以通过跨媒介经营的双管齐下策略，以报网或刊网互动实现两种媒介形态的优势互补，然后在这个进程中过渡并整合报刊媒介的品牌效应。数字报刊如何秉承优秀的历史传统，使数字媒介更有人格、有报格、有品位、有底线、有良知，这些需要当代数字传媒人的反思。

**（三）数字阅读中的 OA 期刊和“期刊云”**

数字媒介环境、移动多终端化与碎片化信息消费，使数字阅读也进入了争夺受众的竞争时代。传媒市场成败的核心要素是报刊内容的竞争力和品牌的影响力，二者构建了报刊商业品牌的内涵与外延。由于抢占市场而纷纷上线的诸多数字报刊，或免费，或低价，或“吃老本”资源，往往形成有名无牌的现象。故此，需向数字产品灌注“品牌元素”：

（1）品牌建构——做影响力。弘扬和传承老报刊品牌的经典故事，吸引年轻受众。

（2）品牌打造——做内容。品牌经营的重心是内涵式发展，以内容激活受众注意力。

（3）品牌推广——做市场。集合一切内涵与外延要素之精华，滋养品牌气息和人脉。

应对数字阅读市场竞争的途径是强化数字报刊的品牌效应，使其既适合自身的定位品性，又切合传媒高科技语境，更能触摸受众的心灵。除了注意“品牌化”这一所有商品市场竞争的通途，还应注意传媒商品的特殊性：数字报刊的流通渠道有超乎于一般商品的特质，其中 OA 期刊的发展印证了这一点。

OA 期刊（Open Access Journal）即开放存取式期刊，是在网络环境下率先由学术界传播以及出版学术信息的一种期刊新形态。“Open”之意在于免费开放，即通过数字网络平台，任何人都可以免费的方式检索、下载和复制，获得平台上的传播内容。其质量源于所收录的期刊内容要经过同行评审，或者由编辑进行质量控制，故能够保证其学术参考价值。OA 期刊平台成为社会数字化阅读的稳定形态（见当代词注：OA 期刊）。

**当代词注：OA 期刊**

开始于 2001 年年底布达佩斯的开放获取（Open Access，OA）是国际社会为推动科研成果利用网络自由传播而发起的运动，其目标是通过网络技术使任何人都可以免费获取各类文献资源。OA 期刊正是这样的开放获取期刊，基于数字化网络出版模式，既可以是新创办刊，也可以由传统期刊转型。平台支持单篇论文首发；整合投稿和审稿平台；具有数据库和检索功能；与作者签订版权协议；整合国内外各种学术资源。

目前我国开放较早的OA平台有中国科技论文在线、中国科学院科技期刊开放获取平台、中国光学期刊网、中国地学期刊网、开放阅读期刊联盟、OA图书馆、Socolar开放获取一站式检索服务平台、百世登出版集团的期刊出版平台等。如中国科学院科技期刊开放获取平台就是由以在线出版、作者付费、读者免费获取全文并具有宽泛使用权限为特征的OA期刊统一集成的网络平台。此平台提供OA期刊网站链接、开放文献获取、期刊引证分析报告、文献学科咨询服务、期刊数字出版等服务。

资料来源：韩燕丽：《我国OA期刊资源平台研究》，载《科技与出版》，2013（11）。

尽管OA期刊诞生于学术领域，但由于其具有商业模式的公益性，或许未来也会出现在其他领域。比较目前的其他数字媒介，OA期刊被关注和投资的市场经验趋于成熟。一些先行机构，如新加坡世界科技出版公司等在该领域已经呈现出较为完善的盈利模式和发行效益。目前在我国，OA期刊的发展不仅停留在一般数字平台意义上，而是走向规模化的“集成平台”，如中国科学院科技期刊开放获取平台就是这样的集成平台。

伴随数字技术和网络技术的发展，“云”概念已经渗透到传播媒介中。“期刊云”的产生就代表了大数据、云计算以及物联网等新技术在期刊领域里的应用。“期刊云”就是“由期刊联盟或大型期刊社团等组织机构牵头，租用基础设施提供商和软件服务商构建的云平台，开发专供期刊社使用，实现期刊管理、组稿、审稿、编辑、出版、发行、存储与交流全套流程的一类子云。”[①]从媒介素养视角看，我们需要了解传媒领域的新术语、新平台和新样态。无论“OA期刊”还是“期刊云”，都表征了有品性的传统媒介在新兴的媒介技术环境下通过不断优化和整合，将实现升级以产生新的业态。

针对数字报刊这类特殊“商品”的使用，我们需要了解其商业模式。其运营效益主要产生于商品的“入口”和“出口”两个关键环节。期刊的入口是作者及稿件，出口是发行时间、渠道、价格和目标用户。通过作者收费的办法是对数字期刊“生产”成本的绝对补偿，这是数字报刊生存与发展的前提。除了有过硬的内容，还需要了解其服务，技术不能替代一切，数字报刊有针对性的过硬服务才能使“报刊品牌”前行。

---

① 钟亚军、厉亚：《云计算与期刊云》，载《出版发行研究》，2011（11）。

**小结：期刊、电子杂志与数字化阅读**

（一）期刊是饱含精英文化的、有担当的、高品质主流平媒

——期刊是将众多作品汇集成册的定期出版物

——期刊具有反思性和前瞻性，是时代主题的观察者、记录者和思想者

——期刊封面具有生产和“授予”公众人物的潜在功能

——期刊是视觉媒介中的重要媒介，能够吸引高端品牌的广告商

（二）报刊数字化的意义在于品牌增值

——数字化须将传统的优良文化调性及品性移植到数字报刊形态中

——数字化增值须将新的科技元素和网络形态整合到传统报刊中

——我国报刊媒介在数字化进程中亟待软件资源建制

（三）“OA 期刊”和“期刊云”在数字新技术下的品牌化前行

——数字阅读时代的品牌竞争包括品牌建构、品牌打造、品牌推广

——OA 期刊、云期刊等新样态和新业态将提供更优质的传媒服务

**本讲课业**

● 思考：1. 你怎样理解由报纸产生和发展而来的“报”的属性？

2. 期刊的品牌特性有哪些？

● 阐释：结合“当代词注 11：免费报”，阐释免费报的特征和商业模式。

● 反思：2011 年 6 月 16 日，《人民日报》刊登评论：《“媒介素养”体现执政水平》，请你阅读后写一篇 1 000 字的读后感。

解读：理解报、报纸评论的意义，理解这篇评论的内容导向，再次理解媒介素养。

课业辅导：

(1) 在第一时间找到这篇评论——验证你利用媒介查询资料的能力。

(2) 通读这篇“评论”的内容，写下你的第一感受，先感性记载，然后再理性分析。

(3) 从“报”的品性、“评论”的意义、《人民日报》的定位进行媒体分析。

(4) 从“评论”内容分析其阐述要义和价值导向，对媒介素养进行再认知。

## 本讲阅读

1. ［英］鲍勃·富兰克林．新闻学关键概念．北京：北京大学出版社，2008.

2. ［英］弥尔顿．论出版自由．北京：商务印书馆，1958.

3. ［美］新闻自由委员会．一个自由而负责的新闻界．北京：中国人民大学出版社，2004.

4. ［美］弗雷德里克·S·西伯特等．传媒的四种理论．北京：中国人民大学出版社，2008.

5. ［美］伦纳德·孟格尔．期刊经营．石家庄：河北教育出版社，2004.

6. 陈力丹．世界新闻传播史．上海：上海交通大学出版社，2007.

7. 方汉奇．中国新闻传播史．北京：中国人民大学出版社，2009.

# 第七讲　视频影像能让我们“眼见为实”吗
## ——影视媒介素养

**本讲要义**

* “图像革命”的得与失
* 伪语境、伪事件的背后
* 电影的艺术地位不可撼动吗
* 电视“真人秀”真到什么程度

> 人类的文化和人类的价值观有史以来第一次为追求利润的最大化的电子媒介所左右。人类社会几乎彻底地让商业市场来决定他们的价值观和模仿的榜样，这是前所未有的。
>
> ——美国经济学家莱斯特·瑟罗

本讲对应的是自电子传播媒介产生以后至互联网出现这一时期，即传统电子媒介的媒介素养。我们选择其中影响力最大、受众群最广、最具有代表意义的电影和电视为对象。对于如广播等其他类型的电子媒介不再一一阐述。当代美国著名经济学家瑟罗基于当时的媒介环境，于 20 世纪在其《资本主义的未来》一书中指出：“电子媒介正在改变我们的价值观，这种价值观反过来将会改变我们社会的性质。”①瑟罗所指的“电子媒介”还是 19 世纪中后期以电视为典型代表的媒介。20 世纪 70 年代，发端于国际学术界的“屏幕理论”，亦关注电影、电视等大众媒介的语言、意识形态和再现等问题。于当代，这些问题的性质早已有过之而无不及。电子媒介使人们认识了一个“真实的媒介世

---

① ［美］莱斯特·瑟罗：《资本主义的未来》，85 页，北京，中国社会科学出版社，1998。

界”——传媒经营、生产和争夺受众、提高收视率、赢得广告滚滚财源！

## 第一节　视频媒介的传播特征

“每种技术都有自己的议程，都是等待被揭示的一种隐喻。”[①] 以报刊平媒为载体线形排列的文字促进了人的逻辑组织、有序结构和抽象思维的发展。当电报、摄影、电视、网络诞生以后，人们进入一个又一个不断升级的电子媒介语境，最终以“图像革命”跨入视听文化时代，包括网络在内的视频媒介具有不同于平媒的传播特征。

### 一、视频媒介符号的多维表达力

视频传媒符号，包括电影媒介符号、电视媒介符号，也包括网络视频在内的、呈现在受众终端的一切影像符号，它们具有共同的媒介符号属性。相比平媒的文字和图片语言，视听的符号形态丰富、多维，意蕴内涵更深奥、更丰富，给受众带来更多的解读空间。

#### （一）视频语言符号多元化中的主要构成

受益于电子传播技术的物理属性，视听传媒能够承载“现实观感”性语言结构，能使观众同时得到视觉和听觉享受，带来情感参与和体验。其多元化符号系列主要包括以下几种。

（1）画面语言，包括构图语言、光效语言、色彩语言、影调语言等利用画面表现的语言。

（2）声音语言，包括人声语言、音乐语言、音响等利用“音”元素表现的符号语言。

（3）造型语言，包括观念造型、心理造型、象征造型、哲理造型、模糊造型等语言。

（4）镜头语言，包括推、拉、摇、移、跟、俯拍、仰拍等运用镜头表现的符号语言。

（5）特技语言，包括定格、慢镜、空镜、快切、闪回、闪念、叠化等技巧性符号语言。

（6）编辑语言，包括声音转换、动作转换、因果转换、引申转换等利用编辑技巧的语言。

---

① ［美］尼尔·波兹曼：《娱乐至死》，74页。

以上各种语言交织在我们的视野中，有声有影、有动有静，交互渗透，彼此影响，共同表征着创作者特定的主题和思想。

### （二）视频语言符号的主要元素

报刊平媒承载文字和图片语言这些视觉符号元素；广播媒介承载声音语言这一听觉符号元素；影视及一切网络视频媒介具有文字、图像和声音等视听符号元素，属于视听媒介，主要借助于图像、声音和文字三大主要的符号要素。

1. 图像

图像由一帧一帧或一个个运动的镜头构成，其画面有三个基本要素：

（1）景框，即边框，决定了对真实内容的取舍，一般包括：远景（空间）；全景（全貌）；中景（局部）；近景（特写）。

（2）影像——被表现的对象及诸因子。

（3）构图——通过点、线、面组合创造视觉形象。

这是视听媒介的第一要素，视频画面最关键的不是静态过程，而是影像运动。

2. 声音

声音是出现在视听作品播放时空的语言、音响和音乐，用以界定画面内容。

（1）语言，即解说词、同期声、对白台词、画外音等，以补充画面信息。

（2）音响，有关内容的现场音响和效果音响。

（3）音乐分为器乐和声乐，使节目具有感染力和特色。

3. 文字

文字是直接出现在视听媒介上所有文字语言的总称，以准确界定、表达或补充画面的内容，如画面上的台词、歌词、人名、地名、节目预报、新闻内容、滚动字幕等，这些符号能更加准确地传达信息，避免出现同音、谐音的混淆，有时也起到补充画面内容的作用。

近年来流行滚动字幕播报，如在播报新闻时又得到最新消息，为了让观众第一时间即时接收，同时不致打断正在播报的内容，故在视频媒介屏幕下方用滚动方式依照重要性顺序呈现最新信息。

### （三）视频语言符号的传播效果

相比报刊平媒的符号传播，视频媒介画面内容音像与文言并茂，视听兼容，表达感性，使传媒内容形象生动、立体、多彩、丰富、直观、易懂，感召力强，使各种文化层次的受众都很容易产生感应，形成专注与关注，这是报刊平媒无法比拟的优势。仅以视频影像中的有声语言为例，有声语言是通过声音建构各种语境，以传达内容与意图的语言符号，从广播开始到有声影视的运用，有声语言符号中各种属性的元素都通过其特定作用产生传播效果：

（1）声音特性：是声源的自然属性，音量大小、辐射能量、声音指向性等受条件影响。

（2）声音传播：声音有一个传播过程。

（3）声音角色：直接参与叙事，有对白、旁白或画外音，作用于人的潜意识。

（4）情绪声音：声音与情绪间有特定的对应关系，从声音特性中经常被分辨出来。

（5）声音具备“超现实”性：影像中的声音经常是对现实的夸张或格外强调。

以运动的图像和有声语言为主要特征构成的视频媒介，其传播效果意义深远。相对于印刷文化，新的、老少皆宜的视觉时代迎面而来。印刷媒介基础上的文化权威相对削弱了，不再是文化符号的唯一生产者，视觉文化时代的到来意味着社会公众把握世界的方式有了一个根本的转折：从依赖于亲身经历和语言文字的叙述向依赖视觉和听觉的转变。形象的视听符号可以轻易地说服原本的文字语言描述，甚至引起对文字结论的质疑或怀疑。在当代环境下，室内室外、大大小小的终端屏幕成为人们观察社会生活的窗口。

## 二、影像语言的纪实性

### （一）影像纪实的内涵

“纪实”，在汉语中专指对事情或事件所做的现场报道，“影像纪实”即通过摄像技术直接记录真实情景。视频媒介通过视听符号能够再现“原生态”影像，重现客观中的真实元素，使传媒内容贴近真实，具有直观的逼真感、现场感和感染力，这是用任何文字语言无法描绘的，是视听媒介得天独厚的功能，在传播效果上能够强化人们感知事物，接受意义和记忆现实。一些优秀的视听作品具有使人看过还想看的图像“魅力”。但是，影像的功能只能呈现，尚不能准确表达和说清图像符号的含义。

### （二）影像纪实中的虚拟环境

由于影像语言具有纪实性，民间即有了“耳听为虚，眼见为实”、“百闻不如一见”这些谚语。但这些也只是人们的经验概念，并非媒介素养的理性认知。尽管对某人某物某事件的任何语言文字描述都不及亲眼看到的效果，但是，具有较高媒介素养的人还会同时辨析影像的真实性。眼见为“实”吗？看到的一定“真”吗？这些“真”与“实”受到质疑是媒介素养的必然逻辑。正如我们在第四讲里阐释的“两个环境”和“三种现实”理论，即人生活在两个环境中，一个是现实环境，另一个是虚拟环境。这两个环境建构了三种现实：

（1）客观现实：我们生活在其中的真实世界。

（2）媒介现实：媒介所呈现出的事件情景。

（3）受众现实：受众通过传媒获得的对客观现实的心理认知。

所以，人们通过视频媒介看到的纪实性“现实”事物首先是处在虚拟的环境中，由传媒“取景”、“选框”，再经过“意义剪辑”之后的再现元素。传统的“眼见为实”之意是指人们通过自己的眼睛真实地看，而通过视频媒介呈现在人们眼前的仅仅是媒介传播对象的影像，并非事物本身。

故此，通过媒介传播中“眼见”不一定“为实”。有的人们能够一眼看穿，如科幻影片的外星人不是真实的；古装戏中的帝王将相不是真实的；一张照片可能经过了效果处理；一个演员可把某个角色从青年演到老年。但是在当代的视频新闻中，即使每一个镜头都是真实的，组合在一起却可能表达一个虚假的意思。所有这一切都在说，媒介中看见的不一定是真的（Seeing is not believing）。于是，影像能纪实也能“说谎”。

## 三、影像谎言与错误再现

### （一）影像谎言与假新闻

媒介世界里不是真实世界，虚拟语境也是一种客观必然，这本来无可厚非。但是利用虚拟语境人为地制造谎言语境，使影像会说谎，这种影像谎言是具有媒介素养的人所不齿的，“假新闻”正是这种影像谎言的产物。

视频新闻报道，需要在事件现场以真人实景用图像和镜头说话，不允许使用任何特技效果和事前布景。“假新闻”即发生在新闻领域的影像谎言，是新闻对真实事件的错误再现。在视频新闻中，最常见的新闻“说谎”方式是“导演”、“摆拍”和“补拍”等。

“导演”，指新闻记者或编辑人员在拍摄和制作新闻之前，有目的地事先安排新闻事件的有关元素，对本该如实报道的新闻语境在人物或情景方面进行人为地制造，甚至无中生有地制造新闻事件，或利用镜头语言扭曲事件真相。“摆拍”，指新闻记者或编辑干预新闻事件本身的进程，按照策划的选题目的或自己的意图对被摄对象进行某种安排和布置，以完成拍摄。“补拍”指在新闻事件发生后，新闻记者按照一定的意图要求被摄对象“重演”新闻事件，从而完成拍摄。一些电视台记者经常在街头采访市民，他们安排被采访者按照事先写好的纸条内容照本宣科，这是一种典型的“导演”和“摆拍”（见案例7—1）。

**案　例** 7—1

### 美女主播竟然这样采访

**网友**：在某市八一广场举行的某活动上，电视台主持人在采访中将事先写好的讲话稿举至脸前，以便让被采访对象能“侃侃而谈”。

**图 7—1　电视台主持人采访场景**

**评析**：外景记者到现场采访本身就是要接触和拿到第一手信息，报道一线情景。然而记者用写好的稿子贴到自己的脸上以方便被采访读稿，于形于景，这一毫不隐晦的“导演”和“摆拍”新闻的采访方式，颇具讽刺意味。当代，有人的地方就可能有摄像机，传媒人先被“传媒”已不足为怪。

资料来源：http：//candylulu007.blog.163.com/blog/static/136175264201151502326956/，2011－06－15。

当前，众媒介已经深入社会生活，人们对传媒的理解和认知也越来越多。一些传媒产品的策划，包括新闻的议程设置，往往还没有全部呈现，就已经被受众猜到目的，识破议程。这样，“新闻”不仅达不到传播效果，反而有损传媒机构或传播者个人的声誉。在当代媒介环境下，人们通过微博、微信等各类社交媒介平台，有机会了解更多的真实信息，有能力鉴别新闻内容的真假程度，这对新闻媒体既是更高的要求，也是一种钳制。

**（二）伪语境与影像的错误再现**

在影像谎言中呈现的不是客观语境的真实图像，而是人为制造的虚假语境，或称“伪语境”。“伪语境”一词源于美国文化学者尼尔·波兹曼的著作《娱乐至死》，他在这本书中对20世纪后半叶美国文化的改变表示哀悼，他认为由于电视带来的图像或影像的泛滥，使印刷术时代步入没落，电视时代蒸蒸日上。电视改变了公众话语的内容和意义，变得泛娱乐化，人们在这样的时代中逐渐失去了理性思考的能力而浑然不知并乐在其中（见本书第二讲）。于是波兹曼提出了一个概念，亦或一种观点，即“伪语境”，意指人们正在或暂时遗忘了真实生活，也不再思考真实的生活，而沉浸于一种与生活无关的娱乐中。引用波兹曼的话：“源于电报和摄影术的一个更重要的产物是伪语境。伪语境的作用是为了让脱离生活、毫无关联的信息获得一种表面的用处，当然，这种唯一的用处就是它的娱乐功能。伪语境是丧失活力之后的文化的最后的避难所。”① 虽然波兹曼的“伪语境”似乎仅指脱离了真实生活的娱乐语境，但是“伪”本身，也是虚假、人为制造之意，用来比喻影像谎言中的语境非常贴切。美国历史和社会学家布尔斯廷认为，图像革命的主要产物是“伪事件”，即“蓄意安排用于被报道的事件”②。很明显，被布尔斯廷称为“伪事件”的就是今天被广大社会公众深恶痛绝的“假新闻”。今天人们已经感到这种为某种功利或娱乐而肆意创编的“伪事件”和“伪语境”带来的危害。

媒介素养理论的观点是在娱乐节目中可以出现伪语境，那是娱乐艺术的需要。但是“伪语境”是与新闻和一切真实性资讯传播的目的背道而驰的。假新闻是影像谎言，是错误的再现，不是现实的再现，更不能归类到艺术再现的概念里。影像“说谎”主要表现为纪实作品对现实的错误再现，摄像机本身不会说谎，说谎的只能是使用摄像机的人。镜头的焦点在界定事件的性质和意义（见图7—2）。图7—2说明，镜头聚焦于不同位置，影像再现的事件可能出现与事实截然相反的结论。

---

①② ［美］尼尔·波兹曼：《娱乐至死》，69页，桂林，广西师范大学出版社，2009。

**图 7—2　摄像机里的影像谎言**

图片来源：李开复新浪微博。

影像错误再现的原因可归结如下：

- 第一，从形式看，影像谎言可能发生在影像制作的每一个阶段。从镜头前的摆拍、拍摄角度的选择，到画面修饰、不同画面的组接、影像的文字说明或解说词的做假等。
- 第二，从技术看，影像谎言来自影像制作者的创作意图，其中除了策划的特定目的，也包括对现实把握的不当，即制作者业务水平不高、难以把握真实事物的规律等。
- 第三，从观念看，创作或制作者往往会故意（如商业利益的诱导）或者下意识地（文化意义的引导）错误再现现实。除了技术原因和利益诱惑以外，在很多情况下，影像的错误再现来源于意识形态。

今天，这种“伪事件”和“伪语境”的功能已远远超乎波兹曼年代，当年唯一的娱乐功能已被实用主义演绎为造假功能。功名利禄下，传媒讯息的功利行为迅速繁衍并历史性升级。“伪语境”是当今假新闻、假广告等一切传媒造假现象的历史背景和学理基础。诸如PS（photoshop）等高新技术也为伪语境的与时俱进提供了技术保障。在图像革命为“伪事件”或“伪语境”提供了技术支持的前提下，传媒机构可以不断策划和预设程序，同时也动摇了社会公众“眼见为实”的常理，这是媒介素养重点阐释的。

### （三）虚构作品中的错误再现

艺术作品要求影像艺术地再现生活且高于生活。影视剧等文化作品本身就是虚构的，其影像是艺术再现而非错误再现，这本无可厚非。问题在于有很多作品不是虚构而是胡编乱造。影像艺术再现的原则是源于生活而又高于生活的形象塑造，而有些虚构作品的艺术再现不是源于生活中的真实，而是将“表现”推向传媒文化的中心，这有悖于影像投射现实的属性。

20世纪的图像复制和符号流通手段的大发展，把“表现”亦或“表演”推向了文化舞台的中心。文化本身就是由一张复杂的互文网所组成的，其中文本最终是相互指向，而不是指向和反映人们真实的社会生活。影像的虚构在互文性（见当代词注：互文性）的影响下将带来传媒内容的模式化，如电视剧中成功男士大都是“高富帅”、写字楼里的“白富美”有相近的标志性穿戴、广告里家庭主妇的神似造型等。这些形象在不同程度上抹煞了人物形象的个性，给人不真实的感觉，这些实则就是虚构作品中的错误再现，媒介素养提醒人们创作时应尽量避开这种雷同现象。

**当代词注：互文性**

“互文性”(intertextuality)，又称“互文本性”，这一概念是由法国符号学家、批评家克里斯蒂娃（Kristeva）提出，并以多种方式给予定义的。

（1）“任何文本的构成都仿佛是一些引文的拼接，任何文本都是对另一个文本的吸收和转移。互文性概念占据了互主体性概念的位置。”

（2）“我们把产生在同一文本内部的这种文本互动作用叫做互文性。对于认识主体而言，互文性概念将提示一个文本阅读历史、嵌入历史的方式。在一个确定文本中，互文性的具体实现模式将提供一种文本结构的基本特征（‘社会的’、‘审美的’特征)。”

（3）“文本是一种文本置换，是一种互文性：在一个文本的空间里，取自其他文本的各种陈述相互交叉、相互中和。”

以上都是克里斯蒂娃在不同的语境里对“互文性”的不同解释，后在巴尔特的《文本理论》一文中获得正统地位，受到文学理论界的青睐。“互文性”揭示了每一个文本都是其他文本的镜子，都是对其他文本的吸收与转化这一关系。文本之间相互参照，彼此牵连，形成一个潜力无限的开放网络，以此构成文本过去、现在和将来的巨大开放体系和文学符号学的演变过程。互文性理论在文化层面的深入，使文学话语呈现出不同的意识形态，并提供了更大的生存空间，也使文本结构在更多层次上具有多重复合的统一。

资料来源：秦海鹰：《互文性理论的缘起与流变》，载《外国文学评论》，2004（3）。

## 四、传媒对符号的操控性

### （一）正操控与负操控

“操控符号”（manipulate symbols）是传播媒体对原始的传播素材进行编码的必然过程和现象。媒体的“操控符号”在情理之中。但是“操控”有正与负两个取向上的选择，故产生不同的，抑或截然相反的影响和作用。如公共传播中向受众转播战争的图像，是展示血腥以突出战争的残酷性，还是展示威武以突出国家的军事实力，如何取向才能争取舆论支持？再如在商业传播中，为展示商品广告的可信度，特意选择葛优、郭冬临等在形象上给人憨厚诚实印象的广告代言人，创意广告的策划与创意，给予影像再现商品信息情节上的实证性，以独特的视听符号形式对受众发生心理作用。“操控”在正与负两个方面的取向可以称为“正操控”和“副操控”。

（1）“正操控”：是尽可能真实告知受众新闻事件的原貌，让受众接近事实的本真。

（2）“负操控”：是在某种意图下对受众的引导，或劝服其改变已有的态度和行为。

从当下传媒活动的宏观情形看，以新闻为主导的公共传播正操控多一些；以广告为主导的商业传播负操控多一些。作为一种经常性资讯传播，新闻与广告的影像制作既有相同的原则，也有性质迥异的区别（见表7—1）。

表 7—1　　新闻与广告影像形象制作比较

<table>
<tr><th></th><th></th><th>新闻</th><th>广告</th><th>备注</th></tr>
<tr><td rowspan="5">二者不同之处</td><td>形象原则</td><td>真实语境、真实人物、真实事件</td><td>可以艺术性夸张不得误导与欺骗</td><td rowspan="3">为了预防广告误导受众，政府管理部门要求电视台在播出广告时，在屏幕的一角明确标明“广告”字样</td></tr>
<tr><td>素材选择</td><td>新闻形象可成为广告素材</td><td>广告形象可有新闻性可模仿新闻手法</td></tr>
<tr><td>真实性</td><td>新闻形象必须真实</td><td>广告形象可以虚构</td></tr>
<tr><td>形象建构</td><td>新闻形象建构来自选择和剪接</td><td>广告形象的建构来自创意和设计</td><td rowspan="2">广告的劝服手段是视觉说服，虚构的广告为受众建构虚拟现实，弥漫着“逼真诱惑”。“劝服性传播”导致人们消费心态的变化</td></tr>
<tr><td>形象修辞</td><td>新闻形象的修辞立论度低</td><td>广告形象的修辞立论度高</td></tr>
<tr><td>二者相同之处</td><td colspan="4">二者都追求形象，都将影像语境置于典型环境中</td></tr>
</table>

媒介素养提醒观众需要甄别和分辨“劝服性传播”以及“逼真诱惑”等媒介操控现象。如表 7—1 中，广告经过策划与创意，选择了得当的视觉形象，有可能顺利地把广告讯息内容传递到受众的心里。并非广告产品有多么如意，而是广告成功地操控了受众感官和感知。更为典型的案例是美国总统竞选中的政治传播。如 1992 年 4 月末，帮助比尔·克林顿竞选总统的专家发现，40%以上的选民并不喜欢这位候选人。人们认为克林顿浅薄、不够坦诚，其妻子希拉里则热衷于追逐权力。克林顿的民意问题专家、策划人和媒介顾问即为克林顿夫妇量身定做了新形象。于是在主流电视和平媒里对总统候选人进行了“劝服性传播”：如在克林顿的竞选旅行中，电视新闻和《纽约时报》等报道了克林顿夫妇、戈尔夫妇穿着便装坐在干草捆上与俄亥俄州的农民聊家常的情景，主题为“只是普通人”。对于熟悉克林顿的选民，这些内容能够达到改变印象的“劝服性传播”效果；对于不熟悉他的人，亦能够产生刻板印象。这类“做秀”的形象塑造功能显而易见。

**（二）刻板印象**

“刻板印象”是李普曼在其《舆论学》中提出的，指按照性别、种族、年龄或职业等进行社会分类，形成关于某类人的固定印象。英文中与刻板印象对应的单词是 stereotype 和 stereotyping，指人们对某类事物形成的印象和形成这些印象的过程。例如，有些中国人对美国人的印象是聪明、幽默和个人主义精神；对法国人的印象是浪漫、开放；对犹太人的印象是聪明、机智且富有智慧；对以色列人的印象是精明、能干、会做生意等。这些印象正是影视作品的传播效果，是影视再现为受众留下的人物形象。如果影像发生了错误再现，将直接影响媒介受众的刻板印象。

如本节所述：视频媒介符号具有多维表达力，尽管影像语言具有纪实性，但却是处于虚拟环境中的符号再现；传媒与传播本来就带有很强的功利性，于是影像谎言、伪语境和错误再现；传媒对符号具有绝对的操作性。故此，对传媒受众而言，需要建立接触媒介、分析内容、反推语境这样三重境界，即媒介接受三境界，这是媒介素养的精髓。媒介接触三境界具体包括：

第一，接触媒介，即阅读、观看、收听内容，获知信息。

第二，分析内容，即分析内容、框架、结构，检视内容的构建，对内容进行质疑。

第三，反推语境，即反推媒体在内容背后的组织与制度安排等。

在视频媒介时代，电影作为信息传播媒介，在“眼见为实”中甄别影像语言符号的是非真假，人们的媒介素养更为重要。同时尚须注意波兹曼提出的“伪语境”以及对视频文化泛滥的担忧（见背景知识：“图像革命”与生俱来的文化缺失）。

**背景知识**

## “图像革命”与生俱来的文化缺失

20世纪以来媒介技术的发展使人类从以印刷文字为中心的“读文时代”转向以图像为中心的“读图时代”。以电视和网络为主的视频媒介已成为社会主流话语方式，改变了社会认知与公众交往模式，并引发深刻的媒介文化变迁。然而这是文化的绝对进步吗？

美国著名历史学家和社会学家丹尼尔·布尔斯廷提出了“图像革命”的概念，指出图像试图替代印刷文字却是百弊丛生；尼尔·波兹曼则主要分析了电视图像。他们指出：

（1）电子媒介带来的话语形式的转变也使“报纸上一行行有序而连贯的文字渐渐失去了帮助我们获得知识和了解这个世界的能力”。

（2）“随着印刷术退至我们文化的边缘以及电视占据了文化的中心，公众话语的严肃性、明确性和价值都出现了危险的退步。”

（3）图像是支离破碎的、矛盾的，而且五花八门，都对经验世界的统一性提出了质疑。

（4）图像否定了意义。图像的中心地位削弱了或者说更改了关于“信息”、

“新闻”以及“现实”的传统定义，有时甚至是曲解。

(5) 真实也被解释为一种图像。图像的制作和解读都和其他图像有关。一切图像才是重要的，它们存在于不断闪烁的领域，从来不在现实中永久地停留。

(6) 由于真实已经隐退到传媒文化中咄咄逼人的、不间断的图像背后，19世纪经验主义对再现真实的关注也随之消退，图像比它们所代表的现实更清楚、更有影响力。

(7) 电视新闻是精英人物的图像、可怕的自然图像以及人类暴力图像的大拼盘；电视广告不是“关于”产品的图像，而是大大超过了产品的欲望和快乐的图像；电视体育节目是肌肉图像、技能图像和痛苦图像的万花筒。

(8) 图像存在于一个无限的互文链中。后现代主义断言图像是最终没有所指的符号。

当今，对于以网络视频为主要媒介消费的人们，是否该从丹尼尔·布尔斯廷和尼尔·波兹曼的观点中意识到什么，从而着力锤炼自己的逻辑思考能力呢？

资料来源：［美］尼尔·波兹曼：《娱乐至死》，87页，桂林，广西师范大学出版社，2009。

**小结：视频媒介的传播特征**

（一）视频媒介具有多维符号表现能力，其中文字具有界定意义

——构成视频媒介的语言符号：画面、声音、造型、镜头、特辑、编辑等

——构成视频语言符号的三大要素：图像要素 + 声音要素 + 文字要素

（二）影像语言具有纪实性

——影像纪实即通过摄像技术直接记录真实情景，给予人们现场观感

——影像纪实中的“现实”事物处在虚拟环境中，故眼见不一定为实

（三）视频媒介会出现影像谎言和错误再现

——在虚拟语境中人为制造谎言语境，使影像会说谎，生成“伪语境”

——“假新闻”，也即“伪事件”，是影像谎言和错误再现

——虚构作品中影像艺术再现的原则是源于生活而又高于生活的形象塑造

（四）情理之中的“操控符号”需要媒介接受的“三重境界”

——符号操控包括正操控与负操控，谨防“劝服性传播”及“逼真诱惑”

——影像的错误再现将直接影响媒介受众的刻板印象

——受众媒介接受需要“接触媒介、分析内容、反推语境”三重境界

## 第二节　电影媒介特征与素养

无论是问世时间还是篇幅巨制，电影都是所有视频媒介中的龙头老大。电影，又称映画、第七艺术，通常是指“用摄影机拍摄，对运动中的人与事物进行快速曝光，然后由放映机放映的过程，一般以同步的方式再现影像与声音”①。电影本身是由动态的照相术和幻灯放映术结合发展起来的一种连续画面。在网络视频风靡的今天，电影仍然是独具风格的商品、工业产品，是引领时代风骚的文化符号和具有丰厚底蕴的艺术作品。电影被称做站在绘画、雕塑、建筑、音乐、诗歌、舞蹈后面的第七门艺术，它以六项前辈为基础，吸取和综合了各门艺术的表现方式和表达方法，借助于镜头工具和蒙太奇技术，成为一门跨越时空、超越前六者的新的艺术门类。

### 一、电影的诞生与意义

#### （一）诞生在传媒技术发展中的电影艺术

1895 年 12 月 28 日，在法国巴黎卡普辛路 14 号“在咖啡馆”的地下室里，卢米埃尔兄弟第一次以公开售票的方式放映了他们最早摄制的几部电影短片。这一天被公认为电影的诞生日。电影诞生标志着人类文明开始跨入了影像文化时代，亦即影像时代。

“摄制”与“放映”，这是电影产生的技术条件和物质基础。电影源于 19 世纪末的科学技术的发展，1895 年卢米埃尔兄弟制造出能将影像放映在白色幕布上的电影机，他们运用缝纫机间歇运动的机械原理，解决了电影胶片能够间歇性通过放映机片门的问题，才有了真正意义上的电影问世。

#### （二）电影媒介的特征

电影作为艺术的表现媒介，是根据“视觉滞留”（也称“视觉暂留”）原

---

① 周星、王宜文：《影视艺术史》，1 页，桂林，广西师范大学出版社，2005。

理，运用照相、录音技术手段，通过放映和还音，在银幕上造成活动影像，以表现和传达一定内容的媒介样态。发明电影的科学依据是 1829 年被发现的“视觉滞留”原理，即“人眼中的形象在大脑的停留时间为 1/24 秒。所以，当照片以每秒钟 24 张的速度向前移动时，就会在人眼中产生画面中的物体连续运动的感觉”①。电影发展至今，经历了从原拍纪实到专门创作、从无声到有声、从黑白到彩色、从基础设备到高科技特效应用等质的转变，至今成为一门具有底蕴的光影艺术。作为媒介，电影具有如下特征。

第一，电影媒介是运动的声画影像，展示运动的美是电影艺术的基本表征。

第二，电影媒介可以呈现纵横交错的时空结构。其结构有交错式，即打乱时空的自然顺序，将时空交错，颠倒叙述；也有顺序式，即按照故事情节发展的时空顺序叙述内容。

第三，电影媒介符号利用“蒙太奇”创造了逼真性与虚拟性的统一。“蒙太奇”是使镜头自由分切和组合的规则或“修辞”手法，能够神奇地使时空融合或声像交融，以传达影片符号内容的特定意义（见经典理论：“蒙太奇”理论）。

**经典理论**

## “蒙太奇”理论

“蒙太奇”源于法文“montage”的译音，原是法语建筑学术语，意为安装、构成和装配，引申到电影领域是指电影中镜头的分切与组合，表示镜头的剪辑和组接。今天，“蒙太奇”已经成为电影构成形式和构成方法的总称。蒙太奇并非电影中的某种符号，而是将这些元素进行组装的规则，是一种影视语言符号系统中的修辞手法，这是蒙太奇的本生原意。当代，“蒙太奇”这一概念早已超出电影镜头剪辑与组合的范畴，形成以“蒙太奇”思维统领下各艺术领域的“蒙太奇”理论，并紧跟网络媒介视频的发展与时俱进。

第一，“蒙太奇”的含义有广义与狭义之分。狭义的蒙太奇专指对镜头画面、声音、色彩诸元素的编排组合。其中核心是影视画面和声音组合的章法及技巧；广义的蒙太奇则不限于影视中的视听组合，还包括从影视剧作开始到作品完成整个过程中创作者独特的思维方式，并随着艺术种类、结构、功能的增加和科技的发展而不断拓展。狭义蒙太奇与广义的区别体现在六个方面：符

① 于翠玲、刘斌：《大学生媒介素养概论》，121 页。

号、媒介、信息、细节、结构和艺术形式。广义蒙太奇的结构功能由造型元素、表意元素和链接元素的组合而产生，其系统作用体现在七个方面：构成整合、创造运动、再造时空、营造气氛、调控节奏、升华主题和展示风格。

第二，广义蒙太奇的理论基础包括：心理学基础、生理学基础、技术性基础、美学基础、社会学基础、哲学基础、系统论基础。

第三，蒙太奇理论与实践不断拓展，已经呈现出文学蒙太奇、电影蒙太奇、电视蒙太奇、多媒体蒙太奇等不同艺术领域的蒙太奇思维方式和方法论。每个领域还分为不同蒙太奇种类，如多媒体蒙太奇包括网络型、智能组合型和教学型多媒体蒙太奇等。

资料来源：参见彭绍东：《蒙太奇理论与实践的拓展》，载《电化教育研究》，2000(9)；百度百科“蒙太奇理论”。

## 二、电影媒介的品性与功能

### (一) 电影的品性

第一，电影富有运动性美学品格和感官体验。通过运动的影像，电影媒介符号具有具体、生动、直观，诉诸观众视觉和听觉感官的良好的传播品性。电影的动作特性使中国的功夫电影以及好莱坞制作的大片等都能够把影像动作发挥到极致，《侏罗纪公园》里大小恐龙的各种破坏性运动、《生死时速》里汽车的飞驰速度等只有使用电影的大幅画面和运动特征，才能出现匹配的语境；再如枪战、追杀以及一些竞技类大幅度运动状态都是电影媒介的表达的绝好题材。

第二，电影是饱含丰厚人伦底蕴的思想性媒介。电影叙事的核心价值是抒情，以深度刻画人性本真的情感世界。电影媒介特有的符号体系使语言的物化形态更加逼真且贴近客观世界里人物的心态，更加具有自然的、纪实的特征。运用镜头的力量表现人的心灵世界，展示人在特定环境中的感受和体验，电影能够达到其他媒介难以企及的效果。美国影片《教父》曾在2007年美国电影协会评选的“百年百佳影片”排名第二，影片中的教父形象颠覆了人们对黑帮大佬的传统印象。通过镜头语言，善恶的界限被优雅、温馨、仁慈、家庭所模糊，尽管男主人公科莱昂是干尽违法勾当的黑手党首领，但同时他又是许多弱小平民的保护神。他不惜代价坚持绝不贩毒害人的准则、他的家族之间血浓于水的浓厚亲情等，都给予影片人性的光辉，在一定程度上消解了黑帮勾当和刺杀场景的残忍凶暴。当马龙·白兰度以极其平和的口气说出那句经典台词“我会提出一个他无法拒绝的条件”时，影片形成了巨大的美学张力，将人性的优雅与兽性的暴力和谐融于一体，使电影始终贯穿着人性的主旋律。这种深刻的思想性教化为观众接受影片主题的心理提供了环境基础。中国影片《和你在一起》讲述了一个拉琴少年的成长故事，虽是反映普通人微小情感的“小”题材电影，却表达了社会普遍存在的两种现实价值取向，一个是个性、一个是才华，两者都容易成为社会主流人群猎取的对象，同时也很容易成为人性中嫉妒、自私、贪婪的牺牲品，如何选择是人性必须面对的问题。电影中的小春最后选择了为他可以牺牲的养父，如片名诠释了超乎血缘的亲情人伦。电影媒介以人性为核心价值的影像符号叙事，创造了观众情理之中的理解机制，电影情节上的人性与人伦逻辑使原本多元化解构的媒介符号语义确定下来，这正是电影叙事的文化目标。

第三，电影语言符号是渗透着美学本色的艺术性媒介。电影是一门高度有机整体的综合性艺术，这构成电影独特的美学品格，主要体现在“电影媒介艺术表现中关于深焦距镜头对银幕空间的展现，时空切取的蒙太奇和时空连续的长镜头的交互使用，视觉和听觉、时间和空间的相互关系”① 等。今天人们还能离开网络走进影院，正是期待享受电影媒介独特的艺术魅力。

第四，电影及特技是高科技性媒介。纵览当代的视频作品，电影仍然是受高科技影响和制约最大的画面艺术，是科技含量最高的艺术媒介。纵观历史，影视艺术从无声到有声、从黑白到彩色、从传统摄影到电子动画和数码合成，迅速成为以声、像、色、动、变全方位表现现实生活及幻想和虚拟世界的有效的艺术载体，其中每一次进步都带来技术的发展与推进。从早期的摄影基本特技，如停机再拍、慢动作、溶暗、淡出、叠印和两次曝光等，一直到今天的数码合成等特技，几乎能够呈现出所有的奇观幻象。美国好莱坞之所以能够雄霸世界，除了其工业化生产方式带来的雄厚资本外，主要得益于美国高科技提供的技术支撑。如“高保真数码技术”在 20 世纪 70 年代就被用于美国的电影制作。早期作品如《星球大战》以及后来的《2012》等许多好莱坞大片都运用了这一技术。2011 年 5 月在大陆上映的美国《功夫熊猫 2》因为使用了 3D 技术，幼年阿宝可爱十足的造型、表情和声音都“萌”翻了中国观众。2014 年《变形金刚 4》的问世归功于首次使用的 4K IMAX 3D 摄影机，它使镜头能装下高 10～15 米的变形金刚。在前三部的基础上，《变形金刚 4》在制作技术上全面升级，如擎天柱这次被导演迈克尔·贝定义为“完全升级定制版擎天柱”，最新技术使电影视效达到了极致。

---

① 罗殳：《浅谈电影媒介的艺术特性》，载《电影艺术》，2012（13）。

### （二）电影的职能

电影的根本任务是叙事，由其技术性能客观决定而非主观臆想。电影媒介的符号是“运动的声画影像”，这本身就内存了电影媒介独特的叙事机制，经过不同风格的导演对叙事机制的驾驭和建构，呈现出电影的不同风格、不同调性和不同意义。“运动的声画影像导致了电影的叙事机制在一般现实逻辑的层面上被划分为七种影像系统，即真实影像系统、抽象影像系统、象征影像系统、特殊文化影像系统、兼容式影像系统、神话影像系统、解构型影像系统”[①]，多种类的艺术氛围使观众暂时忘掉身边物而投入情感。

电影媒介的原理就是模拟人的视听感知经验，使运动的声画影像传递出丰富于文字语言的信息，以影像形象直接作用于观众的视听记忆，跳过文字思维这个抽象的过程而触动观众的感知经验和心灵感受，引导观众情感的发生和发展。电影的叙事功能并非小屏幕的视频再现，而是呈现出或历史的，或未来的，或科幻的，或战争的等不同题材的恢弘巨制，不仅仅是信息内容的告知性叙事，而是利用特写、中景、远景等各种镜头语言进行场面调度，结合动态影像符号营造独特意蕴以烘托电影主题或情节的厚重感、沧桑感、恐惧感等，增强观众的感官体验。正如好莱坞著名导演詹姆斯·卡梅隆在 2012 年 4 月 24 日北京国际电影节开幕式上的致辞所言：“经济越萧条，电影越繁荣。人们需要躲进电影院，生活欠你的债，让电影还给你！”这是电影独具的艺术魅力和精神能量。

### （三）电影的风格与类型

电影媒介的影像再现也是在虚拟的环境中，除了取景于自然社会之外，多数跨越时代的情节都要取自摄影棚——这一典型的虚拟场景。关于电影的风格，诸多导演大师都有自己的立场和观点，其中具有代表性的是卢米埃尔和梅里埃两位电影先驱迥然不同的电影风格：现实主义和表现主义。

法国电影发明家、摄影器材经营商出身的路易斯·卢米埃尔代表了现实主义的创作风格，他认为电影要表现现实生活，应该完全是写实的、记录性的，记录生活中的真实场景。他最早拍摄的《火车进站》，其摄影对象就是在真实世界里运动的场景，取景再现使摄制对象成为永恒，这就是电影的意义。任何人都可以利用摄像机拍下自己所心仪的影像，使它们不再彻底消失。现代纪录片的人气不断高涨，正是这种价值取向的回归。

法国戏剧魔术师出身、被誉为世界电影导演第一人的乔治·梅里埃倾向于

---

① 罗殳：《浅谈电影媒介的艺术特性》，载《电影艺术》，2012（13）。

表现主义创作风格，他认为电影能够创造艺术，“银幕即舞台”，电影是幻想的浪漫主义艺术。他倾向于利用技术改变现实，他创造了快动作与慢动作、停机再拍、叠印、淡出、两次曝光等特技摄影，把电影技艺变成了电影艺术。他引入戏剧因素，摄制了几百部以戏剧结构表现的电影。表现主义将电影的艺术性推到艺术殿堂的顶端，最高新科技的运用和人性沉淀的潜在意识流常常交织在有限的屏幕上，如美国20世纪福克斯公司的年度科幻巨片《后天》(*The Day after Tomorrow*)。该影片讲述了由于温室效应造成地球气候异变，全球即将陷入第二次冰河纪的故事。北半球因温室效应引起冰山融化，地球进入第二冰河期，龙卷风、海啸、地震在全球肆虐，整个纽约陷入冰河的包围中，地铁隧道里涌出狂暴不止的汹涌洪水，吞噬了纽约，淹没了美国，欧洲也在洪水之下不复存在。当镜头再次回到美国时，那些侥幸生还的美国人都逃往墨西哥，请求进入那里的难民营。影片末尾处美国总统的叹息和道歉更是意味深长。表现主义手法使人震撼，如国旗结冰、纽约速冻等镜头的视觉冲击力很大，显示了电影艺术强大的表现力。

“类型片”是当今时代使用较多的电影门类。这是在商业电影市场的氛围下，针对某类热销题材或人气旺盛的明星出演的不同题材和技巧形成的不同影片形态的分类。这种分类方法是根据电影观众可能的需求，凭借某种经验或引发某种期待的导向而定位的。传统的类型片有：音乐歌舞片、喜剧片、西部片、悬念片、恐怖片、犯罪片等；现代类型片的种类更多，如贺岁片、科幻片、悬疑片、谍战片、武打片、穿越片等，并与时俱进，不断衍生新的样态。类型片均有以叙事为主导的规范化审美形式，是电影产业化链条中较为标准化生产的产物，故有明确的商业目的和原则，在意识形态上以电影视听语言的主导权影响观众的文化理念或某种社会价值标准。

当然，有类型片就会有非类型片或反类型片，它们脱离商业束缚，力求从纯粹艺术、纯粹科学视角进行电影叙事。除此之外，对电影还存在各种不同标准的分类，或按照内容，或按照年代，或按照风格，如经典电影、现代电影等，本书不再一一阐述。

## 三、电影生态与商业模式

### （一）我国的电影生态环境

电影的生态环境指与电影的生存与发展相关的内部和外部环境，这些主要的环境因素构成对电影创作理念、美学取向、经济与文化目标的直接影响。21世纪是一个全球化趋势下经济一体、文化互融的时代，在一个多媒介语言符号共生的语境下，在移动智能终端疯狂抢夺受众注意力的媒介竞争中，电影以其思想性和艺术性依旧占据当代传媒领域的重要地位，在文化创意产业中举足轻重。以我国为例，2013年我国“电影票房217.69亿元，同比增长27.51%。中国电影市场化改革用七年的时间突破百亿元大关，然后用三年的时间就突破了200亿元的纪录。票房总收入相当于36亿美元，为全球第一大电影市场——北美地区的三分之一，稳稳领先于不到30亿美元总收入的全球第三大市场——日本”[①]。

电影是20世纪最流行的艺术媒介，也是21世纪富有生命力的艺术形式。电影在中国曾经历了与好莱坞截然不同的发展生态。据《申报》记载，1896年8月11日，上海徐园内的“又一村”放映了当时被称为“西洋影戏”的电影，于是“这一天也被确定为电影在中国的第一次公开亮相”[②]；1905年，北京的丰泰照相馆创办人任景丰主持拍摄了京剧《定军山》，这部记录了武生名家谭鑫培先生舞台表演的戏剧短片被视为中国电影的起点；1917年，商务印书馆开始兼营电影制片机构，摄制了“风景”、“时事”、“教育”、“古剧”和“新剧”五类影片，实现了中国电影的突破性探索[③]；之后的中国电影人将中西文化融合，将外来的电影艺术与国情结合，陆续拍出社会、家庭或政治伦理情节剧以及商业娱乐电影；1966年的“文化大革命”期间，“八个样板戏”等红色经典影片问世，直到1978年我国实施改革开放政策，中国电影才迎来新的发展时期。

市场经济环境、文化体制转型，与电视荧屏争观众、与网络视频竞争，这些都加速了我国电影的产业化进程。今天，一些民间影业公司的电影制作已经十分接近好莱坞式的工业化生产模式。中国电影诞生100多年以来，其生存和发展的生态环境一直处于剧烈的变迁中，除以上政策环境因素，还体现在“影像视听技术的发展，不仅使电影语言的表达以及各元素之间的美学构成上更加丰富，而且在电影创作思维和逻辑构成上带来了更大的空间；再则就是电影经营观念与方式的变革使得电影创作的价值走向趋于市场经济视阈”[④]。近年来，我国占据主要院线的主流电影几乎都是类型片，模仿好莱坞的生产模式，营销决定制作，以商业电影和概念片主导国产电影的市场价值

---

① 尹鸿、尹一伊：《2013年中国电影产业备忘》，见《中国传媒产业发展报告2014》，北京，社会科学文献出版社，2014。

② 于翠玲、刘斌：《大学生媒介素养概论》，124页。

③ 参见周星：《中国电影艺术史》，23页，北京，北京大学出版社，2005。

④ 贾宏：《关于当前国产电影生态环境的担忧与思考》，载《文艺评论》，2008（4）。

走向。

电影产业化导致商业运作是市场经济的必然，同时还应意识到电影这种媒介的艺术魅力所产生的潜移默化的教化作用。显而易见，《可可西里》与《小时代》两部电影有迥然不同的观感体验。正如当年人们对“小资”以及这类人群的评头论足一样，对于迎合市场的“概念片”，从制作到影评，都需要冷静、客观和中肯的市场反馈和文化意见，而非行销策略上的媒体热捧或棒打。任何定位于小众的受众群体也都在网络社交平台上具有相当的传播能量。少年需要励志，青年需要给养，老年需要抚慰，社会组织需要渐进式走向文明，自然环境需要爱护使之与人类和谐共生。电影一切叙事的意义都建制在人性价值坐标体系中。幽默比娱乐更有魅力，精神快感和身心愉悦是人类永远的奢望。

当下我国电影市场，以类型片和概念片为主流的商业片汇聚荧屏，人们听到更多的是“观赏性、娱乐性”的影片推广，看到更多的是商业性“媚俗”镜头。观众，尤其是年轻观众似乎忘了电影还有“思想性”和“艺术性”，意识不到电影的“美感”。由于被市场票房过度牵制，电影生产与消费中的商业要素远远超过文化使命和美学品格的要求。试问：票房是反映电影质量的唯一指标吗？赢票房输掉口碑的电影比比皆是，原因何在？这是当代媒介素养提出的严肃问题，关涉电影媒介这种富涵美学本体和心灵品性的艺术规格，事关电影媒介的艺术生命力和数字网络环境下的市场份额。商业电影票房的竞争使我国也出现了镜头语言的污染现象，需要通过有关部门对电影审查进行把关，对此电影业界呼吁了多年，“中国电影也需要分级”，关于这一点我们将在第十讲阐释。

### （二）电影的商业模式

电影的商业模式通过各个国家不同的电影产业链构成体现出来。产业链有制作、发行、推广三大结点，一般的步骤是创意主题、编制剧本、费用预算、融资赞助、电影拍摄、后期制作、发行推广、院线上映、衍生品售卖等。在中国还要经备案和审查，好莱坞的核心在发行推广。产业链上盈利的主要环节在融资与广告商赞助、院线上映的票房，从电影工业化的产制看，商业效益主要出现在以下环节或渠道：

（1）票房：由国内影院和各类放映机构上映电影而来源于观众的收入。

（2）融资与广告赞助：由企业投资电影和广告商植入广告等形式获得的收入。

（3）院线拷贝：由影院等国内电影放映机构购买放映权而获得的收入。

（4）海外发行：由其他国家购买的电影在其国家的放映权所获得的收入。

（5）主题衍生品销售：由电影主题符号化的玩具、游戏等产品销售的收入。

**小结：电影媒介特征与素养**

（一）电影的诞生依赖传媒技术并呈现影像文化特征

——电影是根据“视觉滞留”原理而形成运动的声画影像艺术媒介

——电影媒介符号利用“蒙太奇”创造了逼真性与虚拟性的统一

（二）电影媒介的品性与叙事功能

——电影富有运动性美学品格和感官体验

——电影是饱含丰厚人伦底蕴的思想性媒介

——电影语言符号是渗透着美学本色的艺术性媒介

——电影及特技是高科技性媒介

——电影具有现实主义和表现主义两种基本风格

（三）电影生态与商业模式

——当代“类型片”和“概念片”等商业电影主导产业价值和效益

——盈利环节：票房＋融资与广告赞助＋拷贝＋海外发行＋衍生品销售

## 第三节 电视媒介特征与素养

电视之所以是电视，最关键的一点是能“看”，故为“电视”。“看”不是靠思想和观点取胜，而是靠形象和表演。通过电视人们看的以及想要看的是动感影像，虽稍纵即逝却能斑斓多彩，绚烂夺目，愉悦身心。电视作为一种经常性的、家居性的、人人性的日常生活感观，在它诞生不到百年以来一直作为人们的精神食粮，扣合了人们寻求快乐的生存天性，使娱乐精神富有时代意义并熠熠生辉。尽管自报纸以来人类专业传播媒介的发展已有400多年，而后发的电视却占据了得天独厚的“元媒介”地位。迄今为止在任何一个国家或民族，电视依然以主流媒介的姿态，兼容报刊，台网互动，以数字化和网络化的媒介融合在每一个社会组织的最基本细胞——家庭的媒介消费中独占鳌头。

媒介环境论学者提出“用上电视以后，我们不应该只过问它对收视者的影响，还要过问它对印刷媒介、电影和广播的影响。我们研究媒介对全民的社会影响时，再也不能以一个个分离的单位去思考技术”①。在欧美一些国家，媒介素养教育首先发自电视对青少年的不良影响。因为与电影不同，电视走进了家庭，进入了每个人的生活空间，且电视的生活化内容与人们的日常状态最为接近，也更容易影响缺少抵抗力的年轻观众。

## 一、电视的诞生与意义

### （一）电视媒介是跨领域、跨国界、跨越时空的国际发明

电视比电影诞生得晚，其技术的发生和成长过程较电影复杂许多。1817年，化学元素“硒”被发现；1873年，英国化学家约瑟夫·梅发现流经硒的电流强弱和光照强度有关，提出光电效应；1884年，德国科学家尼普可夫发明可以转动扫描的圆盘——“尼普可夫盘”；1899年，物理学家兹化伊金发明了光电摄像管，使机械电视和电子电视有了坚实的基础；1902年澳大利亚物理学家芬伯兰克提出了彩色图像传播原理；1925年英国科学家约翰·贝尔德在伦敦百货公司橱窗用自己制造的电视公开演示了“电看”（Televisor），由此赢得“电视之父”的称号；1928年贝尔德将图像从英国伦敦用无线电波传送到美国纽约，电视正式诞生；1929年美国工程师艾维斯试验成功了彩色电视画面。20世纪30年代，电视技术相继在英、美、德等国使用。1945年以后，几乎被第二次世界大战终止的电视得到实质性进展。1954年，美国第一台彩色电视诞生，1960年以后，美国第一个将通信卫星运用于电视节目信号传输，电视才真正走入大众生活。1969年美国宇航员阿姆斯特朗在月球上迈出人类第一步，全世界7.23亿人在电视上目睹了这一历史时刻。自此，人们感受到了这一带有视像的媒介力量，电视便在全世界飞速传播。

电视媒介是跨领域、跨国界、跨越时空的一项国际发明成果，其结构更复杂，效力更强大。一路走来，电视媒介不断集纳最新技术更新换代，从有线电视到卫星电视、从高清晰度电视到数字电视，每一次都给电视观众带来视觉冲击。在互联网已经网络天下的当代，电视依然是最普遍的、居家老小共同的休闲和娱乐媒介。

### （二）电视媒介的特征与意义

同样作为视频媒介，电视也是一种影像艺术，与电影有许多共同的基本特

① ［美］林文刚：《媒介环境学——思想沿革与多维视野》，203页，北京，北京大学出版社，2007。

征，但存在一些异质的方面（见表 7—2）。

**表 7—2　　　　　　　　电视与电影媒介特征之比较**

<table>
<tr><th colspan="2"></th><th>电视媒介</th><th>电影媒介</th><th>备　注</th></tr>
<tr><td rowspan="7">二者<br>不同<br>之处</td><td>传播<br>介质</td><td>电视机无限或有限接<br>收电视台发射的信号</td><td>电影放映机播放<br>电影胶片或数码介质</td><td rowspan="3">尽管都是影像媒介，但电视与电影是两套完全不同的制作平台和传播渠道，也属于两类不同的影像内容生产和媒介消费方式。</td></tr>
<tr><td>接收<br>场所</td><td>拥有电视机的环境，<br>多为住宅或办公室等</td><td>影院或室外可投射的<br>屏幕，多为公共场所</td></tr>
<tr><td>接收<br>时间</td><td>日常，每天晚上呈现<br>黄金时间效应<br>收看时间相对集中</td><td>业余时间，一般周末<br>或节假日为黄金时间<br>观影时间相对分散</td></tr>
<tr><td>传播<br>形式</td><td>分频道、栏目<br>有专题指向性<br>适应分众、小众性</td><td>分档期、分内容<br>影片分类型<br>适合公众性</td><td rowspan="4">电视如 CCTV - 13 是新闻频道，面向所有观众；CCTV - 5 是体育频道，面向体育爱好者，可以实时转播，例如 NBA 的现场直播，可吸引众多球迷。<br>电影则以“部”为单位，依题材分类。</td></tr>
<tr><td>传播<br>内容</td><td>主要是针对日常人们<br>社会生活的经验观感<br>内容“生活化”</td><td>一般超出日常人们社<br>会生活审美体验和艺<br>术升华内容“奇观化”</td></tr>
<tr><td>传播<br>时效</td><td>可即时传播<br>也可事先摄制<br>具有跨时空性</td><td>事前摄制，要后期制作<br>传播时具有滞后性只<br>能在有屏幕的现场放映</td></tr>
<tr><td>互动性</td><td>互动性较强</td><td>几乎无互动性</td></tr>
<tr><td>二者<br>相同<br>之处</td><td colspan="4">都具有视频媒介语言符号：画面、声音、造型、镜头、特辑、编辑等<br>都具有视频语言符号的三大要素：图像要素 ＋ 声音要素 ＋ 文字要素<br>都具有纪实性，都处于拟态环境下<br>都会呈现影像谎言和错误再现，都会出现伪语境、伪事件等<br>都存在传媒“操控符号”的必然现象</td></tr>
</table>

电视媒介的出现使影像传媒第一次走进家庭，进入人们的日常生活。电影需要影院特定的放映条件，影片内容经常是艺术或思想升华之后超越人们生活的观影题材，尽管也是面对社会公众，但需要特别的选择和特意的安排。电视则可以成为人们日常生活的一个组成部分，比电影消费更灵活、更自由，任意时间开机，随心选择频道，欣赏自己心仪的栏目，随时可以参与各种各样的反馈与互动，娱乐业余生活，这一切不需要购买门票，几乎没有什么经济负担。包括我国在内，在世界大多数国家，低成本或近乎于免费的电视媒介服务，迄今依然是家庭消费的主要媒介，这是电视媒介的特殊意义。

## 二、电视媒介的品性与功能

### (一) 电视的品性

第一，电视依赖于电视传媒机构的强组织性、强公共性、高公信力、先进传媒技术且渗透家庭而成为强势传播媒介。电视的成长不到百年，然而人们看到了电视驾驭社会时尚和最新技术的媒介潜能，一直受到人类的追捧。在方寸天地间通过多种栏目设置尽展宇宙无限风光，电视得益于多种技术结合，依赖于电力、电报、摄影、动画和广播的技术支持，同时也有足够潜力吸纳最先进的传媒技术，已经普及的卫星电视和正在到来的数字电视时代已经印证了这一点。今天的台网互动，使《舌尖上的中国》虽起于电视但红于网络，反过来又提升了节目收视率，使电视节目的制作进入正态的产业循环链，进而产生最好的社会效益和经济效益。

第二，电视媒介具有综合艺术性的美学特征。从内容上，电视可以再现人类生活的各个方面；从形式上，电视既可运用电影、绘画、音乐、文学、戏剧等艺术表现型的媒介形式，也可以运用报刊、广播等传播媒介形式。电视作为艺术形式主要表现在电视剧的创作和对社会历史物质的或非物质的文化资产的再现方面。

第三，电视媒介具有娱乐天性。毋庸置疑，娱乐缘于人性，对于进入家庭生活的电视送给人们快乐这本无可厚非。人对幼年的记忆与游戏玩耍联系在一起。人类从诞生之日，娱乐伴随成长，从坐滑梯到翻滚过山车，娱乐需求不曾停止。人类学学者认为，从原始巫术、宗教到神话产生发展的过程，是一个从通神、娱神再到娱人的过程，原始的娱乐形式包括游戏和艺术等早已伴随人类的成长渐渐出现了。英国哲学家赫伯特·斯宾塞说："人类在完成了维持和延续生命的主要使命之后，尚有剩余的精力存在，这种剩余精力的释放主要是娱乐。"① 有史以来的各种娱乐方式都需要借助媒介传播。如神话通过语言口耳相传，舞蹈通过舞者身体即时舞动，艺术品借助于各种材料留存。但这些媒介并不能大规模传播，娱乐的社会化和参与程度很低。大众传媒出现以后，通俗小说上了报纸，流行音乐广播传送，娱乐的形式和内容都有所发展。电视由于视听兼备的影像功能给予人们更多更强的身心体验，为娱乐提供了广阔空间，电视益智节目也为人类提供了新的娱乐手段。总之，以居家休闲时间为主的电视媒介是娱乐最适切的载体。

---

① 转引自文硕：《这就是娱乐经济》，19页，北京，中国广播电视出版社，2002。

第四，电视传媒的集权和垄断性赋予其更强的意识形态导向作用。有史以来，电视媒介跨越时空的传播覆盖能力、实况转播的“现场”影像发布功能以及电视传媒机构的庞大社会组织能量，使其很快居于传媒之首的强势地位，这个格局直到移动网络视频终端的发展才有所消解。电视媒介呈现的现实同样具有虚拟性，其议程设置以及意识形态导向在生活氛围下更有穿透力。20世纪下半叶电视机普及以来，社会公众心理现实的形成对电视的依赖性越来越大。电视长时间涵化着观众，潜移默化地影响到受众的心理现实建构，于是形成了传媒“无冕之王”的地位，电视机构的集权和垄断不断强化传媒的社会权力中心功能。电视传媒机构自身都有所警觉，有的直接参与青少年的媒介素养教育（见国际视野：美国纽约市公共电视台提出关于“如何看电视”的媒介素养专题）。

**国际视野**

### 美国纽约市公共电视台提出关于“如何看电视”的媒介素养专题

纽约市公共电视台 WENT－13 针对“如何看电视”，向市区学校提供了一套问题，以帮助电视观众辨析电视内容。这项有关媒介素养教育的辅助服务包括下列问题：

第一，电视的劝服意图是什么？

第二，如何分析电视新闻、节目的播出与“黄金时段”？

第三，你了解自己对节目的喜好所在吗？

第四，如何事先过滤电视节目的好坏？

第五，如何成为一个具有批判能力的电视观众？

第六，电视与我们的生活有什么关系？

第七，电视戏剧的组成元素有哪些？

第八，屏幕之后有哪些电视摄影技术？

第九，不同的电视节目形态是如何构成的？

### （二）电视媒介传播内容与功能

电视由于其组织形式和媒介样态，使其传播内容直接接入社会生活口径，题材广泛、丰富多样，尽管各家电视台的频道构成相对稳定，但频道内部的节目内容与形式的快速更新，已成为众多电视台吸引观众的重要手段。对于电视节目的分类，各国的各家电视台以不同的选择与定位为特色，但都呈现出综合与专业结合、新闻与娱乐共生的特点。一般各电视台通用的主要内容频道有：

（1）新闻报道类：这是主流传媒的第一要职，通过专设频道 24 小时滚动播报。

（2）深度访谈类：新闻的延伸，通过专题专访针砭时弊、弘扬善德并揭露丑恶。

（3）文娱节目类：通过电视剧、电影、音乐、综艺和各种真人秀等提供娱乐内容。

（4）体育报道类：以专门体育新闻报道和大型赛事的实况转播满足部分观众的需求。

（5）行业专业类：面向如财经、科教等特定领域，提供资讯内容和知识信息服务。

（6）定向观众类：针对特定的观众群体，如少儿、农民等，提供所需的资讯服务。

播报新闻与娱乐是电视最主要的两大功能。在电视传媒机构，新闻是所有主流媒体的常项，各个电视台之间比拼的是第一手新闻和第一时间。在当代多媒介多终端竞争下，电视台着力在独家新闻的深度报道。尽管目前数字报的发展已经占领用户终端，但是电视的影像承载和深度采访与报道能力在目前的传媒领域还是能够独领风骚。

电视文娱节目里的电视剧和娱乐节目是最能体现电视频道竞争力和电视台特色的内容。电视剧是通过电视机播映的演剧形式，为电视媒介的专属样态。作为电视媒介最有代表性的文化娱乐形式，电视剧的创作元素兼容了电影、戏剧、文学、音乐、舞蹈、绘画、造型等多种艺术结构，融合了舞台和电影表现手法，成为只适应电视传播的综合艺术样式。历史上单本剧较多，现在几乎都是连续剧或系列剧，短则数集，长达上百集。电视媒介可以播放电影，但电影媒介不具备播放电视剧的条件。电视剧跨越了电影放映的空间，延长了电影的时间性，将叙事结构拉长放大，题材上更能映照社会历史或现实生活，适合进入家庭，具有广域的观赏性和通俗性，是人们日常文化娱乐的主要形式。

电视娱乐节目广义上指综合了舞台艺术与电视艺术的表现形式，具有趣味性和娱乐性的各种节目样态，包括影视剧、文艺专题片、各类晚会以及综艺类、音乐类、游艺类、竞技类等真人秀节目。狭义上的电视娱乐节目指单为观众提供娱乐和消遣的趣味性节目，包括综艺类、音乐类、游艺类、竞技类等真人秀节目。早期的电视娱乐节目以转播文体节目为主，电视媒介依靠其强大的穿透力，把音乐、舞蹈、游戏、体育、故事片等送到每个家庭，使人们足不出户便获得内容丰富的文化和娱乐体验。真人秀节目被引入中国电视传媒以后，益智类节目迎合了人们愿意接受挑战的勇气，真人秀节目迎合了当代个性表达的愿望。当代中国的电视娱乐出现了题材广泛、内容丰富且形式纷繁的真人秀节目。这里，我们有必要从媒介素养的角度反思：真人秀在娱乐的同时还给予了我们什么？

电视真人秀（reality television）是“作为动态的具有目的性的线性叙事模型，是对自愿参与者在规定情境中，为了预先给定的目的，按照特定的规则所进行的竞争行为的记录和加工”①。顾名思义，真人秀节目有一定“真实性”成分（见当代词注：真人秀）。

**当代词注：真人秀**

“真人秀”这一娱乐形式的问世较晚，有学者将其出处归因为1998年美国电影《楚门的世界》(*The Truman Show*)。

《楚门的世界》中的主人公楚门是个孤儿，20多年一直生活在一个岛上，每天的生活都被无处不在的摄像机拍摄下来并在电视上播出。但是，包括楚门的邻居在内的岛上所有居民都是导演安排的演员，只有楚门不知道自己每天的生活都是被监控的一场场戏，而自己正是这场戏的主角。

“楚门”在片中既是人名，也带有真人（true man）的含义，这种以普通人为主角的节目与以往由职业演员演出的电视剧是不同的。“show”又带有戏剧性的成分，把“真人”放在一定的情境——由导演事先安排好某些情节，即“秀”出好看的节目，这种形式即为“真人秀”。

《楚门的世界》好像是道破了一个谶语。从1999年开始，西方电视界陆续推出了类似的真人秀节目。国外的真人秀节目开始主要往两个方向发展。

第一，野外生存类的真人秀。例如美国CBS 2000年推出《生存者》(Survivor)，选手通过各种野外生存的考验，经过各种比赛，产生最后的赢

---

① 尹鸿等：《电视真人秀的节目元素分析》，载《现代传媒》，2005（5）。

家。我国广东电视台的《生存大挑战·徒步边境线》、湖南卫视的《爸爸去哪儿》大部分也是选自野外情景和体验。

第二，室内生活类的真人秀。例如，1999年荷兰的《老大哥》（*Big Brother*），安排若干名青年男女选手在一个大宅子中共同生活一段时间，用摄像机记录每天生活的几乎一切活动，通过观众的评判逐个淘汰，最后产生赢家。

在中国，真正拉开真人秀节目大幕的是2005年湖南卫视的《超级女声》，这一年，真人秀节目在我国各类综艺节目中播出时间所占的份额为14%，位居第三，但收视份额却高达30%，位居第一。有手机互动参与投票的《超级女声》使许多国人第一次以平民评委的身份参与和享受娱乐事件，尤其受到青少年观众的欢迎。其后，如《加油！好男儿》、《梦想中国》、《非常6+1》、《我型我秀》、《非诚勿扰》等陆续播放。

2005年的《超级女声》打响了中国电视娱乐节目以后，电视荧屏上演了一场又一场真人秀的盛宴。2010年，英国版权方授权东方卫视“达人秀”，使全球最大的真人秀节目落户中国。根据版权方规定：“达人秀”节目的规则是不设门槛、不限才艺，因此被称为全世界最大规模的真人秀节目，这是当年中国唯一一个获得原版授权的真人秀节目。东方卫视启动《中国达人秀》后，在电视娱乐界又掀起一阵不小的轰动。之后，《中国好声音》、《中国好歌曲》、《我是歌手》、《最美和声》等达人秀节目陆续问世，全国选秀以及各种模仿秀娱乐节目此起彼伏，其中《中国好声音》（见案例与7-2）以其创新性与亲和力已经进入第三轮。如今，我国真人秀节目的发展已经进入观众细分市场时期，如《爸爸去哪儿》、《妈妈听我说》等亲子类主题，使娱乐内容与形式走向更深入生活的题材与内容，这直接导致真人秀节目在各类电视艺术形式中的影响力越来越大。

## 案例 7—2

### 《中国好声音》的影响力

《中国好声音》（*The Voice of China*）是由浙江卫视联合星空传媒旗下的灿星制作的，其节目定位于：强力打造的大型励志专业音乐评论节目。有报道称其源于荷兰一档著名的电视节目《荷兰好声音》(*The Voice of Holland*)。《中国好声音》于2012年7月13日正式在浙江卫视播出，至2014年8月已播到第三季。

(1) 再爆狂潮。有研究者认为，迄今电视选秀节目在中国有过两次高潮，第一次是由2005年的《超级女声》引发的，第二次就是由2012年的《中国好声音》引爆出的。其间中国经历了选秀节目的同质化、低俗化，甚至审丑化的“娱乐至死”型狂轰滥炸，在几乎陷入停顿的窘境下，《中国好声音》一跃而起，以极高的艺术魅力，创新了国内电视音乐娱乐节目的形态，刷亮了观众眼球。首播就掀起收视狂潮，之后的第二、第三季，引发了至今的娱乐节目多样式，以及多家电视台的音乐类选秀节目的大混战。

(2) 精耕细作。《中国好声音》从学员、导师团队、专业伴奏乐队等软件建制到专业音响设备类硬件设施，其精耕细作的高标准开创了国内电视音乐类节目的先河。节目内容结构上有新鲜、刺激和悬念感，以演唱选手、嘉宾评委和现场观众的互动推进，注意挖掘好声音选手背后的艰辛生活，在形式上给予观众感官享受，在内容上给予观众正能量的感动。

- 第一季《中国好声音》节目无海选形式，由导演组飞赴各地搜寻“好声音”选手，引发热心参与者自发地学习歌唱方法和技巧的热潮。
- 第二季《中国好声音》，由搜狐视频直播。播出前也经历了一段漫长的学员寻找、选拔期。在比赛流程的设置、节目后期制作等各个环节无不精益求精。
- 第三季《中国好声音》由腾讯视频独播。事先在北京举办了汪峰、那英、杨坤和齐秦组合的导师发布会，观众记住了他们的转身以及可成为经典道具的红色转椅。

(3) 广告赞助。中国凉茶著名品牌“加多宝”连续三季冠名，第一季冠名费6 000万元，这个数字从节目尚未播出看实属“风险投资”，然而“豪赌”完胜。据调查数据，通过《中国好声音》节目，消费者对该凉茶的知晓率高达99.6%。这使第二季独家冠名权出现了各企业竞标的抢手行情，在9 000万元的招标底价基础上，经过与另一酒类品牌50多个回合的较量，最后“加多宝”以2亿元天价再度拿下第二季独家冠名权。第三季，“加多宝”又以2.5亿元拿下冠名权。据尼尔森网联进一步调研显示，在2012年《中国好声音》巅峰之夜五个小时的节目中，广告插播12轮，时长占比17%，涵盖12个行业的59个广告主。如今，《中国好声音》创造了电视音乐真人秀节目品牌，“加多宝”也给自己的下注赢得了品牌阵势，可谓“媒企”双赢。

资料来源：尼尔森网联调查，2014-08-31。

**反思：**

（1）在“超女”之后的《中国好声音》为何能够脱颖而出，引发新一轮选秀热潮？

（2）在各卫视娱乐节目激烈竞争的今天，《中国好声音》为何能走到第三季？

（3）要卖多少罐凉茶才能赚得6 000万元，或2.5亿，加多宝企业为何如此“豪赌”？

**结论：**

（1）“超女”、“型男”都只是娱乐符号，艺术魅力更能满足人们娱乐天性的美学需求。

（2）选秀节目未停留在艺能表象，而是走进人物的心里和灵魂，人格魅力的吸引力更大。

（3）节目元素赢得了社会的关注，提升了传媒商业价值，广告品牌传播效果得以保证。

真人秀节目在电视屏幕上迅速发展起来，依赖于当代全球性的，尤其是国人的意识形态：开放创新释放个性，需要人们凭自己的知识、运气、勇气和能力去赢得自己的未来。学界专家解构真人秀形式，将其分解出七个节目元素。①

（1）参与者：作为故事主体和观众观看客体的人物元素。

（2）悬念：推动节目、观众和故事发展的动力元素。

（3）竞争：形成人物关系和情节变化的结构元素。

（4）淘汰与选拔规则：形成人物命运戏剧性转折的环境元素。

（5）时空规定：形成故事假定性的情景元素。

① 参见尹鸿等：《电视真人秀的节目元素分析》，载《现代传媒》，2005（5）。

（6）现场记录：形成节目基本过程的细节元素。

（7）艺术加工：强化故事的感染元素。

真人秀节目中的各个要素彼此扣合，水乳交融，亦真亦假，实幻相交，将观众带入虽虚幻但真情、真感、真语言的传播境界。真人秀节目最显著的特点是在制作手法上纪实性与虚构性的结合，被加工和包装之后的真人和真技能更有看点。另外，节目内容充满刺激性与诱惑性，播放过程中给予观众的平等性与互动性使节目产生少有的魅力和吸引力，这是当年《超级女声》能够走红的主要原因。然而在文化观照下我们看到，电视真人秀节目作为大众传媒文化时代的产物，在快速膨胀般占领娱乐时空的同时，也令人喜忧参半：

第一，当下我国真人秀节目内容广泛，能够不断满足各种细分市场的需求，亦喜。

第二，体现主流文化和娱乐文化之间的互动，也喜。不少真人秀节目主动接合主流意识形态，如在歌唱类达人秀中，选手除了唱各种流行歌曲，还选择如《故乡的云》、《万水千山总是情》、《我和我的祖国》、《学习雷锋好榜样》、《社会主义好》等，反映了我国娱乐节目既鼓励年轻人“站出来秀出自我”、“想唱就唱要唱得漂亮”，也力求保持电视媒体的主旋律风格。

第三，真人秀节目从冠名、道具、主持人口播到节目之间多次中断插播广告这些浓重的商业味道，亦忧。商业时代，没有广告赞助就没有节目制作。目前国内一般省级电视台开办的真人秀节目，启动资金都在数百万元以上。为了能够盈利，制作方不得不在节目中反复插播广告，但是频频狂泻的商业讯息将冲击观众心理，影响观众的娱乐心态和参与热情。久而久之，弥漫的商业气息会培养观众对娱乐节目广告的逆反心理。如果减奢华求内敛，适当降低制播成本，也可能使真人秀节目走上健康发展的轨道。

第四，有些真人秀节目过度追求一时的娱乐效果，导致娱乐低俗化的媚俗行为，堪忧。真人秀节目的自由与趣味，同样需要健康与品位，为求娱乐而过度“表演”，如一些明星不惜把自己“丑星化”，现场耍宝、卖弄“段子”，似投其所好，实则有悖娱乐精神的内核——健康的愉悦、文化的审美和精神的享受。真人秀节目本应生长在守正与创新、通俗与高雅、真切的人文关怀和人性大爱之间，否则就有可能触探伦理和道德底线。

电视娱乐节目的主持人和嘉宾也是影响节目品格的重要元素，他们在现场的表现虽真也“露”，很容易放大一个人的浅薄、狭隘和偏激，滋生一种莫名其妙的优越感，容易有更强的表现欲望，容易自以为是地表现自己，容易武断地给别人扣帽子等。沉陷在“话语霸权”中，甚至出现失态，这是电视主持人或嘉宾最忌讳的。如果管理不了自己的情绪，真人作秀就成为一种专业失态，形象走型、节目走样。故此，主持人和嘉宾在现场除了具有智慧与机智外，还需要宽厚和仁慈，需要具备“照顾他人感受”的意识，这是电视主持人需要具备的媒介素养。

电视的媒介特性与娱乐文化天然契合，这给以真人秀为代表的电视娱乐节目提供了机会，让观众从过去的仰望到今天的参与，找到发声或宣泄的渠道和平台。当然，只有了解和辨析各档真人秀节目的构成要素，才能把握时机，享受娱乐文化带给个人的欣喜与快乐，这是当代人们媒介消费质量的提升。

## 三、电视生态与商业模式

### （一）我国电视媒介的生态环境

从1958年起步，我国电视的主流形态除日常新闻外，多以文化、体育类节目形式出现在电视荧屏。20世纪60—70年代末，电视节目泛政治化。电视娱乐节目的春天始于80年代初，以中央电视台（简称“央视”）为例：1981年的《北京市中学生智力竞赛》是央视第一次播出益智类节目；1981年的《万紫千红》和1982年的《舞台与荧屏》标志着我国电视娱乐节目由以剧场转播为主走向以自创自办的综艺节目为主；1983年播出第一届《春节联欢晚会》；1984年首次举办《全国青年歌手电视大奖赛》。90年代初期进入综艺晚会时代、中期以游戏类节目为代表、末期以益智类节目为代表。2000年以后，各种相亲类、达人秀等真人秀节目进入高潮，围绕观众热点和收视率，电视进入全面竞争的时代。

电视传媒的竞争既来自其同行电视台、上星频道之间，也来自电视台内部各个频道之间，最为惨烈的是与网络电视和数字电视之间的受众之争。至今涌现出一批生命力持久的优秀栏目：《焦点访谈》、《3·15晚会》、《养生堂》，以及多家电视台的读报节目等。总体看，在20世纪出现过泛政治化的倾向后，21世纪以来的主流就是泛娱乐化，重复着西方电视发展的路径。社会文化理性与幽默品性不够，擂台有余而内容不足。在多媒介与新媒介环境下，电视正在多元化的竞争与合作中走向媒介融合（见第八讲）。

### （二）电视媒介运行的商业模式

从20世纪80年代初期开始，电视凭借传播强势很快获得广告主青睐，我国电视事业逐渐走向市场，电视机构以企业化方式运营媒介。如1983年开始举办的我国第一个以国产电视艺术作为评奖对象的金鹰电视节，首届在云南昆明举办，之后流动于各城市间，2000年第十八届以后落户湖南。每届金鹰电视节都由中国电视艺术家协会、湖南省广播电视局等代表官方的参与者主办，由湖南广电集团作为最主要和最直接的承办者，由影视娱乐明星作为最基本的也是最吸引眼球的内容元素参与，由企业广告主作为品牌利益诉求最直接的赞助商投资，由进入电视节目现场直播背景里的观众作为群众参与，这构成一个结构多元化元素有机组合且可行的电视娱乐节目运行模式。我们从中既可以总结出我国电视传媒运行的特色；又可以窥视在电视传媒产业链中，电视是如何生产节目、生产受众和生产意义（文化、艺术、娱乐等社会效果）的产业化效益，以赢得广告主赞助而获取经济效益的（见表7—3）。

**表7—3　电视传播中的“两种经济”**

| 形态 / 角色 | 金融经济 I | 金融经济 II | 文化经济 |
|---|---|---|---|
| 生产者 | 节目制作者 | 电视节目 | 电视观众 |
| 产 品 | 电视节目 | 电视观众 | 意义和快乐 |
| 消费者 | 电视台等传媒机构 | 广告商 | 电视观众自己 |

相比文字语言先天性理性表征，一切视频媒介，包括电影、电视和网络视频的视像刺激更具有感官体验性，需要人们的媒介素养积淀感知影像的影响，解构符号的意义，消解暂时的感官刺激，进一步解读和理解作品的含义。图像传播的意识形态更模糊、更多元，在许多情况下离不开文字语言的辅助，以界定准确内涵。除了纯粹的艺术图像表达，在大多数功利性传播中，视频图像反倒是文字语言传播的辅助表达，帮助人们加深感性印象，建构形象，在感性与理性的交融中，对某人、某物或某事件产生明确的意义。我们不难发现，在如总统竞选活动这类政治传播中，在商业广告信息的传播中，都会出现道白或旁白，都不会缺少解说性的文字符号以界定和强化意义。如此，观众对图像的感官反应会在解说文字的牵引下建立概念，导入目的。在网络视频进入人们生活的今天，这方面的媒介素养知识与理性尤显重要。

**小结：电视媒介特征与素养**

（一）电视媒介是跨领域、跨国界、跨越时空的国际发明

——电视成为最普遍的、居家老小共同的休闲和娱乐媒介

——电视比电影消费更灵活、更自由、更生活化

（二）电视作为强势传媒具有新闻与娱乐两大主要且基本的功能

——电视媒介具有综合艺术性的美学特征

——电视媒介具有娱乐天性

——电视传媒的集权和垄断性赋予其更强的意识形态导向作用

—— 电视真人秀节目的盛行依赖于当代开放创新、释放个性的社会心态

（三）电视媒介生态与商业模式

——电视传媒的竞争来自电视行业内部和外部的新媒介环境

—— 21 世纪以来我国的电视艺术走上了泛娱乐化这一西方的老路

——电视媒介通过生产节目、生产受众和生产意义产生商业价值

**本讲课业**

● 思考：1. 你怎样理解“电视作为家庭消费主要媒介”的内涵？

2. 你认为电视作为娱乐媒介，其最擅长的娱乐节目形式有哪些？

● 阐释：你还看电视吗？今天的电视对你还有哪些影响和意义？

● 反思：《中国好声音》中选手的“故事诉求”将观众的注意力吸引到选手背后的故事上来，你认为在这档节目中，选手们诉说的个人成长经历或心理对节目有什么意义。

解读：通过《中国好声音》这档电视节目的定位，分析选手“故事诉求”的意义。

课业辅导：

（1）理解“真人秀”这类电视娱乐节目的属性和本质，分析“好声音”的切合性。

（2）观赏“好声音”2～3 个选手较为典型的现场故事表达，谈出你的第一感受。

（3）从正向、负向两个或制作者、观众等多个视角分析选手的艰辛经历对节目的影响。

（4）试解读这种现象引发了社会不同看法的原因，哪些是客观的，哪些是主观的。

**本讲阅读**

1. [美] 麦克·麦德沃. 飞跃好莱坞. 北京：中信出版社，2010.

2. [美] 斯坦利·J·巴伦. 大众传播概论. 北京：中国人民大学出版社，2005.

3. 尹鸿、曹书乐. 影视传播研究前沿. 北京：清华大学出版社，2012.

4. 尹鸿. 当代电影艺术导论. 北京：高等教育出版社，2007.

5. 黄琳. 影视艺术. 重庆：重庆大学出版社，2001.

# 第八讲　当你遇到谷歌的街景车

## ——互联网时代与素养

**本讲要义**

* 互联网的力量
* 互联网媒介的品性
* 网络舆情分析
* 移动终端的优势特征

人们总是在问明天是晴天还是下雨，却很少关心下一个季节是什么。

——美国资深媒体人凯文·凯利

互联网创生了一个新时代。它不仅仅是媒介，而是一种超媒介，当代互联网的力量已经超乎媒介的所有属性，它对人类社会的冲击远不是一种媒介工具所能达及的。故而，本讲我们将网络媒介素养定义在一个时代的意义上，探讨在互联网世界中，当代人需要具备哪些素养才能富足又安全地生存。根据中国互联网络信息中心（CNNIC）第 34 次《中国互联网络发展状况统计报告》，截至 2014 年 6 月，中国网民规模达 6.32 亿。其中手机网民规模 5.27 亿，互联网普及率达到 46.9%。在网民上网设备中，手机使用率达 83.4%，首次超越传统 PC 整体 80.9%的使用率。手机支付的使用率由 2013 年的 25.1%增至 38.9%；互联网理财产品推出仅一年时间，用户规模已达到 6 383 万，使用率为 10.1%。数据证实：互联网已不仅是一种信息工具，还是购买手段、交易平台。不止如此，互联网还以一种前所未有的能量，打破了任何物理性隔离，将无数碎片聚合起来，以一种没有组织者的形式将具有共同情趣和志愿的人们联结起来，重构网络世界的社会结构和人际关系。

互联网给人类提供便利，也带来种种威胁：人们在免费享用的同时却外泄了隐私，在随时随地自由享受 Wifi 的同时也使自身无处可藏。“安全”成为当下互联网大佬们谈及最多的概念，“信息安全”成为目前各国政府最关切的国家隐忧。至今，我们也只能针对社会发展到这个时期、互联网发展到这一阶段的诸多表象论三及四。然而明天、后天，互联网技术的延伸与创新所带来的正负能量还会汹涌澎湃无人可挡。但是，人们可以利用智慧和素养清醒地防范、理性地选择。技术本身无错，技术的报复只发生在错用的意图上。

## 第一节　互联网时代的聚变力量

打破隔离，聚合碎片，给予个人和自组织力量，重构关系，创造新产品、新产业样态，互联网正在使今天的世界发生时代性变迁。在天罗地网之间，将碎片的时间聚合起来，将游离的个人黏合起来，将分散的信息整合起来，使之汇聚出超强的能量，解决现有组织结构难以完成的工作，互联网给予这个时代的能量和功能至今仍然难以描述。

### 一、打破隔离贯穿一切的互联网力量

#### （一）打破地点界域的互联网力量

每一个人都生活在一个有限的时空下，构成与学校、职场、购物地点或近或远的地理距离。到确定的地点读书、在确定的地点工作、去确定的地点消费，成为过去每一位生存个体不得不“奔命”的基本格局。互联网打破了用钢筋铁骨铸成的隔离力量，贯穿了一切外壳的组织形式，连接起每一个人，重新定义了人们生存与生活的个体化意义：用自己思维的大脑通过键盘跨越千山万水，寻找和构造能够赖以谋生的知识产品。

互联网使人类社会的地理距离消失了，新的自由状态和个性化工作创造了新的个人生存状态，促发了更多的创新产品。冲破任何物理性的和地理性的隔离，将电脑与电脑连接起来，将人与人联系起来，也贯通了生产者与消费者，这是互联网创造的生产力。

然而这种力量对千百年来形成的物质世界和社会历史发展稳定下来的管理格局却带来各种挑战。一网贯通全球，打破了国界和地域，更冲破了国家管理法律边界行政区划，出现的是一个名副其实的无边无界，以技术为“护照”的任何人都可以游走在网络虚拟世界里的任何位置获取数据、截获信息，也带来重重隐患，关于这一点我们将在第九讲第二节“技术的报复效应”中加以

阐述。

### （二）打破时间规制的互联网力量

大凡开过网店的人都有这样的体会，一天 24 小时内的每一小时、每一分钟都可能拿到生意，所以最好时时在线，以给予需求者第一时间反馈。“在线”、“在网”、“上线”，这些表述相当于“上班”、“约会”那些限定了时间的词汇意义，然而却没有时间规制。互联网最明显的特征就是“快”，它没有什么“定时”、“守时”之意，它的概念就是“随时随刻”、“第一时间”、“及时传送”。只要在线，人们之间就可以即时互动，就可能彼此激活更多的交流与反馈，或者使更多人的发现彼此而建立实时连接和交往。

在这个时代，“速度”是效益的保证，是互联网超越其他任何传媒的完胜优势。电子商务的持续发展直接验证了“速度”是商业竞争的主要因素，是信息发挥作用的重要考量。冲破时间规制提高“速度”的质量，这是互联网带来的社会效益和经济效益。

## 二、黏合碎片、聚合融汇的互联网力量

### （一）聚合“创客”和“自组织”的互联网力量

人机的背后是人人，一网罗天下的首要意义在于“网罗”人，聚合个体的智慧和创新；以无组织的形式聚合具有相同心愿的个体，形成具有非营利性、无限度发挥个人潜质、通过网络平台的一种聚合力量。

通过互联网发挥个人的创新潜质，不以盈利为目标，而且努力把创意转变为现实，这就是“创客”（Maker）。创客最早起源于麻省理工学院（MIT）的比特和原子研究中心（CBA）发起的个人制造实验室（Fab Lab）。它是从个人通信到个人计算再到个人创新和制造的社会技术发展脉络，构建以用户需求为中心、面向应用的个人智慧创造的融合，使创新与发明不只发生在拥有昂贵实验设备的大学或研究机构，也将不仅仅属于少数专业科研人员，而是通过互联网有机会在任何地方由任何人完成。创客空间这种模式带动了个人设计、个人创造的浪潮，个人的智慧在一种“玩”的状态下良性互动，彼此分享，也为用户的需求带来更广泛的创新人力资源环境。创客空间是以每一个自由个体为创新主体、以用户需求为创新理念、面向客户应用的个体交融性的创新环境，通过互联网聚合个体的创新实现目标。

网络将具有相同或相似的想法、情趣、品性或志愿的人聚合起来，这是一种松散式结构，自发联结起来，或以网络社群形式出现，这就是“自组织”。他们与社会的主流文化价值观相同、相近或相异。当代互联网的力量使人们的

个人兴趣与价值观取向一目了然，在互联网上“社会生活的高度可见性和可搜索性意味着，想法相同的人现在拥有了找到对方、聚集起来并互相合作的能力，而不受社会赞成或反对的制约”[①]。然而在特定的场合、特定的需要下，这类“无组织的组织”就会突破时间和空间的阻隔，汇集到一起，凝聚共识，焕发出共同的情感、价值取向，形成一种强大的社会力量，甚至产生强于现有社会组织机构的执行力。对于一些社会临时性的困境，这样的组织反而可以较低的成本给予解决（见案例 8-1）。

**案例 8—1**

### 从“7·21 首都机场救援车队”看互联网的聚合力量

2012 年 7 月 21 日，北京遭遇了一场 60 年不遇的大暴雨。瞬间车辆熄火，路面被淹没，大量路段陷于瘫痪，通往机场的轻轨不能运行。首都机场——这个在世界最繁忙机场中排名第二、每天起降航班超过 1 400 次的枢纽要地——因为暴雨全天取消航班 571 架次、延误航班 701 架次，造成近 8 万人滞留机场。29 岁的外企员工王璐，家住离机场十几公里的望京，大雨当天他早早回家，在微博上目睹了首都机场的窘境。22 时 32 分，他向自己所在的城市发出一条不到 100 字的试探性号召："望京有没有愿意义务去机场接被困兄弟姐妹的？”一个小时内，这条微博被转发 10 950 次，一个开始只有 20 多辆车的车队，在 2 小时以后到达机场时，已经壮大成 100 多辆车的队伍。天亮前的 6 个小时，尽管北京依旧暴雨如注，挡不住 300 多辆打着双闪的越野车，他们拉着 500 多名从未谋面的陌生人，奔驰在从机场到亦庄、到王府井、到公主坟、到回龙观，以及到北京二环、三环、四环各个方向的道路上。

**评析：**每个人都有善良的本性和表达善良的愿望，只不过在不同的环境或体制内，受到来自各种利害相关方面的钳制、

① ［美］克莱·舍基：《人人时代：无组织的组织力量》（修订版），166 页，北京，中国人民大学出版社，2012。

> 压抑甚至扭曲而不能完全释放出来。互联网给予每个人回归自我的途径，没有利益之争，没有权贵之压，人们反而能够展示自己的内心，乐善好施在具体的、相同的动机下汇聚和实现。这是互联网时代一种抚慰人心的、温暖的力量。
>
> 资料来源：中央电视台财经频道大型纪录片《互联网时代》第四集。

这种非机构性的自组织，不用填表申请，不用走关系咨询，让任何人的参与变得简单，使想法相同或相近的人容易找到彼此，而黏合在一起并互相合作。然而，这种组织所具备的韧性也强，对于社会主流文化或政府主管部门赞成的群体或自组织，他们能够得到支持，被弘扬和赞颂；而对于有违社会主流文化或政府规制或决策的群体或自组织，会得到相反的态度。有时也会通过网络运营商的群人数限制加以抑制。这是一种和谐社会氛围、有利于倡导主流文化的网络管理行为，尚需人们的理解这种界度取决于文化价值取向的空间维度，取决于人们在网络社交群体中语言表达的适切度，取决于自组织中的个体采取联合行动的动机。

**（二）汇聚“众包”与“众筹”的互联网力量**

集合个人分散的资本，众包、众筹，汇流出庞大的规模效益，这也是互联网的力量。

“众包”是一种特殊的外包形式，指将公司或机构组织过去由内部员工承担的业务任务，以自由自愿的形式外包给非特定的互联网公司，通过网民的参与或创客空间等个体创制方式由社会公众共同完成。只要把问题发到网上，在公共平台发一个求助邀请，就会得到一群人提交的反馈。“众包”概念首先出现在 2006 年 6 月的美国《连线》杂志上，这一模式强调利用网络做产品的开发需求调研，以用户的真实使用感受为出发点，由网民共同参与产品概念的设计、改造或创新。其实在 2005 年 7 月中国科学院研究生院管理学院网站上曾出现“威客”一词，就是针对互联网可能产生的新模式，指出通过互联网平台，人类的知识和智慧会被无限放大和传播，并创造出令人惊讶的社会财富，个人的知识、智慧、经验和技能将通过互联网转换成实际收益，广泛应用在科学、技术、工作、生活和学习等领域。无论是“众包”还是“威客”都是基于同一原理，即依赖互联网聚合个体的创造力，将会产生更贴近需求、更富有创新生命力和更强大的创制力量。

“众筹”是通过互联网筹集资金等资源的网聚方式。“众筹出版”是 2013 年互联网思维和技术蔓延到出版行业的产物。2013 年 3 月知乎网向公众开放注册，之后便成功募集到来自 1 000 位联合出版人、每位出资 99 元的众筹款，用于《创业时，我们在知乎聊什么?》一书在正式出版前的制作成本，其书籍的内容也来自“互联网生产者”的众筹。众筹出版是一种由读者或受众选择、分类特别强的出版方式，带有与生俱来的受众细分性。网络社区的专向化使出版者很清楚地知道出版物的读者或受众群在哪里，同时这类具有专业性或特定研究方向的受众对科技内容的需求一般是刚性的，甚至是迫切的。传统出版由于存在经费上的硬成本问题而在选题上受到种种限制，而众筹平台则打破了信息的提供者与需求者，即作者和读者（受众）之间的障碍，实现了真正意义上预期投资，自主选题，按需出版，从而确保出版的保本效益，甚至为纸媒图书的正式出版奠定了市场基础。在众筹出版方式下，出版也可能自主出版并保本提效，出版选题的对象性更强，作者的自主性更强，出版的产业性更强，信息的服务性也会更强。

**（三）融汇“大数据”和“云计算”的互联网力量**

互联网发端于计算机，作为人感官的延伸，起始于记录信息和运算数据。为了提高信息数据的效率而使机器之间彼此相连，这是互联网“共享”精神的本义。机器连接机器的力量唤起的是遍布于世界各地的终端使用者的力量，人与信息交汇于电脑终端使互联网得以网罗天下信息、融汇交集，又以各个数据包连通和流向各个使用者。电脑时代的功能只是利用电脑处理有限的数据信息，互联网时代的交合产生的是大量或称为巨量的信息数据，于是“大数据”和“云计算”等概念产生了。

“大数据”（big data）的定义难以一言以蔽之，被称为英国大数据预言家的维克托·迈尔-舍恩伯格指出，“大数据并非一个确切的概念。这个概念是指需要处理的信息量过大，已经超出了一般电脑处理数据时所能使用的内存量，因此工程师们必须改进处理数据的工具。这导致了新的处理技术的诞生”，即基于网络的平台技术，“这些数据不再需要用传统的数据库表格来整齐排列，于是一些可以消除僵化的层次结构和一致性的技术也出现了”①。可见，“大数据”首先意味着一种创新方法，不再使用传统的随机分析法即抽样调查的方法，而采用针对所有数据的新的网络平台化的分析方法。大数据有四个 V 特点：Volume（大量）、Velocity（高速）、Variety（多样）和 Value（价值）。大数据被称为“开启重大的时代转型”，这种转型体现在当我们决策、需要分析信息数据时实现了“三个转变”：

---

① ［英］维克托·迈尔-舍恩伯格、肯尼斯·库克耶：《大数据时代》，8 页，杭州，浙江人民出版社，2013。

（1）可分析更多数据，甚至可以处理相关的所有数据，而不再依赖于随机抽样。

（2）由于分析和研究的数据太多，数据量太大，以至于不再追求精确度。

（3）基于前两个转变，分析者不再热衷于寻找因果关系，而是寻找相关性。①

利用大数据方法，2009 年谷歌将 5 000 条美国人最频繁检索的词条和美国疾控中心在 2003—2008 年季节性流感传染时期的数据进行比较，在处理了 4.5 亿个不同的数学模型后，利用一个特定的模型预测和判断了流感病毒的来源和趋向，与官方数据的相关度高达 97%。② 而一般官方数据的出炉要在流感爆发 1～2 周之后，总有一定的滞后性，相比而言，谷歌大数据的方法更及时、更有效，对于即时的社会问题更具有指导性。大数据对于公共卫生、变革商业、变革人的思维和科学研究，都具有新范式转型的时代意义。

“云计算”（cloud computing）代表了一种新的数据处理方式和信息生活方式，但也是一个被云里雾里解释出上百种意义的概念。它尽管目前还没有统一的定义，但是已被广泛运用于信息服务的各个领域，如我们在第六讲中提到的手机报“云媒”和“期刊云”等。目前广为接受的是美国国家标准与技术研究院（NIST）于 2009 年 4 月 24 日关于《NIST 云计算定义的草案》（简称《草案》）的阐释（见国际视野：《NIST 的云计算定义的草案》摘选）。

**国际视野**

## 《NIST 的云计算定义的草案》摘选

（2009 年 4 月 24 日）

1. 云计算定义

云计算是一种按使用量付费的模式，这种模式提供可用的、便捷的、按需的网络访问，进入可配置的计算资源共享池（资源包括网络、服务器、存储、应用软件、服务）。这些资源能够被快速提供，只须投入很少的管理

① 参见［英］维克托·迈尔-舍恩伯格、肯尼斯·库克耶：《大数据时代》，17～18 页。

② 参见上书，3～4 页。

工作，或与服务供应商进行很少的交互。云计算模式提高了可用性，由五个主要特点、三个服务模式、四个部署模式构成。

2. 主要特点

（1）按需自助服务。消费者可以单方面按需部署处理能力，如服务器时间和网络存储，而不需要与每个服务供应商进行人工交互。

（2）通过网络访问。可以通过互联网获取各种能力，并可以通过标准方式访问，以通过众多瘦客户端或富客户端推广使用（例如，移动电话、笔记本电脑、PDA 等）。

（3）与地点无关的资源池。供应商的计算资源被集中，以便以多用户租用模式服务所有客户，同时不同的物理和虚拟资源可根据客户需求动态分配和重新分配。客户一般无法控制或知道资源的确切位置。这些资源包括存储、处理器、内存、网络带宽和虚拟机器。

（4）快速伸缩性。可以迅速、弹性地提供能力，能快速扩展，也可快速释放或快速缩小。对客户来说，可以租用的资源看起来似乎是无限的，可在任何时间购买任何数量的资源。

（5）按使用付费。能力的收费是基于计量的一次一付，或基于广告的收费模式，以促进资源的优化利用。比如计量存储，带宽和计算资源的消耗按月根据用户实际使用收费。在一个组织内的云可以在部门之间计算费用，但不一定使用真实货币。

3. 服务模式

（1）云计算软件即服务。提供给客户的能力是服务商运行在云计算基础设施上的应用程序，可以在各种客户端设备上通过瘦客户端界面访问，比如浏览器。消费者不需要管理或控制底层云计算基础设施、网络、服务器、操作系统、存储，甚至单个应用程序的功能，可能的例外就是一些有限的客户可定制的应用软件配置设置。

（2）云计算平台即服务。提供给消费者的能力是把客户利用供应商提供的开发语言和工具创建的应用程序部署到云计算基础设施上去。客户不需要管理或控制底层的云基础设施、网络、服务器、操作系统、存储，但消费者能控制部署的应用程序，也可能控制应用的托管环境配置。

（3）云基础设施即服务。提供给消费者的能力是出租处理能力、存储、网络和其他基本的计算资源，用户能够依此部署和运行任意软件，包括操作系统和应用程序。消费者不管理或控制底层的云计算基础设施，但能控制操作系统、储存、部署的应用，也有可能选择网络组件（例如，防火墙、负载均衡器）。

4. 部署模式

（1）私有云。云基础设施被某单一组织拥有或租用，该基础设施只为该组织运行。

（2）社区云。基础设施被一些组织共享，并为一个有共同关注点的社区服务（例如，任务、安全要求、政策和准则等）。

（3）公共云。基础设施是被一个销售云计算服务的组织所拥有，该组织将云计算服务销售给一般大众或广泛的工业群体。

（4）混合云。基础设施是由两种或两种以上的云（内部云、社区云或公共云）组成，每种云仍然保持独立，但用标准的或专有的技术将它们组合起来，具有数据和应用程序的可移植性（例如，可以用来处理突发负载）。

资料来源：Peter Mell，Tim Grance，“The NIST definition of cloud computing”，*National Institute of Standards and Technology*（*NIST*），October 7，2009.

《NIST 云计算定义的草案》概括了云计算的五个基本特征、三个服务模型和四个部署模式。在《草案》的正文之前有两点说明。第一，云计算仍是一个不断发展的词汇。它的定义、用例、基本技术、问题、风险和收益，将在公众和企业参与的激烈辩论中不断发展。这些定义、属性和特征都将随时间发展和改变。第二，云计算行业代表一个由众多商业模式、企业、小市场构成的庞大的生态系统。《草案》提出的每种服务模型实例都有两种类型：内部或外部。内部云存在于组织的网络安全边界（指防火墙）之内，外部云存在于网络安全边界之外。《草案》还特别加以注释：云计算软件服务着重于无国界、低耦合、模块化和语义的互操作性，以充分利用云计算模式的优势。

“大数据”和“云计算”二者密不可分，都体现出共同的网络平台功能：超越单台电脑的处理能力，对海量数据的挖掘能力，利用分布式的计算架构和处理技术、分布式数据库和云存储以及虚拟化技术，为具有特定需求的用户提供订制式服务。

## 三、再构的互联网力量与时代变迁

集中、拥有，这是符合人类本质的占有方式。互联网的出现，以平等的人、平等的电脑、平等的信息为基本操作程式的共生样态，不仅冲击了这些传统观念，也颠覆了千百年的社会存在，解构了传统社会的层级结构，打散了各级行政机构的权威掌控，重构了互联网世界与真实社会的关系。融媒介与全媒介、跨领域经营、融媒介传播、通全球、通人人，互联网对人类社会生活的影响，犹如“双11”电子商务销售额之震撼至今未减，它象征着整个时代的变迁，不仅影响了人们的日常生活方式，也深刻影响着各国政府的执政理念和施政方式。

**（一）互联网的“去中心化”与“去权威性”**

互联网上的一切并不由专业网站或特定人群掌控，也不是由某一个或几个权力中心把握，更不是由某个权威机构或专家精英创造和完成的，而是由全体网民自发参与、自由选择、共同创造并聚合而融汇。网上的信息与信息之间，产品与产品之间，乃至于终端操作的人与人之间，都是依赖网络技术的效能彼此链接，相互激活，交互作用。

互联网从载体机能上实现了“去中心化”和“去权威性”而呈现出自组织特性，重构着人们之间社会关系网络技术，导致终端、个人之间的关系得以彻底转变。每个人沟通的对象与内容随时变化，这种构成社会关系的人与人之间关系的转变，创造了新的组织方式和组织形态，共同创造着一种新的社会结构。

**（二）互联网使世界“扁平化”**

互联网时代，由于技术生产力和社会生产关系的发展，在人与人之间、人与组织之间、组织与组织之间、创造者与使用者之间、生产者与消费者之间，人们彼此对话、相互反馈、共谋问题，形成了历史上从未有过的平等合作关系，以此再构出新的社会生产关系，同时促生了新的业态。“扁平化”意指打破由传统社会形成或具有坚实底座的“金字塔”，或自上而下（亦自下而上）的“垂直”性层级结构，形成一种虽多元化、碎片化但能彼此连接创造效益的新的合作方式。如前面提到的“众筹出版”，就是互联网思维与技术颠覆了传统出版流程的新业态：它使过去由自上而下的拨款或自下而上的付费，改变为在网络平台上供需双方自主选择投资收益的方式，多元化解决了出版产业链上的资金（或缺口）问题；它使作者与读者之间直接连通，甚至从选题开始读者就参与意见，这种方式为具有刚性需求、专业化强的一些小众性出版内容解决了经费问题。

20世纪90年代互联网的出现“提供了以极低的成本进行全球沟通的工具；万维网创造了一个魔术般的虚拟世界，每个人都能够把自己的数字化信息传到网上，其他的人可以很容易地接触这些信息；各种搜索引擎出现了，人们可以方便地寻找在网站上的各种网页，这种搜索引擎是如此简单，以至于每个人都开始上网了。互联网技术的革命推动了世界的变平过程”①。互联网“碾平”世界的驱动力源自电脑和网络发展的技术生产力（见背景知识：“世界扁平化”之十大驱动力）；也发自现代后工业社会发展的生产关系。Windows 操作系统的建立、万维网的出现、网络工作流的平台化以及各种软件标准的出现、不用通过任何机构的上传文件、外包产生了新型合作和水平价值创造的新关系、“离岸经营”的国际合作方式使更多企业融入全球供应链，“供应一条龙”在产供销之间展开了水平合作，“内包”加速了商业领域同步互动、搜索服务和移动数字媒介个人化的信息传送，使个人、机构、产业链等平等、同步地趋向扁平化生存的同等地位。

互联网的力量使传统结构不断肢解，世界越来越“平坦”。整个社会由层级分明，自上到下或自下到上的垂直结构到扁平化结构，重构的不只是人人关系和人媒关系，而是重新组合或建构了生产方式、生产关系、生产要素的，创新了产业链中的新价值环节，创造了全新的产业生态和经济模式。互联网重构了产业格局，提高了产业效率。

**背景知识**

## “世界扁平化”之十大驱动力

人类因互联网实现了充分、即时，在各种需求导引下的任意连接，形成整个社会多元化和碎片化的新格局，动摇了传统社会的层级结构，从过去金字塔或垂直型趋向扁平化。这一工程打破了传统产业的分工协作方式、产业链关系、消费与生产等关系，再构了新的业态。根据美国学者托马斯·L·弗里德曼的观点，这些冲击来自十大动力。

第一，Windows 操作系统的建立启动了世界扁平的过程。20 世纪 70 年代，人们开始拥有电脑，只解决了用计算机语言处理信息和文件问题。1985 年装载了 Windows 操作系统的电脑使上百万人能够把他们的观点数字化，而不必请程序员，数字化格式的普及使人们的工作更有效率，每个人都可以传送更多信息，这一变化是世界变平的启动点。

第二，万维网和 HTML 推动了世界的扁平化进程。1991 年伯纳斯·李设

① ［美］托马斯·L·弗里德曼：《世界是平的：21 世纪简史》，48 页，长沙，湖南科学技术出版社，2014。

计的万维网（3W）首次登场，成为互联网第一次大突破，它使人们找到文件、声音、录像等各种信息，使互联网活跃而有用起来。HTML（超文本标识语言）的普及以及超文本转换协议的创建，使上网人数激增。网景公司推动了商业浏览器的发展，这是电子商务的基础。

第三，工作流软件的数字化和标准化使得工作变得扁平化。通过网络平台，设计、创造、买卖、记录存货等商务程序被数字化。为了使每一台电脑的应用软件之间可以对话，各种标准如 HTML、HTTP、TCP/IP、XML 等问世。AJAX 被称为“互联网服务大裂变”，工作流平台、虚拟的全球办公室出现了。

第四，社区平台的“上传”力量使世界越来越平坦。20 世纪 90 年代末期，商业软件的竞争和电子商务系统的研发使研究者关注到基础的网络服务器，网络社区开发软件诞生了。于是博客、播客、维基百科等在开放源平台上免费提供的程序软件使人人都可以使用，更多的人能够创作自己的内容。上传、合作，这类软件使互联网世界更平坦。

第五，“外包”的新型合作关系推动了世界变平进程。2000 年 Y2K 千年虫的爆发促成美国与印度的合作，电子商务同年出现。PC 机、网络和光缆的结合提供了水平创造价值的新合作关系，任何数字化的服务都可以外包给最有效益或最廉价的供应商。

第六，“离岸经营”的国际合作方式使更多企业融入国际合作。2001 年中国加入世界贸易组织，也将世界带到全新的“离岸经营”水平上，更多企业融入了全球供应链。

第七，“供应一条龙”的商业市场水平合作推动了全球进程。供应链以创造价值为目的，强制推行全球共同标准，供货商、零售商和顾客之间的合作方式，拓展飞快。

第八，“内包”的全商业环节互动加速了扁平化。以 UPS 为代表的第三方管理的物流方式使产品、经营者、客户以及供应商等商业链各环节都实现了全球性的互动。

第九，搜索引擎提供了信息均等的机会。谷歌、雅虎、百度等提供的搜索引擎希望让每个人都能把人类的一切知识放进口袋中，日益发达的信息搜索服务使个人、机构、产业链上各个环节以及各类社会组织都具有信息查询和使用的平等地位和相同机会。

第十，数字化、移动化自媒介的普及使世界变平正在成为现实。当代，计算机与计算机、人与计算机、人与人之间的沟通，由于数字移动媒介的多终端化、自媒介化变得更加方便快捷且价格更低，时空与经济障碍几乎消除，世界平坦了正在成为现实。

资料来源：[美]托马斯·L·弗里德曼：《世界是平的：21世纪简史》，长沙，湖南科学技术出版社，2014。

### （三）互联网时代的“融媒介”与“全媒介”

互联网在去中心化、去权威性、使世界扁平化的同时，也重构了传播媒介的新格局：跨传统媒体经营，融媒介形态传播，创生了一个全媒介时代的到来。由于互联网的虚拟性，其本身就是一个全媒介形态的存在，故而带动了所有媒介形态的交融与升级。

“融媒介”作为理念，是以优势互补原则把各种传播媒介的特长整合起来，相互借力，将各种媒介的传播效力发挥到极致，增强了各个单一媒介的竞争实力。“融媒介”作为实践，是将报纸、期刊、广播、电视、电影、PC互联网、移动互联网中两种以上的媒介同时运用，形成多媒介合力的传播效果。一方面，“融媒介”指报网互动、台网互动、广播与互联网互动等不具有独立实体性媒介的运作模式；另一方面，也可以指具有独立实体性的媒体。如2013年上市的乐视超级电视，就是将传统电视与互联网功能有机整合的超级信息文化产品。它的遥控器可以让任何一个使用者随心所欲，不仅具备电视功能，而且将互联网这一跨信息空间的社交、游戏、购物等生态系统聚合到一个机器中，针对各种媒介功能、特效和价值的整合升级。

“全媒介”是一种理想状态，指能够同时运用各种媒介语言符号的表现形式，如文、图、声、光、电等进行全方位、立体化呈现传播内容，同时通过印刷文字媒介、影视声像媒介、PC和移动互联网媒介以及通信卫星等所有可能的传媒媒介传输和推广目标传播内容的综合形态。从整个社会的传媒整体看，目前已经呈现出全媒介的景观。

互联网打破隔离与聚合融汇的力量，使人类的生存方式由线下到线上、由物理空间向网络空间迁移。人们正在由传统社会向网络社会“移民”，这个新大陆重构了产业发展新的业态，改变了人们的生活、工作与社交方式，催生了一个互联网在线新时代。

**小结：互联网力量与时代变迁**

（一）互联网具有打破隔离贯穿一切的力量

——打破地理界域和时间规制的力量

（二）互联网具有黏合碎片聚合融汇的力量
——聚合"创客"和"自组织"等
——汇聚"众包"与"众筹"等
——融汇"大数据"和"云计算"等
（三）再构的互联网力量与时代变迁
——"去中心化"、"去权威性"、"扁平化"的再构
——"融媒介"与"全媒介"的新传媒时代

## 第二节　互联网媒介的品性与功能

在任何的时空条件下，互联网都具有其根本的传播媒介属性。这一"超媒介"不仅以其外在的力量打破传统社会，再构了人类社会的新型关系，而且以其内在的机理召唤创新，重构着人们的思维方式。其中互联网媒介的平等分享、个人创新、公平机会、扁平世界的平台化合作，以及人类全球化同步互动等技术性能与精神价值，正是滋养现代人健康生活的新时代、新媒介特征。

### 一、互联网意识与互联网思维

#### （一）互联网意识与互联网精神

互联网意识指的是由于互联网的存在我们需要建立的概念、理念和信念，并伴随互联网技术性能的发展而不断拓展，如人人、连接、共享、聚合、平台、合作、共赢等概念。如"谷歌意识"就是一种主动求知与自主解决问题的意识与行为习惯。在互联网意识支配下的互联网的开放、求真、分享、协作、平等精神，其实质是合作共赢。

依据互联网的技术性能和运作机理不断衍生或延伸出一些可用于各领域的基本行为理念或信念，如"跨"、"融"、"通"等，是当代人需要具备的基本思维理念。

（1）跨，即跨媒体领域和跨行业领域合作，打破媒体机构与行业之间的行政屏障。

（2）融，即融合不同媒介的优势特点，整合多种媒介的功能以达到最佳传播效果。

（3）通，即各媒介形态之间通内容，不同市场之间通受众，使其丰富和完善产业链。

**（二）互联网思维**

使时代变迁的不是网线，而是终端的互联网思维。顾名思义，互联网思维是由于互联网的技术性能和功效而产生的思维方式。它既是一种实践模式，也是一种研究范式。尽管当下人们对“互联网思维”能否立论还莫衷一是，但是正在程式化的东西已经深刻嵌入人与网的交互行为中。以媒介视角看互联网，以互联网表征理解当代媒介，我们都有必要了解和领会由互联网意识决定的互联网思维内容，以及其实践应用的方法论。

什么是互联网思维？国内第一部系统论述这一概念的《互联网思维：商业颠覆与重构》一书提出了互联网的七字诀：“专注、极致、口碑、快。”同时列出了12大核心的互联网思维内容：标签思维、简约思维、NO.1思维、产品思维、痛点思维、尖叫点思维、屌丝思维、粉丝思维、爆点思维、迭代思维、流量思维、整合思维，其意如下。①

（1）标签思维：在品牌标识基础上，使用户脑海中形成一个关键词记忆。

（2）简约思维：第一最简约，“傻瓜”传统。简要、少即多而美，简约而不简单。

（3）NO.1思维：胜者为王，强者恒强，自然延伸出第一的定位意识。

（4）产品思维：人人皆为产品经理，以用户体验的投资回报率作为关键绩效指标。

（5）痛点思维：放大用户曾经体验的“痛点”，并使其变成“痛快”。

（6）尖叫点思维：既把“痛点”的解决方案变成用户易感知、吃惊的功能，又适时推出让用户体验升级的内容。

（7）屌丝思维：抓住屌丝“我不爽我不屑，但我存在”的文化核心，打开对话通道。

（8）粉丝思维：强调抛弃生硬的广告和公关，用互动培养产品的忠实粉丝。

（9）爆点思维：尊重粉丝的成就感需求，为使产品或品牌个性有爆发力，通过包装“卖点”，借势引爆社会化营销，实现社群经济的高级形态。

（10）迭代思维：强调快速迭代更新，快速换代。

（11）流量思维：强调积累流量，利用下一个环节收费。

---

① 陈光锋：《互联网思维：商业颠覆与重构》，北京，机械工业出版社，2014。

（12）整合思维：在产品设计、品牌市场推广中整合所有优势元素，包括企业组织、结构，以及各种战略中深入互联网的技术机理和运作模式。

关于“互联网思维”还有不同的解读，其内涵和界域广泛。目前的困境在于论证“互联网思维是什么相对容易，但论证它不是什么却很难”[①]。互联网思维首先是一种形象思维，由众多点相互连接，非线性、非平面、立体化、无中心、无边缘的网状结构；互联网思维的理性认知是基于 Web 1.0 门户时代、Web 2.0 搜索和社交时代，充分利用 Web 3.0 这一大互联时代的互联网精神和价值、技术和方法、规则和标准，将其整合、渗透和指导其他一切生活和工作的思想意识。从内容的价值取向看，互联网思维作为商业思维的起点更能发挥其正向功效。互联网思维已不再局限于互联网，类似“文艺复兴”，将对一个时代造成深远影响。互联网思维的价值体现在以未来“定制”今天：无论移动终端如何，APP、大数据、云计算等技术如何突飞猛进，这些思维方式都是对市场、用户、产品、企业价值链乃至整个商业生态的科学审视。从媒介素养的思维养成看，互联网思维丰富和完善了传统思维结构，对于媒介消费和媒介利用都具有方法论意义。

## 二、网络媒介特征与品性

从传媒角度看互联网媒介，这张大网既覆盖了全球，又触达每一个人。它是最广域的传播媒介，它可以容纳任何一种媒介信息符号形式。正如谷歌的街景车和直升机，能够横扫和涵盖地球的任意角落和任何信息。互联网赋予了每一个人几乎无限的可能，让个人的力量强大起来，有更多的、更均等的机会释放个体价值。互联网使“所有的你都让我变得更强，所有的我都让你变得更加有效”[②]。同时，我思献人人、人人助我思的互联网思考方式便顺势而生。

### （一）互联网搭建的是信息高速公路

“信息高速公路”，既指信息通过互联网在弹指间即可到达目的地，也指信息通过互联网的人人连接直接到达接收人。比照农耕时代和工业时代，互联网连接起每一个终端、连接起每个人，不用经过任何组织和机构直达信息，充分开掘了信息的时效性。在 PC 互联网阶段，由于发送信息之快捷，人们称之为“信息革命”和“信息经济”、“信息时代”；在今天的移动互联网阶段，由于获取信息之便捷，人们称之为在“碎片化时间”的“移动互联时代”。互联网搭

① 叶雷：《互联网思维有标准答案吗》，载《法人》，2014（3）。

② 中央电视台财经频道大型纪录片《互联网时代》，第一集。

建的信息高速公路早已超越了传统媒介的时空性信息传播形式，创造了信息社会，变革和开创了一个全新的信息时代。

互联网上无限的信息与有限的使用，需要人们具备一定的媒介素养以查询、甄别、判断和选择最符合需求的信息内容。交杂的网络信息有时真假难辨，而且瞬息万变，每分每秒都在更新和纠错，需要使用信息的人对网络资源进行理性筛选，掌握获取信息的科学方法和途径。对信息的评估既需要知识，也需要经验，不断翻新的网络信息形式和传播策略更需要人们的洞察力。对网络信息的评估需要具备如下三个方面的媒介素养。

(1) 认知：运用搜索引擎系统学习；根据不同的下载目标与下载环境选择不同的下载策略；参照主流媒体及网站的内容，多信息源检索后比较分析；索取真实度最高的信息，需要具备一种探求精神，求真、求善、求美。

(2) 技能：认识搜索引擎及其简单原理、工作过程，掌握搜索引擎的分类查找、关键词查找方法等，掌握关键词搜索技巧。

(3) 情感：对常用的搜索引擎进行比较和评价，合理合法地下载网络文件。

**(二) 互联网唤起人人意识和激发出人人价值**

互联网连接起每一台电脑，使网络终端的每个人都拥有网络的一切资源，也使每一个人都成为无法分割的网络世界的主体元素。互联网唤醒了人的主体性，“人人意识”使整个社会进入了个人崛起的时代：“创客”与“创客空间”发展壮大；在网络空间用户生产的原创内容（User Generated Content，UGC）源源不断，无限“长尾”。互联网使每一个人都可能是个人命运的直接掌控者，是个人价值的直接创造者。同时，网络社交平台的超功能也激活了人与人之间的双向或多向互动，个人和个人力量的汇聚释放出以往不曾有过的创造力与“人人价值”。通过自发性的群体智慧创造，人们更容易找到自我价值实现的途径。互联网使作为个体的每一个人都拥有了前所未有的媒介权益，集中体现在三个方面：

(1) 赋权：网络的技术性“赋权”使每个人拥有了让自己的声音影响世界的权力。

(2) 态度：人们在网上拥有更开放、更有想象力的人生，塑造出个体的媒介态度。

(3) 个性：在一个自由时空中的人们回归着人的主体性，造就出草根型传播明星。

互联网让每一位公民个人，或曰“草根”型的普通人，超越了传统的社会阶层、学历资质、专业职称、权威评价等成才中的路径屏障，获得了平等而充分的展现机会。正如波普艺术的倡导者安迪·沃霍尔在1987年所预言的那样：每个人都可能在15分钟内出名；每个人都只能出名15分钟。每一个个体的价值最终汇聚成整个社会的共同价值，创造了一个具有新的意义的时代变迁，这是互联网技术对于人类社会的个体人性的发展赋予的积极意义。

然而，技术并不能解决一切问题，“人人价值”的正能量表现还要依赖于健康的网络生态环境和网络行为主体的文化理性。在人人网络的人人时代，需要每一个把持终端的个人共同为互联网谱写出网络文化的健康生态和全新愿景。在UGC语境下的互联网，更期待“把关人”——传播者和传媒管理者——的当代媒介素养，如何实现知识工具理性与文化价值理性的统一就成为一个至关重要的问题。对于任何一位拥有网络权益的传播者，在自由时空里都需要有一个自律的上限和下限：

（1）上限：以创新协同机制为取向的个性表达——争取平台的卷入与黏着。

（2）下限：以善本无害愿望为取向的网络行为——把控信息的原则与底线。

**（三）互联网彰显了平等分享的奉献精神**

“share”这个英文单词既有分享之意，也是股份之涵，即在众多股票中你拥有你的那份，而股票的性质是内涵隐形的、风险回报的，所以这个词远不仅译为中文的一个“晒”字所止。遗憾的是，“郭美美”们仅仅把误读的“晒”当做炫富平台来满足自己的虚荣心。

互联网的“分享”精神源于技术，源于发明和创造了万维网的英国物理学家、计算机科学家蒂姆·伯纳斯-李的奉献精神。万维网是一种抽象的信息空间，使人们能够在许多联网的计算机上找到真正感兴趣的信息，而不再是之前互联网仅有的连接计算机和电缆的邮件通路功能。万维网技术给互联网赋予了强大的生命力，使电脑终端的每一个人都能够分享图文并茂和音视频内容丰富的信息符号。伯纳斯-李的功绩是将各类信息有效地组合起来供人人分享，而且无偿地将他的发明创造提供出来。2003年万维网联盟决定：所有由联盟提出的技术都是无偿的，所有人都可以简单地使用。这就是今天全球网民都能够平等上网“分享”信息的渊源（见当代词注：万维网）。在2012年英国举办的夏季奥林匹克运动会上，伯纳斯-李获得“万维网发明者”的美誉，他本人也出席了恢弘浩大的开幕典礼，在一台与当年发明万维网同类型的NEXT计算机面前，他通过Twitter发出“这是给所有人的”几个字，体育馆的LCD光管随即呈现给全场。伯纳斯-李舍弃了全球最丰裕的财富，而使分享与奉献精神进入每一个终端。

**当代词注：万维网**

“万维网”即人们上网时熟悉的“3W”（World Wide Web），这是20世纪90年代英国物理学家蒂姆·伯纳斯-李（Tim Berners-Lee）提出的概念，即建立一个能够创造、组织和链接文件的系统，以方便人们浏览。1991年他创造了万维网并建立了第一个网站，通过一种超文本链接方式，把网络上不同计算机内的信息连接在一起，并且可以通过超文本传输协议（HTTP）从一台Web服务器转到另一台Web服务器上，信息形式也由单一的文字丰富为图文并茂和音视频符号。1994年伯纳斯-李在麻省理工学院创立了万维网联盟，提出人们可以无偿使用这些技术，这个举措意义非凡。

- 1999年6月14日，美国《时代》周刊：“他努力让万维网保持开放、非私人专有和自由浏览。”伯纳斯-李成为20世纪最重要的100位人物之一。
- 2004年，英国女王伊丽莎白二世向伯纳斯-李颁发大英帝国爵级司令勋章。
- 2009年4月，伯纳斯-李获选为美国国家科学院外籍院士。
- 在2012年夏季奥林匹克运动会开幕典礼上，他获得了“万维网发明者”的美誉。伯纳斯-李本人亲自发表消息：“这是给所有人的。”

资料来源：[美]托马斯·L·弗里德曼：《世界是平的：21世纪简史》，长沙，湖南科学技术出版社，2014。

**（四）互联网驱动了人类的无限创新**

“无限创新”具有至少三个方面的意指：其一，指任何人都可以无身份、无牌照、无机构、无资金等，即无任何限制条件地通过网络公共平台发布自己感兴趣的创新成果，或直接承担“众包”类的客户需求；其二，在网络公共平台上的众人，通过聚合各自的想法和创意，以无限整合和群体延续的方式不断优化和实施创新方案；其三，创新的价值由需求强度决定，人们在各自领域发挥才智已经创造的各种创新成果，因为发现不了需求而被束之高阁，而互联网平台让需求者找到所求，使创新成果找到意义的归宿，解决了公司或机构内部解决不了的问题。“无限创新”为行业外或机构外的任何人都提供了参与产品项目改革创新的机会。

2004年宝洁公司的几个年轻人提议：在“品客”薯片上印制图案来刺激消费兴趣。这一建议得到了公司高层的认可。但是怎样能把图案印到薯片上？

向人类提供了3万多种产品、拥有2 900项专利的宝洁公司被这个小问题持久地困住了，当宝洁公司的CEO把困扰图案薯片的难题发到网上，难题便迎刃而解：意大利博洛尼亚大学的一位教授早就发明了可食用的喷涂墨汁。于是，图案薯片风行天下，宝洁也止住了业绩下滑。目前，在150万编外研发队伍面前，宝洁公司内部的28个技术中心、9 000位科研人员显得微不足道，依靠互联网上的这个群体，宝洁的研发能力提高了60%。[①] 互联网上的每一个终端都意味着一个活生生富有思维创造力的个体，这些人的自组织形式，形成了汇合个性潜能的创新机制，为人类社会消费品的智慧创造和人们的创业人生铺设了管道。

21世纪以来，网络热词持续升温。这些创生或重构的人类文化语言符号不仅被网民接受，而且得到国家专业权威机构的认定。2014年8月，国家语言文字工作委员会完成《现代汉语规范词典》的新一轮修订，推出第三版。[②] 这是国内首部全面贯彻《通用规范汉字表》的中型语文词典，增补了上百条时代新词，“微信”、“失联”、“正能量”、“吐槽”、“拍砖”、“接地气”、“细颗粒物”高频热词都被收入，而“剩男”、“剩女”、“屌丝”、“白富美”、“喜大普奔”等词汇未被收入。一些词语的新用法也被增补。例如，“土豪”原指“旧时地方上的豪强，即农村中有钱有势的恶霸地主”，“今也指富有钱财而缺少文化和正确价值观的人”。在我国，网络热词现象堪称互联网文化创意的奇葩。

## 三、互联网媒介的功能与商业模式

### (一) 作为媒介的互联网功能

第一，信息与传播工具的功能。作为媒介的互联网首先具有工具属性，其本身并不具备业务性质。网络提供了丰富多彩的“自助餐”式信息数据或数据库，能够使人们快捷方便地分享和索取信息，这是互联网媒介的独占优势。同时作为信息交流、交换的平台和通路，互联网在技术的支持下实现最快的节奏、最大的范围，并超越时空的信息传播。互联网长不出粮食，也印不出钞票，电子商务本质上是一个彻头彻尾的商务信息贸易平台，故此离不开物流的实体支撑。互联网金融不过是一个虚拟的银行业务信息交易系统，同样离不开人们拥有的财富资本实体。互联网不具有生产物质消费品的农业和工业产业功

---

① 参见中央电视台财经频道大型纪录片《互联网时代》，第三集，解说词。

② 参见《〈现代汉语规范词典〉推新版“微信”“失联”入选》，人民网，2014-08-29。

能，永远是一个发布和传播信息的平台和渠道。这是作为媒介的互联网最基本的功能。

第二，“笔”＋“纸”的功能。一支“笔”是个形象比喻，每个人都可以通过键入文字或其他符号，发表意见、表达观点，甚至著书立说；一张“纸”即具有承载和传播信息的媒介功能。互联网不仅提供笔，而且还提供武器。“纸”的最大优势是人们能以最经济、最方便的途径推广自己，甚至成为作家、诗人，乃至理论思想家。

第三，个体并聚众的创新功能。互联网激活了人的主体性，个人才华在一个自由空间的充分释放使网络媒介具有得天独厚的创新机制，在不断产生的新技术和催生的需求市场中，彼此发现并掀起一次次智慧创造和创业人生的数字化创新景观，不断孕育着互联网平台独有的创意潜能和力量。

第四，社交与沟通的功能。互联网连接起终端的每一个人，与人们“亲密接触”是网络的本质，沟通彼此产生聚众效果的是“沟通元”的力量（见当代词注：沟通元）。

**当代词注：沟通元**

沟通元是一个可复制的、共同的价值元素。在执行的过程中，这个元素可以无限复制，经过不同网络个体的不断扩散和变异，吸引更多的网友参与创意。它是现代信息管理的一个关键概念。

（1）受众与传播管理的一个重要任务就是寻找沟通元。通过互动媒介平台，策划者在进行互动传播时，需要挖掘一个有价值的指向元素——沟通元，成为媒介平台的创意元素，借以聚合公众的参与，最后引发受众的协同创意。

（2）协同创意是网友的一种生存状态，每个个体创作的对象均来源于生活，且每一次创意都有留白。一个创意点子经过社交平台的广泛传播，不断吸引志同道合的人，经过发酵不断衍生新的创意作品，如“杜甫很忙”。

（3）沟通元与品牌的偶遇通过网络可能迅速发酵，产生一个品牌“神话”。

沟通元是一个具有“公共”价值可以无限复制的元素，是聚合公众参与的“元点”表征。沟通元的来源很多，既可以偶发生成，也可以通过专题策划或热词传播精心创造。寻找沟通元是网络时代传媒人的一种专业行为，也是营销传播者用于沟通用户的传播策略，如发起于电视媒介的某个节目，却由于某个沟通元而聚合了众网友，使其在网上被热议，衍生出一系列关于这个沟通元的话题。沟通元的实质就是通过创意主动寻求沟通的对象，以聚合网友进行协同创意——在彼此的互动中不断发酵，和谐创意。

Web 2.0 把互联网带入社交媒介时代，一批“SNS”豁然闪入人们的生活。“SNS”全称为 Social Networking Services，旨在帮助人们建立社会性网络的互联网应用服务，即社会性网络服务。“SNS”还有另外一种常用的解释：社会性网络（Social Network Site），也有直译为社交网站或社交网等。总之，“SNS”是网络社交平台，如博客、微博、微信，以及各种聊天室等，美国的 facebook（脸谱）、Twitter（推特）等，是一类聚合人气的公共意见分享平台。如果审视今天的“SNS”，这里既是人们分享个性化信息、表达个体意见的平台，也容易成为网络谣言的发源地，多源性信息经常令人真假难辨（详见第九讲），这是唤起人们当代媒介素养的渊源之一。

通过社交平台，互联网将个人以无组织的形式组织起来，聚合众人力量解决了传统组织难以解决的问题，其卷入的吸引力源于“湿件”与“软件”的区别。社交平台的“无组织”胜于传统组织的力量验证着“未来是湿的”之预测（见经典理论：“未来是湿的”）。

**经典理论**

## “未来是湿的”

“未来是湿的”是根据“湿件”之意对未来预测的结论。鲁迪·卢克 1988 年出版的《湿件》这一科幻小说首次提出了“湿件”（wetware）概念。“湿件”是相对于硬件和软件提出的新概念，意为“头脑的生物控制软件”。在新经济增长理论中，“湿件”也称“技能”或“只可意会的知识”，是储存于人脑之中、无法与拥有它的人分离的知识，包括能力、才干、信念等。

《未来是湿的》，亦名《人人时代：无组织的组织力量》，它阐释的观点是：由于互联网和其他技术的影响，网络改变了人们的关系，促生了新的组织形式，未来社会因互联网把人与人的关系以及社会环境变成了一种“有生命力的、有黏性的、湿乎乎的存在”。作者这里是将“社会性软件”（social software）与“湿件”（wetware）的意思串联在一起。

资料来源：［美］克莱·舍基：《人人时代：无组织的组织力量》（修订版），北京，中国人民大学出版社，2012。

第五，舆论的集散地功能。在微博、微信等任何一个社交平台上，针对热议话题我们很容易看到成百上千条网友评论。无论是对热议话题或社会某一现象的质疑或评说，无论是网民自得其乐的调侃或玩乐般的创新，互联网都为个体的个性表达提供了便利和机会。网络的聚众与聚合容易从个体影响发展到立体几何般扩张，而后变成一群有影响的自组织，形成群体表达和群体意见的聚集地。

有舆论的聚合，就可能出现人们的盲信盲从，对舆情进行分析是媒介的基本素养内容。无论对社会问题的重大决策还是个人的判断选择，舆情分析都是科学理性的必要环节。舆情分析是以批判性思维（详见第一讲）为基本方法论，针对特定问题的需要，立足于客观、全面的舆论归纳和阶段性梳理，针对环境和语境进行深层次的思维加工和分析，有所依据地得出结论，并提出应对原则和策略的过程。舆情分析可分为三大阶段，见表 8—1。

**表 8—1　　舆情分析的内容与流程**

<table>
<tr><th>内容</th><th>第一阶段 实录</th><th>第二阶段 分析</th><th>第三阶段 建议</th></tr>
<tr><td>事件<br>描述</td><td>事件起源<br>传播路径</td><td>事件波及程度：<br>时间段、报道量、评论条、涉及网站数量等</td><td rowspan="2">第一，根据结论提出处理原则</td></tr>
<tr><td>舆论<br>追踪</td><td>舆情源头<br>网络传播<br>舆情导向</td><td>舆情指数趋势：<br>各时间段网媒报道评论峰值，舆论的关注热情</td></tr>
<tr><td>媒体<br>导向</td><td>危机公关<br>官方回应</td><td>媒体报道分析：<br>众媒介报道量和评论量的分布情况（经过统计）</td><td rowspan="2">第二，提出风险警示与解决对策</td></tr>
<tr><td>网民<br>态度</td><td>评论文章<br>多方点评</td><td>网民态度分析：<br>表达网民的倾向性意见分布（通过图示）</td></tr>
<tr><td colspan="3">流程</td><td>追踪 ＋ 分析 ＋ 建议</td></tr>
</table>

### （二）互联网的商业模式

平等与分享并不意味着互联网运营没有成本，人人意识和人人实现价值的前提是保障互联网的生存、盈利和发展。作为一种新兴媒介的独立运营，必须找到自己的商业模式。商业模式是经济组织的运行方法，一家公司的商业模式意味着一个如何在产业的价值链中定位自己、获得维持自身生存并不断产生利润、能够持续发展的经济收益。

目前互联网已经找到一种专属的生存法则，美国《连线》主编克里斯·安德森通过《免费》一书，详解了这种新型“免费”不是“左口袋出右口袋进”的营销伎俩，而是建立在电脑字节基础上的经济学：如果某样东西成为软件，它的成本和价格也会不可避免地趋向于零，商业的分销成本也会急剧下降并趋于零。用免费产品或服务吸引用户，再用增值服务或其他产品收费。[①] 免费加收费的商业模式正在成为互联网公司普遍的生态，“免费”成为比特时代有效的催化剂，被安德森称为 21 世纪一种全新的经济模式。

互联网的收费模式总体上是基于传统媒介的商业模式的。传统媒介以广告为主导，还有发行、版权、有线电视收费等。互联网拓展了传统媒介，融合了多种业态。目前最基本的仍然是互联网公司在提供内容和服务时，以各种方式嵌入广告符号，但只有当浏览量非常大或者高度专业化时，这种广告模式才能正常运作。所以照搬传统媒介的广告形式并非网络媒介的优势。从总体看，互联网的商业模式是复合型的，有许多创新模式，更为复杂且更为虚拟。北卡罗来纳州立大学的研究提出过集中与传统相关的主要模式：代理模式（brokerage）、广告模式（advertising）、信息中介（infomediary）、商户模式（merchant）、厂家直销（direct manufacturer）、会员营销（affiliate）、社区形式（community）、订阅模式（subscription）、应用模式（utility）等。以上各种模式中又包含了若干具体形式，如广告模式包括门户、分类表、用户注册、基于查询的付费、上下文广告或行为营销、内容定向广告 、引导广告 、强制广告等。

**小结：互联网这一“超媒介”的品性与功能**

（一）互联网意识、互联网精神与互联网思维

——跨融通、人人、连接、共享、聚合、平台、合作、共赢的意识

——开放、求真、分享、协作、平等的精神，其实质是合作共赢

——非线性、非平面、立体化、无中心、无边缘的形象思维

（二）互联网媒介特征与品性

——搭建的是信息高速公路，需要认知、技能和情感评估网络信息

——唤起人人意识和激发出人人价值，彰显了平等分享的奉献精神

——驱动了人类的无限创新，网络热词堪称互联网文化创意奇葩

---

① 参见［美］克里斯·安德森：《免费》，北京，中信出版社，2012。

（三）互联网的功能与商业模式

——信息与传播工具的功能；“笔”＋“纸”的功能；激活创新的功能

——社交与沟通的功能；舆论的集散地功能

——互联网一个全新的经济模式：使成本趋零赢得增值的“免费”

# 第三节　移动终端的互联网媒介特征

在一个移动互联的世界中，智能设备、手机 APP、二维码、3D 打印、物联网等移动网络技术，使人们每时每刻和每景每况都有传播媒介陪伴，都有滚动新闻相扰，PC 互联网之后的新一轮颠覆即将到来抑或已经到来。移动终端的互联网媒介，包括手机、各种平板电脑、电子阅读器等，虽然形态各异却原理相通，本书这里仅以目前使用最普及的手机为例，简约阐释作为移动终端的互联网媒介其特征以及需要关涉的媒介素养问题。

## 一、移动终端互联网化的意义

### （一）移动终端的信息流通更贴近需求

从时空效益看，移动终端反馈的信息更加及时，更加贴近人们的最新需求。二维码技术的突破将实物与二维码编号对应起来，用户一扫即见，能更及时获取和更新信息。

### （二）减小了数字鸿沟

PC 互联网受到地点区域和机器设备等条件限制，移动终端使所有使用手机的人同时享用互联网的一切资源，减少了人们在物质获取、使用获取等方面的数字鸿沟。

### （三）化零为整与主动接收

移动的信息平台使人们利用等候、工作间隙等碎片化时间查阅资讯，交流或浏览重要视频，集约了时间，提高了效率；同时自主性选择时间，主动查阅，还可以通过私人订制控制自己的流量内容，在主动接收的情境下，应需地、专一地、集中地进行在线活动。

### （四）形成高质量的信息传播

手机等移动媒介均为自媒介，如快速崛起的微信，是凭借朋友间的紧密关系与信任，实现信息的交流，即使是微信公众号，也是机主的自主选择，所以信息具有较高的质量。目前，微信规定每个账号每天只能发1～3条信息，直接从源头掐断微信公众账号多发信息抢头版的压力和可能。每个账号必须精挑细选，确保最优质内容。微信公众账号发送的信息与微信朋友的交流信息一样出现在微信主界面，保证了信息的到达率。

## 二、典型移动终端的媒介品性与功能

### （一）微信的特征与功能品性

发起于我国腾讯传媒的微信是基于QQ好友、手机通讯录的关系型传播媒介，落户于手机，其移动终端的不断丰富和强大的功能表现已经威胁到传统PC端的社会化媒体。

微信是集图文、视频和语音等各传播符号，置微视频、音乐、游戏等各样态产品于一体的平台，以实现沟通、互动、娱乐和各种信息服务功能。目前微信的5.0升级了扫一扫，APP越来越丰富；条码扫码可以横扫线下店铺，直接连接线上电子商务；摇一摇增加了视频识别功能。这些强大的传播能力使微信成为商业媒介，公众账号的出现使微信不仅是朋友之间的沟通工具，也是用户和企业之间的商业平台。微信互动营销的工具有二维码、摇一摇、朋友圈、附近的人、微信群、群发助手等。微信里对信息的转发只能发生在小范围朋友圈内，不能转发给大范围公众账号的听众，这极大降低了信息的扩散宽度，但使信息具有了源于朋友之间的信任感。故此，微信平台具有朋友交往中“内容为王”的传媒优势，淡化了微信互动中公共关系与商业广告的界限，成为最具商业潜质的社交平台之一（见案例8—2）。

### （二）微信与微博的比较研究

微博具有公共平台的简易性，进入门槛低、传播快、有共享性、爆发力较强，独具广大的公众潜在市场。微博给精英阶层和草根阶层提供了一个透明的对话视窗，使二者各取所需。与QQ比，微博具有更高的信息透明度，能迅速聚集人气；与博客比，“短、快、新”的特点适应高速现代生活节奏，使人在最短的时间内获得最新、最大、最有价值的信息量。如今新浪微博的手机客户端功能稳定且持续发展，与发自移动终端的腾讯微信有同工异曲之处（见表8—2）。

表 8—2　　微博与微信之比较

<table>
<tr><th colspan="2"></th><th>微博</th><th>微信</th><th>备注</th></tr>
<tr><td rowspan="8">二者不同之处</td><td>创新价值</td><td>互联网社交平台</td><td>移动互联网的关键入口</td><td rowspan="3">微信是社会化的关系网络<br>微博是社会化的信息网络</td></tr>
<tr><td>发自媒介</td><td>PC 互联网之台式机<br>2010 年爆发</td><td>移动互联网之手机<br>2013 年爆发</td></tr>
<tr><td>时间效能</td><td>为时间排序，可通过热门搜索等即时传播</td><td>实时提醒功能，<br>同时传播</td></tr>
<tr><td>媒介性质</td><td>基于公共社交平台的强信息链</td><td>基于 QQ 好友和手机通讯录的强关系链</td><td rowspan="5">微信是强关系弱媒体平台，“朋友关系”是纽带；通常是真实的人际关系，属于移动的 SNS，微博是强媒介弱关系平台，“信息关系”是纽带，媒体属性强，影响范围更广</td></tr>
<tr><td>产品形态</td><td>快速个性表达、刷屏浏览与信息传播</td><td>主要是对话、<br>交流与沟通</td></tr>
<tr><td>传播属性</td><td>是面向所有粉丝广泛覆盖、开放性的传播</td><td>精准的私人订制或一对一推送，形成闭环交流</td></tr>
<tr><td>受众对象</td><td>是基于兴趣的关注，<br>黏性普遍偏低</td><td>是精准的人群覆盖，<br>关注者为高黏性用户</td></tr>
<tr><td>功能差异</td><td>目前尚无直接的<br>语音功能</td><td>具有直接的语音功能</td></tr>
<tr><td colspan="2">相同之处</td><td colspan="3">平台的互动性：二者都是数字化、网络化和可移动性的互动平台<br>社会化营销功能：二者都已成为面向公众广播的社会营销平台</td></tr>
</table>

## 三、移动终端的商业模式与发展趋向

### （一）以 O2O 为代表虚实互补的商业模式

“O2O”即线上线下互动的业务模式，同样运用于 PC 端，都能结合线上与线下的优势提高商业效益，但是在移动终端更加方便快捷。目前“O2O”有四种依存关系。

第一，Online to Offline，即在线上交易到线下消费体验，如生活服务类的团购模式。

第二，Offline to Online，即在线下营销到线上交易，如线下拍照二维码的码购模式。

第三，Offline to Online to Offline，即在线下营销到线上交易再到线下消费体验的模式。

第四，Online to Offline to Online，即在线上交易或营销到线下消费体验到线上体验模式。①

**(二) 移动终端未来的发展趋向**

互联网世界在线媒介终端的形态变化很快，台式机已不再受欢迎。智能手机和平板电脑的组合从功能上已可以替代 PC 互联网台式机。微信正在成为虚拟世界与现实世界的沟通工具，或成为移动互联网最大的入口。适应未来发展需要注意移动终端的趋向。

(1) 多媒体化：似多功能媒体，在智能手机屏幕上扩大移动视频以扩大传播范围。

(2) 电话式互动的语音功能：用户喜欢，声音也可作为移动终端有效的用户界面。

(3) 手机出版趋势：数字阅读的标志是人们利用碎片时间运用 APP 的随机阅读。

2014 年是中国接入国际互联网的 20 周年。我们已经深刻感受到互联网带给社会和人性的变化。尽管今天依旧可以在网络里狂欢、在微信里大赞、在商家得到网购优惠，然而这种快捷便利自由的背后却隐患重重，引发人们对互联网规则与秩序的思考。

**小结：移动终端的媒介特征与素养**

(一) 移动终端将社会生活网络化之意义

——信息流通更贴近需求，减小了数字鸿沟

——主动接收与化零为整，形成高质量的信息传播

(二) 作为移动终端典型代表的微信与微博的比较

——微信是社会化的关系网络，强关系弱媒介平台

——微博是社会化的信息网络，强媒介弱关系平台

(三) 移动媒介的商业模式及发展趋向

——以 O2O 为代表的线上与线下虚实互补的商业模式

——目前出现多媒体化、电话互动的语音模式和手机出版等趋向

---

① 参见张波：《O2O》，7 页，北京，机械工业出版社，2014。

案例 8—2

### 从余姚水灾救援看微信效力

2013年10月7日，被称为新中国成立以来最强的秋台风“菲特”登陆，之后的几天依然余威不减，浙江省宁波市余姚城区70%的地域被淹没，21个乡镇因台风受灾人口超80万，宁波全市113万人受灾，且造成了人员伤亡。“菲特”卷起相当于68个西湖的雨水，在两天内倾倒在我国的同一个地区——方圆只有1 500平方公里的余姚。

(1) 互联网聚合。得益于这个时代，这场灾难获得了互联网给它的一呼百应。通过微信，从千里之外赶来了各方志愿者：宁波来的、永康来的、气垫船厂家来的，司机也是拼凑的。几个临时凑在一起的志愿者实施了一次次救援行动：他们通过微信接收到一条信息，有两个家庭需要水、食品和奶粉，经过两个多小时涉水行进，两个家庭拿到了能够维持三天的给养。

(2) 专业性救援平台。一线的志愿者不断接收到一个“卓明救援平台”提供的信息，平台的负责人却在千里之外的北京。北京大学医院的牙科医生郝南利用业余时间创造了救援信息平台，在这个平台上，有遍布全国各地的2 000多名志愿者网友、一触即发的信息、志愿者如接到命令般的神速，微信使民间救援群为余姚每一份关切之间画上距离最短的直线。

(3) 志愿者被保险。江苏无锡的女孩安琪通过网络会议了解到，前方志愿者心理上有安全保障的需求，通过电话与一家保险公司负责人联系后，这家保险公司同意，义务为前方1 000多名救援志愿者提供人身意外伤害保险。线上的瞬间信息立即给予了志愿者安慰。

(4) 激活社交圈：手机里的社交圈成为最快的媒介、最短通道的联络图。在上海工作的余姚人沈吉利激活了自己所有的社交圈——余姚中学校友群、单身群等，来自上海、杭州、宁波以及余姚的500多名志愿者仅用两天时间，就在上海和余姚之间搭建起了一条从筹集、运送到接收、发放的完整通道，这是社交圈凝聚起来的救援物资的一条龙。

（5）特效的微信传播。当关注的眼睛还在北京、昆明、西安、沈阳等地时，关注的想法和信息已经传送成等待阅读的微信的红点；变成未读邮件的黑色提醒线；变成微博里转发的评论；变成手机里收取新信息的滴滴声。快捷方便的移动终端把人们的心连在一起。

资料来源：中央电视台财经频道大型纪录片《互联网时代》，第四集，2014-09-05。

**反思：**

（1）一个救援平台能拥有遍布全国各地的2 000多名志愿者网友，这是何等组织能力？

（2）一个女孩的电话，竟能使前方上百名志愿者获得人身意外的保险，这是何等力量？

（3）500多名志愿者利用两天建起了从上海到余姚的救援物资通道，这是何等效率？

**结论：**

（1）网络平台将具有相同想法的人们聚合起来，这种无组织的自组织更能凝聚共识。

（2）在一个能够释放心灵的语境中，人们最容易表达善良本质，焕发真实情感的力量。

（3）当信息和沟通突破了时空阻隔时将会产生一种神奇的力量，使自组织型社会结构创造出最佳效益——简约的目标，只为解决问题。

## 本讲课业

● 思考：1. 你是否同意“互联网带来了时代变迁”这一结论，并论证。

2. 你怎样理解“互联网思维”，列举你运用这个思维的实例。

● 阐释：利用你的媒介素养学习和区分 C2C、B2B、B2C、O2O 的含义并举例。

● 反思：创立于 1923 年《时代周刊》，每年评选的“年度人物”都是叱咤全球，能够创造性、指导性地推动世界发展的精英领袖。为什么 2006 年的“年度人物”是“YOU”？请写出你在观看 2006 年《时代周刊》年度人物之后的感想（2 000 字以内）。

解读：“年度人物”的影响力和在互联网时代的“个体”与“人人价值”的意义。

课业辅导：

（1）理解和解析每年《时代周刊》评选的“年度人物”的影响力。

（2）分析互联网时代的特征以及互联网的本质属性。

（3）以自我感知经验解读“YOU”的意义，及其与互联网的关系。

（4）综述互联网时代“YOU”的人机效益与特定价值。

## 本讲阅读

1. ［英］维克托·迈尔-舍恩伯格，肯尼斯·库克耶．大数据时代．杭州：浙江人民出版社，2013.

2. ［美］克莱·舍基．人人时代：无组织的组织力量（修订版）．北京：中国人民大学出版社，2012.

3. ［美］克里斯·安德森．免费．北京：中信出版社，2012.

4. 丁俊杰，张树庭．网络舆情及突发公共事件危机管理经典案例．北京：中共中央党校出版社，2010.

5. 张波．O2O. 北京：机械工业出版社，2014.

6. 黄楚新．新媒介素养．北京：知识产权出版社，2001.

# 第九讲　技术想要什么
## ——媒介技术互动与报复

**本讲要义**

* 媒介技术激活了人的主体性
* 媒介研究的四个步骤
* 狂欢的成本与免费的代价
* 网络谣言与网络暴力
* 网络欺诈和信息安全

互联网绝对是矛盾的，它能给出最好的未来，也能给出最坏的未来，而这取决于人类自己。

——法国历史学家让·诺埃尔·让纳内

自从瓦特1776年发明了世界上第一台蒸汽机，技术与科学便成为人类历史发展的重要标志。从农耕社会进入工业文明，如今人类社会已经迈进了信息时代，昭示的是信息文明。由于科技的发展，人类生存的空间从物质的走向精神的、从实体的走向虚拟的；人类的交流工具伴随传媒技术的发展不断升级：由直面的口耳相传到印刷媒介承载的文字语言，从电磁发明之后的电报、电话、广播、电影、电视到PC互联网直至移动互联多终端；同时人们的沟通方式也从纸媒的单向传播到电话的双向交流，再到一对多或多对多的网络传播。今天的互联网已经联地、联人、联物，将一个国家的主权从传统的海、陆、空三维延伸到领土、领海、领空、领宇、领网的五维。

传媒科技的发展对人类文明的推动意义毋庸置疑。然而，技术是中性的，社会是多元的，人性本身就具有善与恶的两个方面。技术的效能在撬动了主体互动的同时，却也令人喜忧参半，“技术的报复”无时不在我们周围。2013年，我国破获的网络犯罪案件有17万件，直接经济损失约2 300亿元，受害者接近3亿人，平均每分钟就有600余人被侵害。2013年，全球每10人中，就有一人成为网络诈骗的受害者，至今可统计的网络犯罪使全球个人用户蒙受的直接损失达到1 130亿美元，每天有150万人因此被侵害。[①] 一组组数据表明：在当代，“墨菲法则”正在应验。

## 第一节　媒介技术与主体的互动

一种新媒介的产生将导致一种新文明的产生，这是传播学始祖哈罗德·伊尼斯早在20世纪中期就阐述的观点。媒介技术的每一次进步都能开发人类自身的潜能、促生传播形式的演进、激活人类改变交流环境的动力，媒介技术带给社会发展巨大的推动力。

### 一、媒介技术与人格主体

#### （一）传媒技术激活了人的主体性

人的主体性即人对自身的意识性、能动性和创造性等本体功能属性的个体主导作用。每一种新媒介技术的使用和普及，都会形成一种全新的社会交流构型，趋向越来越授权于媒介使用者个体：从印刷媒介到广播、电报、电视和电话的普及，再到PC互联网，以至于今天数字移动终端这一完胜的自媒介形态。传媒技术的纵深拓展构建了个人与他人和社会越来越宽广和迅捷的连接。当代人类进入了以互联网技术和数字移动媒介为特征的信息时代，在互联网牵动下的思维导图绽放着人类个体各色各样的心灵花朵。新的数字网络媒介激活了人们的主体表达意识，又召唤信息文明消费的媒介素养。

世界著名心理学家、精神分析学派的创始人西格蒙德·弗洛伊德（Sigmund Freud）提出了“潜意识”这一概念和著名的“人格三重结构”理论。“潜意识”代表人们原本的、最原始的心理能量，是受到压抑的、没有被意识到的心理活动，包括人的原始冲动和各种本能的欲望，但它是人类一切行为的内驱力。弗洛伊德将人格区分为自我、本我和超我三个部分，这三个部分交互作用，最终决定人的各种意识和行为。

① 参见中央电视台财经频道大型纪录片《互联网时代》，第七集。

（1）本我：要求自我满足其欲望，潜意识的本我最本真，是人的原始心绪和欲望。

（2）自我：钳制本我并协调超我，属于意识层次，存在于人的原始需求与社会道德伦理之间，起到平衡本我与超我的作用，选择涵纳的方式与外在世界互动。

（3）超我：要求自我将欲望压抑下去，代表外在社会的道德及伦理思想的反制。

在这三重结构中，媒介技术最直接影响人的“本我”部分。在当代自媒介环境下，技术可以使人在网络空间行走自如，独侠闯关，使“本我”人格在不同内容的各种信息往来中享受源于心理或生理的最大满足。当媒介消费中的窥视欲、感官刺激等不断膨胀时，新问题便随之产生，多层次的人格结构被不健全的人格所取代，主体性中积极的元素逐渐丧失，使人最终难以把握自己，于是很容易迷失在快消的传媒文化中，并随波逐流。

**（二）从“恶搞”现象看主体媒介技能增长的自发性**

新的媒介技术需要新技能，网络“恶搞”以及许多网络狂欢等现象反映出人类对媒介新技能使用的自发性。越来越自媒体化的新媒介对年轻人有着无限的吸引力，任何“好玩的”新技术都能使他们很快驾轻就熟。

“恶搞”即恶意搞笑，通过使用滑稽有趣的表达符号展现对内容对象的特定看法，常常带有讽刺意味。恶搞是早期风行于台湾 BBS 网络上的一种特殊的文化，据说由日本的游戏界传入，后经网络传到香港，继而传到内地。香港的“无厘头”文化为大陆的“恶搞”做了铺垫。助推“恶搞”一词在大陆普及的是一位“草根”族网民，他运用符号交错和形象夸张等技术将某电影情节处理后，利用网络使之广泛传播，既有娱乐又含讽刺，使人们迅速了解了“恶搞”的意义。当代的“恶搞”往往需要借助于电脑软件对图片或视频作品进行二次加工和编辑，运用适当的技术和创作再构传媒产品的内容主题。恶搞的对象常常与当时的社会热点话题相关。解析网络恶搞现象不难发现：这是一种网络亚文化，它以后现代主义所强调的复制和拼贴手法进行异质同构，具有一定的抵抗和批判意义。与其他网络文化相比，“恶搞”文化要受到主流政治和经济力量的结构性制约。由于也要受到社会主文化和主流意识形态的引导和限制，因此“恶搞”文化很容易受到商业文化的收编。

“恶搞”等现象体现了人们提高媒介技能的自发性与能动性，人的媒介技能激发了人的主体性。技术远远不是问题，媒介以及技术都只是工具，只有人具备足够的动机。

### （三）养成媒介学习型技能增长的自觉性

在不断发展的新媒介技能面前，永远存在人与技术的对垒。在更多的情况下，需要人们以学习的态度面对技术，自行车不是用来扛的，互联网上绝非仅仅是娱乐和快感元素。生活在一个信息过剩的时代，被泛滥信息包围的每时每刻，需要人们具备媒介素养技能，甄别信息，发现需求，彼此发现，碰撞智慧。创新与创业都不能离开技术的启动力。媒介科技不能取代一切，但是使用科技的人却可以取代不用科技的人。

ICT（information communication technology）技能即对信息、通信和技术技能的掌握。个人媒介微平台的意义是将阅读、思考、实践、反思、写作集成为一种习惯，在一种虚拟的学习和实践环境中，学会大数据集纳，学会云端信息管理，学会技能软件，学会个人出版以及交流。当代媒介环境为每个人都提供了一个无限的学习平台。

## 二、驾驭最新技术性能的媒介研究方法

驾驭最新媒介，需要理解媒介原理，了解媒介新技术，掌握科学的媒介认知和媒介研究方法。对于任何媒介的研究一般都需要在感性体验、量化调研和理性归纳与分析的基础上，依次或同时经过四个质的阶段（见表9—1）。

**表9—1　　传播媒介研究的四个阶段**

<table>
<tr><th>阶段</th><th>研究对象</th><th>研究问题</th><th>结论</th></tr>
<tr><td>第一阶段</td><td>媒介载具或平台是什么?</td><td>工作原理是什么，运用了什么技术，能做什么</td><td rowspan="2">界定媒介的概念（区别前一代或上一款）</td></tr>
<tr><td>第二阶段</td><td>媒介的使用和用户是谁</td><td>如何使用，满足什么需求，是资讯性还是娱乐性等</td></tr>
<tr><td>第三阶段</td><td>媒介的特定效果体现在哪里</td><td>有什么特定功能，有哪些正效帮助或负效危害</td><td rowspan="2">阐释媒介功能和价值与安全性特点</td></tr>
<tr><td>第四阶段</td><td>如何改进此媒介才能更好</td><td>使用方法或技术如何改进，如何更好用、更安全</td></tr>
</table>

如表9—1所示，媒介研究的四个质化阶段，即要研究由最新技术构成的这种媒介产生的特定意义，分析特定的传播效果和有可能带来的新的隐患，通过比较确认其存在的价值；预计人们使用这种媒介的程度会给人们带来什么帮助或产生什么新的危害，最后提出如何改进媒介，使其更有新的媒介价值。

**小结：媒介技术与主体的互动**

（一）媒介技术激活了人格中的主体能动性
——弗洛伊德提出人格由自我、本我和超我三重构成
——媒介技术最直接影响到人的“本我”部分
（二）提高媒介技能的自发性与自觉性
——“恶搞”等网络狂欢现象反映了人类技能学习的自发性
——现代“ICT”尚须媒介学习型技能增长的自觉性
（三）驾驭新媒介需要科学的媒介研究方法
——需要经历：感性体验 ＋ 量化调研 ＋ 质化分析
——质化分析：由是什么、谁用、何功能、如何改进四个阶段构成

## 第二节　技术的报复效应

对比农耕时代和工业时代，当今互联网创造的社会变革是巨量的，媒介技术正在开创一个全新的时代。然而，技术的负能量与正能量相伴而来：狂欢需要成本，免费将付出代价；网络谣言、网络暴力、网络诈骗已经显示出媒介技术高能的“报复效应”。媒介素养的重要任务之一就是合理评估技术膨胀而引发的负面影响，减少和避免由于技术的进步带来的文明退化。

### 一、媒介的反作用

#### （一）媒介技术的反作用

“当前科学威力征服整个世界的结果，使所有领域均无法预测。学识的这种强有力的侵蚀往往能改变人类环境和人类本身——我们简直无法了解这种改变的程度、它的危险性，偏离生命永续的基本条件有多远。”[①] 当今世界，由于媒介技术引发的种种不幸接踵而至：病毒侵袭，网络瘫痪，隐私泄露，网银密码被盗等。人们在对新技术热情追逐之后，已经开始思考自由与隐私等生存方式与信息安全的问题。

#### （二）墨菲法则的意义

“墨菲法则”的基本内容即指出凡是可能出错的事，就有很大的几率会出

① ［美］爱德华·特纳：《技术的报复——墨菲法则和事与愿违》，序，上海，上海科技教育出版社，2000。

错；告知人类凡是可能出岔子，就一定会出岔子的必然性（见经典理论：墨菲法则）。在媒介技术无限发达的环境下，这一法则成为当代媒介素养的重要知识点。

**经典理论**

**墨菲法则**

墨菲法则也称墨菲定律，是美国工程师爱德华·墨菲做出的著名论断，反映的是一种心理学效应：事情如果有变坏的可能，不管这种可能性有多小，它总会发生。任何一个事件，只要具有大于零的概率，就不能够假设它不会发生。墨菲法则提醒人类需要注意：

（1）任何事情都没有表面看起来那么简单——对待任何信息都不要侥幸和轻信。

（2）所有的事情都会比你预计的时间长——不利的因素不那么容易消失。

（3）会出错的事情总会出错——已经有迹象的事情总会发生问题。

（4）如果你担心某种情况发生，它就更有可能发生——防范并谨慎处理你担心的问题。

资料来源：［美］爱德华·特纳：《技术的报复——墨菲法则和事与愿违》，上海，上海科技教育出版社，2000。

## 二、技术的“报复效应”

### （一）网络狂欢与利害

在一个普及了自媒介的数字移动网络时代，过去观众的“看”和听众的“听”几乎不复存在，统统变成了“参与”。社会事件的发生总要引发网民的“围观”现象，随即的吐槽、拍砖、愤青等情绪化行为经常爆发。Web 2.0 使复制和粘贴变得容易，源文件共享技术使网民兴奋，网络繁荣，媒介记录真实的历史反而成为网络“异端”，信息“加工”成为数字时代的常态。2006 年 7 月 5 日，美国“安然事件中犯盗用公款罪的肯·莱去世。在当天上午 10 点 06 分，维基百科中有关他的条目显示，他死于‘明显的自杀’。两分钟后，又显示为死于‘明显的心脏病’。上午 10 点 11 分，维基百科报道他‘因毁掉了很多人的生活而感到愧疚从而自杀身亡’。到了 10 点 12 分，我们又得到消息说他死于冠心病”[1]。如此荒谬的事件比比皆是，不加分辨地将道听途说的信息上传，既降低信息质量又影响媒介的公信力。“Web 2.0 真正带给我们的是：生活中肤浅的观察而非深刻分析，无聊至极的观点而非深思熟虑的判断；带给我们的是一些毫无价值的文化、不可信赖的新闻和充斥着无用信息的混乱世界。Web 2.0 革命催生的用户生成内容威胁到了文化把关人。”[2] 由于不同个体表达得肆无忌惮、煽动情绪、玩弄真相，甚至发生时空错乱的大杂烩，结果使事实被数字技术分裂，唯一的真实更加支离破碎。在众网友的围观下，人们之间应该有的对话转成了对骂。网络狂欢经常突破常规底线，充斥着缺乏调研的事实依据、缺失分析的理性判别、缺少辨别的随意传播，使一个自由表达的媒介空间变成大众化的垃圾站，变成为意见平台、情绪媒介和泄愤“槽”，时刻影响着社交媒体的属性。

互联网的去中心化和扁平化，以及媒介技术带来的便利，一方面使人们随时随地有了自我表达的广阔空间，唤起个人创新价值和协同创意的自组织正能量；而另一方面，也诱使人们爆发出前所未有的自我表现欲，容不得他人的观点，产生极端表达的负能量。在还没有健康成熟的传媒文化语境中，在人的媒介素养不高、不能把握好尺度时，网络狂欢或泄愤既反传播宗旨，又威胁到传递信息、传播文明的传媒核心价值。庸俗、低俗、恶俗的网络文化成为网络谣言或网络暴力的发源地。互联网公民应当减少偏见，理性分辨信息以接近事实，否则宁愿观察和等待事实真相，避免情绪的盲从和信息的随意转发。

**（二）网络谣言与危害**

“谣言”即没有事实依据、无中生有的信息传播。网络谣言的泛滥和对网络谣言的轻信，是人们媒介素养不高的最明显的表现。本书在第一讲开篇时提到的几个事件都是网络谣言引发的媒介负能量传播事件。网上曾经流传的所谓“武汉大三女生求职时被割肾”、“玉溪将发生 8.6 级大地震”、“黔西部分乡镇儿童被抢劫盗肾”、“海南支教女学生被灌醉轮奸”等信息，经查证也均属编造。另外，夸大事件、编造情节等不真实的信息表达也会影响人们对事物的判断，由于首因效应和网络传播的规模渗入，不少网民将观点当成事实，将谣言作为报道，甚至信以为真地采取行动。网络谣言关涉人心向背和社会诚信，关系互联网媒介公信力，危害民心的安定和社会的稳定（见案例 9—1）。

媒介素养提倡网民的质疑精神和批判意识，提倡社会责任感下的理性思考

---

① ［美］安德鲁·基恩：《网民的狂欢》，19 页，海口，南海出版公司，2010。

② 同上书，15 页。

和文明表达，珍视每一次信息机会（即曝光机会）。打击网络谣言并非封闭化的网络治理措施。2013 年 9 月 4 日《人民日报》刊登文章《把握好互联网这个“最大变量”——创新我们的宣传思想工作之五》，特别指出，把握好互联网这个“最大变量”，最关键的是要有“阵地不能丢”的忧患意识，有“兴利除弊”的媒介素养，有“能力升级”的创新精神。

案例 9—1

### 从“新疆籍艾滋病人通过滴血食物传播病毒”看网络谣言

2012 年 12 月 3 日，国家互联网信息办公室网络新闻宣传局通过新华网等媒体，针对当时网上流传的所谓“新疆籍艾滋病人通过滴血食物传播病毒”等信息发布了通报：此信息有关部门已经查明均属谣言。多名捏造事实、编造和传播谣言者已被公安部门依法予以治安拘留处罚。

国信办的通报内容如下：据了解，有人通过微博、手机短信等形式传播不少有关“新疆籍艾滋病人通过滴血食物传播病毒”的信息，挑拨民族矛盾，煽动公众情绪，造成了不良社会影响。经有关部门查明，此信息是河南省洛阳市一李姓男子故意编造并通过手机短信散布传播的，郑州市某公司女职员戚某将收到的手机短信谣言转发到 QQ 群后在互联网上扩散，李某和戚某及其他编造和传播谣言者现已被公安部门依法予以治安拘留处罚。公安部门还侦查发现，2012 年 11 月 11 日至 16 日，新疆石河子木某、乌鲁木齐刘某、伊犁州张某、巴音郭楞州甘某等四人分别通过手机短信、微博大量转发该谣言信息，公安部门已分别依法对这四人予以治安处罚。

**评析：**谣言总会被识破，网络谣言亦此。但是在调查取证得出结论前，其被转发和传播的范围越广，受到影响的人数越多，网络谣言的危害性越强。故此，当代媒介素养将“网络谣言”作为一个非常重要的问题加以认识。希望那些传播网络谣言的“害群之马”，无论出于何种目的，应当了解谣言的暂时性、欺骗性和被识破的必然性，从良知和素养上审视自身的行为；希望接收网络谣言的广大网民，无论信与不信，应当了解匿名传播语境下的信息性质，培养质疑精神和求真意识，不盲信不盲从，更不转发不传播，以批判性思维理性鉴别和分析信息。

资料来源：《国信办有关负责人通报近期查处的网上谣言》，新华网，2012-11-03。

### （三）网络暴力与伤害

“网络暴力”并非当代互联网的特产，而是在报刊纸媒时代就已经发生的现象。美国批判学派代表人物乔治·格伯纳通过文化取向研究，研究了媒介暴力问题（见当代词注：媒体暴力）。暴力是通过强制手段侵犯他人的极端行为，与血腥、武力密切相关。媒介暴力有媒体报道社会发生的真实性暴力和影视节目中表演性的虚拟暴力两种形式。网络暴力是媒介暴力在互联网媒介上的延展，其表现为通过语言对人的身心以及正常生活造成不良影响，是一种语言行为伤人现象，亦称“网络欺凌”。

在现实社会生活中，人们所能面对的语言暴力或语言凌辱是有限的。但在互联网上，每个人都可能因为某一件事或某句话被千万人包围起来，面对难以承受的压力，“17岁的加拿大少女帕森斯于2012年4月悬索自尽；14岁的英国女中学生汉娜于2013年8月以相同的方式自尽；因为电视剧《星梦奇缘》为不少中国观众熟悉的韩国女明星崔真实于2008年10月在家中自缢身亡；18岁的中国广东陆丰少女小琪于2013年12月跳河自杀。这些令人惋惜的死亡原因都是相同的：无数的陌生人通过网络对她们进行了无休止的羞辱”[①]。网络暴力使人的心理不堪重负，伤及生命，这是互联网“聚合”力量的悲剧。

**当代词注：媒体暴力**

媒介暴力（media violence）指由于各种媒介，如网络、电影电视、电子游戏、报刊等媒体含有或刊载暴力内容，对人们的正常生活造成某种不良影响的暴力现象。暴力是人的话语权三要素（暴力、金钱、知识）之中最基础的要素。

美国批判学派代表人物乔治·格伯纳通过文化取向研究，研究了媒介暴

① 中央电视台财经频道大型纪录片《互联网时代》，第七集。

力问题。2009年4月28日，乔治·格伯纳在《暴力与媒介》中界定了暴力：公开表现以实力对抗他人或自我，或者反对他人意愿的强制行为，从而造成被伤害或杀害的痛苦。媒介暴力分为真实暴力和虚拟暴力两种形式。

(1) 真实暴力：指媒介对社会暴力现象的真实性报道。如媒体对现实生活发生的游行冲突、街头殴打、黑帮血拼、凶杀、强奸、抢劫等暴力案件的报道。

(2) 虚拟暴力：指在传媒节目中包含的表演性暴力现象，如在影视剧和娱乐节目中存在的表演型的暴力场景，在电视剧里大量存在的暴力镜头，警匪剧、武侠剧中颇多。在儿童节目中出现暴力游戏以及电子游戏中的暴力行为。

媒介暴力的产生有多种原因。其中最重要的是传播媒介数量的快速膨胀和传播内容的无限增加，导致各类传媒和同类传媒之间争夺观众的竞争惨烈，媒介生态失衡，暴力美学便由此产生。其次，在受众可用做判断的基础信息匮乏的情况下，传媒经常表现出带有强制色彩的媒介教化模式。

**（四）网络诈骗与侵害**

网络欺诈也称电子欺诈，是网络犯罪最常见的两种形式（另一种是色情网站）之一。网络欺诈主要分为以下几种情况：黑客通过网络病毒方式盗取别人的虚拟财产；网友通过网上交友方式赢得受害者信任后再获取其财产；不法分子通过互联网虚假宣传快速发财致富，或利用刷广告等手段为噱头，收敛会费进行诈骗。

近年来，网络诈骗愈演愈烈，且手段越来越高明，使侦破工作越来越困难。即使在互联网发源地美国，各类网络犯罪案件也让一般民众受损严重。在权威机构的统计数据中，2012年，网络犯罪让美国损失了207亿美元，710万网民成为受害者，平均每人损失2 900美元。一位名叫克里斯蒂娜、年仅21岁的俄罗斯女孩，纠结一群年轻的同伙，运用一款自己编写的病毒软件，平均每月从英美银行的账户中窃取326万美元。一个被称为“要塞”的僵尸网络，在2012年1月后的一年半时间里，盗窃了超过5亿美元，它侵入全球500万台个人电脑，并在数十家国际金融机构肆意出入，美国联邦调查局寻求80多个国家的支持，但至今此案依然在艰难的侦破中。正如美国斯坦福安全研究所计算机专家唐·B·帕克所言：计算机中的钱是没有任何重量的，不像现实中你在偷钱之后必须靠人力将其运走，因此利用计算机进行金融诈骗就好比在计算机系统中改变一个数字那样简单。你偷一百美元和偷一百万美元根本没有任何区别。①

网络数字的虚拟与财富的无形，不能体现犯罪人数与其犯罪强度之间的必然关系。这使受到侵害的民众比历史上任何一个时期都要多，这是互联网技术发展的悲剧。掌握着最先进网络技术的黑客们（见案例 9—2：世界黑客大会）侵害着人们的合法权益，人们只能不断学习，加倍防范，时刻警惕。

**案例 9—2**

### 从“世界黑客大会”看技术无敌

世界黑客大会——吸引全球顶尖级网络技术高手们的聚会——诞生于 1997 年，每年的 8 月份在美国拉斯维加斯举行。这是世界电脑黑客们的盛会，堪称每年一度的“黑客”大阅兵。据说大会入场费为 150 美元，不注册，不记名，只收现金，不收信用卡。在这里，来自全球各个国家的黑客高手们竞相“亮技”，大会最吸引人的主题是专业级别的“黑客竞赛”，顶尖黑客会获得不菲的奖金。

（1）拉斯维加斯的“魔”术。美国的拉斯维加斯，原木是美国西部的荒漠，100 多年前是落魄的淘金者、跨境毒品贩子、娼妓流氓的麇集之地，最终成为全球闻名的赌场。黑客们选择这个踩着法律和道德边缘成长起来的魔幻之都举办每年一次的盛会，也给它装点了互联网时代的大门，有了它新的名片。20 多年来，全世界的黑客、这些米特尼克的同行们相约前来，在这里举行往往有数千人参加的黑客大会。

（2）“黑帽与白帽”黑客。他们中或许不会有专事犯罪的所谓“黑帽黑客”；他们中未必都是所谓只做好事的“白帽黑客”；他们中注定会有介于正义和犯罪之间的所谓“灰帽黑客”。忽略难以辨别的道德面貌，他们都是数字化时代自命不凡的互联网技术精英。每年一度在这里炫耀的智慧或破坏力表现出他们非

① 参见中央电视台财经频道大型纪录片《互联网时代》，第七集。

凡的魅力。

(3) 现场惊人的演示。2012 年第二十届黑客枭雄们聚会的高潮在于，将几乎人人熟悉的银行取款机搬上表演台，表演者输入破解指令，使取款机开始源源不断地吐出钞票。这一刻，全世界正在运行着超过 10 亿台相似的设备。

(4) 黑客趋向于更加年轻、更加智能、更加隐蔽、更加商业、更加功利、危害更大，对其追踪、监控和侦破更加困难。黑客作案前往往经过周密策划，与政府反黑客力量斗智周旋；黑客犯罪在由程序和数据虚拟的空间内进行，不受时间、地点限制；黑客群体智能化、年轻化的新特点。

美国自由软件基金会创始人理查德·马修斯·托曼说："这是可以展示自己聪明才智的一个领域，当然，并非所有破坏安全系统的人都是黑客，这是一项技术，人们有价值观，技术能为不同的价值观服务，谁控制技术，谁就决定其价值。"美国对待黑客的这种两面手法，暗藏着一股潜流，需要我们警惕和认真对待。

**资料来源：中央电视台财经频道大型纪录片《互联网时代》，第 7 集，** 2014-09-08。

**反思：**

(1) 人们为什么对黑客大会——这些互联网"恶剧"的导演们"济济一堂"——孰视无睹？

(2) 世界黑客发展出现了"更加商业、更加功利"的趋势，这意味着什么？

(3) 为什么黑客当中还能分出"黑帽黑客"、"白帽黑客"和"灰帽黑客"？

**结论：**

(1) 技术无敌。技术的强大力量任何人都难以阻挡，然而技术本身却是中性的。

(2) 人机和谐。技术如何应用是人作为主体的取舍问题，需求是技术发展的驱动力。

(3) 人性向善。黑客毕竟发端于纯粹的技术与人的兴趣，从起源上并非直接的犯罪动机。召唤人性的回归和技术文明，这是人类社会发展的核心目标。

**小结：墨菲法则与媒介技术的报复效应**

（一）技术的报复与墨菲法则

——技术威力的不可预测性引发对自由与隐私安全的反思

——墨菲法则提醒人类凡可能出错就会有很大的概率出错，不得侥幸

（二）技术报复的几种主要效应

——网络狂欢与无底线的自由表达容易产生负能量传播

——网络谣言危害到传媒诚信以及民心的安定和社会的稳定

——网络暴力聚合的心理杀伤力足以伤及无辜的生命

——网络欺诈构成犯罪，侵害的是大量社会民众的合法权益

## 第三节　网络信息安全

网络信息安全是互联网技术发展中的特定命题，不仅关涉个人隐私和企业的商业秘密，还关系国家安全。网络信息安全是指包括一切硬件、软件、环境与设施在内的完整计算机网络信息工作系统处于保护常态，不会受到偶然的或恶意的因素的破坏、更改、泄露等，网络系统的信息服务一直处于正常程序下的连续运行中。网络信息安全的根本目的就是使内部信息不受外部威胁，主要通过五个方面的保证特征体现出来：信息的保密性、真实性、完整性、未授权拷贝和所寄生系统的安全性。故此信息的加密要成为常态，网络系统需要信息源认证、访问控制，不能有非法软件驻留，不能有非法操作等。信息安全的技术性很强，涉及计算机科学、网络技术、通信技术、密码技术、信息论、信息安全技术等多领域的协同实践。威胁网络信息安全的因素有很多，集中于病毒侵入和黑客篡改这两类主动攻击性的因素，它们对整个系统的破坏性最大。

**（一）网络信息安全的最常见天敌是网络病毒**

根据北京 360 总部提供的数据，各种有害程序汇成的洪流在 360 的监测屏幕上从来都没有间断过：在一年时间内发现了超过 800 万个“木马”；一天之内监测到超过 86 万次的黑客入侵；高峰时刻，每小时捕获的恶意软件达到 68 000 个。每天都会发现很多病毒木马的变种，这个变种已经不是以百万计，而是以千万和上亿来计。根据卡巴斯基全球产品与技术分析总监的数据：1994

年每小时监测到一个新病毒；2006 年每分钟监测到一个新病毒；2011 年每秒监测到一个新病毒；现在每天监测到 20 万个新病毒。增长速度何等惊人，且中国 24%的优盘被病毒感染。[①] 故此，防毒杀毒，及时更新杀毒软件，这是网络使用和管理的基本常识和“规定动作”。

**（二）网络信息安全最强的对手是黑客**

“黑客”由英文单词 hacker，音译而来，在台湾地区也称为“骇客”。“hacker”本身并没有明显的意义倾向性，在英语语境中根据上下文判断其意，本意类似于汉语中的枪手、能手之类。在 IT 领域，它专指秘密窥视或改变他人计算机系统信息的一类人。无疑，这些人都非常擅长计算机和网络技术，拥有最高超的技能，都是 IT 领域的“精英”，尤其是程序设计人员，本身就是计算机专家（见背景知识：世界黑客第一人：凯文·米特尼克）。

**背景知识**

## 世界黑客第一人：凯文·米特尼克

现为美国网络安全咨询师的凯文·米特尼克，曾经是世界上最早的黑客。他曾说：“手机是电脑和电话的集合体，我非常想知道这是怎么构造的，我想把它们拆了再装，然后去学习这个技术，这是我的激情所在。”于是，他成为世界上第一位网络黑客（见图 9—1）。

**图 9—1　纪录片《互联网时代》截图**

“我侵入了所有手机制造商，我这么做就是证明自己就像赢取奖杯一样。我是一名追求激情、执著冒险、渴求知识的黑客。”这位曾经轰动全球的网络

① 参见中央电视台财经频道大型纪录片《互联网时代》，第七集。

黑客，在当时的报道中几乎无所不能。美国知名报刊宣称，在15岁时，米特尼克就入侵过“北美空中防务系统”，用一根电话线，他就可能将核武器发射升空。

今天，这位已经成为合法的网络安全服务商的人确认，他不曾做过那些匪夷所思的事情。“事情是这样的：当联邦调查局抓到我之后，他们要泄愤，因为联邦探员表现得如此愚蠢，所以联邦检察官在法庭上说，不仅不能批准米特尼克的假释，同时在监狱里，我们必须保证他不能使用电话，因为他可以通过付费电话，侵入北美防空联合司令部，同时吹个口哨，他就可以发射核武器。我听完后大笑，但是法官选择了相信，所以我在监狱的头一年，是被单独拘禁的。”

作为一名新时代的智能型罪犯，他的所作所为让世人震惊。他在美国太平洋电话公司的数据中心溜达了16年，随意摆动那里的档案和服务程序。

1992年11月，他几乎同时侵入摩托罗拉等五家大型公司的数据库，随意修改了其中许多重要的记录。受害者认为，他们的损失超过3亿美元。

成为美国十大痛击要犯之一的米特尼克与汇聚精兵强将的美国联邦调查局周旋了两年三个月之久。在逃窜的途中，他还有心窜入一些重要的计算机研究中心，留下他随心所欲的涂抹。最终，联邦调查局聘请了当时一流的计算机专家协助，才找到米特尼克的住处，将其拘捕。

资料来源：中央电视台财经频道大型纪录片《互联网时代》，第七集。

黑客们往往最初从热心于计算机技术和技能开始，经过自身钻研，最后成为电脑高手。这一群族逐渐区分为白帽、灰帽、黑帽等，其中黑帽（black hat）也即 cracker，专指以破解各种加密或有限制的商业软件为乐趣的人。

**（三）网络信息危及国家安全**

病毒与黑客对于一个国家信息安全的危害性更不可低估。伊朗的布什尔核电站就是牺牲品。布什尔核电站从2007年9月动工之日起就是由国防军参与保卫的机密地带。2010年7月某天，核电站里正在工作的8 000台离心机突然出现大面积故障，电脑数据大面积丢失，上千台电脑被物理性损毁。侵犯者不是特工，也不是士兵，而是后来被命名为“震网”的新网络病毒。这种病毒复杂得令人难以置信，在它之前的恶意软件都很简单，1～3人就可以完成开发。“震网”的开发却需要一个团队，其中的工程师具有多种技能。[①] 至今这个一定存在的破坏者是谁、在哪里，仍无从确切知晓。人们只知道使一座核电站瘫

① 参见引自中央电视台财经频道大型纪录片《互联网时代》，第七集。

痪的数字武器被装入小巧优盘，通过不易被人觉察的方式溜进了核电站一名工程师的电脑中。互联网使战争升级，我国公安部于 1998 年 9 月成立了公共信息网络安全监察局，中国诞生了“网络警察”这一新警种。2014 年 2 月 27 日，中央网络安全和信息化领导小组成立，由国家主席、中央军委主席习近平亲自担任组长，如此规格旨在立足于国家安全和长远发展，研究制定保障网络安全和信息化发展的战略和重大政策，推动国家网络安全和信息化法治建设，不断增强网络信息的安全保障能力。

### （四）美国“棱镜”事件敲响全球警钟

美国“棱镜”项目的揭露者爱德华·约瑟夫·斯诺登在事件爆发时年仅 29 岁，是就职于夏威夷博思艾伦咨询公司的一名分析师。他向全球阐述了基于个人体验，且让整个世界震惊的事实：任何一位分析师都能够在任何时间、任何地点、锁定任何被选择的目标完成工作。美国国家安全局的“棱镜”项目秘密监控用户的通话信息、即时通信、电子邮件、聊天记录、视频文件，仅 2013 年 3 月就在全球搜集了 970 亿条用户数据，监控范围覆盖全球 70 亿人。如巴西总统迪尔玛·罗塞夫、德国总理默克尔、墨西哥总统培尼亚·涅托等 35 个国家的政要都被监听。20 国集团首脑峰会、位于纽约的联合国总部等重要的政治活动和机构等都在美国的监听监视中。在国与国之间的世界舞台上，信息数据也已升级为重构一个国家实力的利器。目前，“根服务器”（见国际视野：“根服务器”与 ICANN 管理）的问题尚未进入国际社会而达成共识的管理模式，每时每刻都存在网络信息不安全的隐患。

**国际视野**

### “根服务器”与 ICANN 管理

“根服务器”全称“根域名服务器”，是架构互联网所必需的基础设施。每个根服务器体积只有两个旅行箱一样大小，但却承担着全球互联网中所有网站域名的解析和管理。如果攻击互联网，最有力、最直接，也是最致命的方法就是攻击根域名服务器。目前这个网络世界的关键设备的管理者是国际互联网名称与数字地址分配机构 ICANN（The Internet Corporation for Assigned Names and Numbers）。多年来，围绕着根服务器的管理方式，全球大国间的争议持续不断。联合国教科文组织总干事助理贾尼斯·卡克林斯说："美国政府和 ICANN 还是有联系的，这是他们之间签署合同的结果；但这也是互联网发展历史的结果；是美国政府与非政府实体，即管理机构之间职能外包和协调的结果。"

1. 作为非营利性国际组织的 ICANN

ICANN 成立于 1998 年 10 月，是一个集合了全球网络界商业、技术及学术各领域专家的非营利性国际组织，负责互联网协议（IP）地址的空间分配、协议标识符的指派、通用顶级域名以及国家和地区顶级域名系统的管理以及根服务器系统的管理。

2. 全球根服务器的分布

由于互联网技术发端于美国，根服务器便与美国有着密切的关系。目前，全球有总计 13 台根服务器，一台设在日本东京，两台设在欧洲的荷兰和瑞典，包括主根服务器在内的其余 10 台都在美国。从理论上讲，在特殊情况下，任何使用者都可能被掌握根服务器的国家排除在互联的网络世界之外。

3. 国际社会对根服务器管理的异议

欧盟、俄罗斯、中国等国家和国际组织先后对美国主导根服务器管理权提出异议，希望这一局面能得到改变。然而多年的争执在不同立场的国家之间并未达成一致。美国战略与国际研究中心高级研究员詹姆斯·刘易斯说："我们可以将与会国家分成三个阵营：一些国家认为应该保持现有模式；一些国家倾向于政府机构管理模式；还有大多数国家尚未拿定主意。"

4. 美国政府的最新的态度

2014 年 3 月 14 日，美国政府机构表示：将放弃对 ICANN 的管理权，把这一权力移交给全球利益攸关体。这里的"将"会是多久，这个"全球利益攸关体"该是怎样的机构，并没有答案。现任 ICANN 理事会主席、美国互联网先驱斯蒂芬·克罗克认为："我们希望看到在 ICANN 领导力层面有更多参与，例如，董事会和各类委员会等。同时我们希望，有很多代表基层意见的本地参与（即当地具体的项目执行者），帮助制定政策，解决问题。"

5. 国际社会以及联合国的态度

关于 ICANN 和国际互联网的治理模式，各执己见的国家一直争论不休。联合国互联网治理论坛协调员认为，面对一项没有国界限制的技术，

> 怎样在互联网治理中处理这个问题是一个挑战。ICANN 的愿景是：同一个世界，同一个网络。
>
> 资料来源：中央电视台财经频道大型纪录片《互联网时代》，第七集。

在个人之间、个人与组织之间，以及组织对组织之间，一切网络信息的流通都可能被追踪和利用。然而以上只是我们在学科和实践领域的关注，比起日新月异的计算机以及互联网技术的发展，这些却显得被动而作用有限。在今天的大数据和云计算面前，全球复杂网络研究权威、欧洲科学院院士巴拉巴西指出："数据让追踪成为可能。"① 他认为人类行为有 93%是可以预测的，数据让一切成为可能。美国《连线》杂志的创始主编凯文·凯利在其《失控》一书中提出："原子是 20 世纪科学的图标，网络是 21 世纪的图标。"② 美国哈佛大学互联网研究中心高级研究员大卫·温伯格认为这似乎是互联网时代的悖论：一方面，互联网给了我们巨大的自由，任何人都可以畅所欲言并被世界知道；另一方面，数字技术的进步也同样意味着万事万物都能被追踪，经过追踪，个人信息和行为将显露无疑。英国剑桥大学的研究者已经表示他们通过网络数据可以预测一个人的性取向，判断一个人的父母是否曾经离婚。美国东北大学跟踪研究了 10 万名欧洲手机用户，分析了 1 600 万条通话记录和位置信息，他们得出的结论是：预测一个人在未来某时刻的地点位置，准确率可以高达 93.6%。③ 在今天的互联网面前，每个人面临的信息透明，这使危险因素具体而真切，任何企业组织和整个国家信息的安全隐患并无二致。

对于技术客观的进程，人类未知的远远大于已知。今天的科技试验的成果，或许成为明天毁灭地球以及人性的武器。芯片技术、传感器、云计算等互联网带来的改变使人们振奋，技术的无敌与无情更堪忧。计算机、互联网与生物技术的结合使人机共进还是蜕化？彼此异化的双向能量，以及技术的报复使信息社会更加期待生物文明。

**小结：网络信息与国家安全**

（一）网络信息安全最常见的天敌是网络病毒

（二）网络信息安全最强的对手是网络黑客

---

① ［美］艾伯特-拉斯洛·巴拉巴西：《爆发》，40 页，北京，中国人民大学出版社，2012。

② ［美］凯文·凯利：《失控》，38 页，北京，新星出版社，2014。

③ 参见引自中央电视台财经频道大型纪录片《互联网时代》，第七集。

（三）网络信息安全与否危及国家安全
（四）斯诺登及美国“棱镜”事件敲响了全球警钟

## 本讲课业

● 思考：1.“墨菲法则”的意义何在？
2.“网络信息安全”的有效措施和无奈风险都有哪些？

● 阐释：以你的亲身体验阐述“媒介技术激活了人的主体性”这一命题。

● 反思：以你的亲身经历回顾和分析由于媒介技术因素带来的不利于人类社会和工作的负面影响（1 000 字以内）。

解读：媒介技术因素对人类以及社会发展有哪些可能的负面影响力。

课业辅导：

（1）回顾你的生活中发生过哪些由于媒介技术因素引发的“坏事情”。

（2）由此整体性梳理媒介技术可能带给人和社会的负面影响。

（3）运用“墨菲法则”分析这些负面影响产生的人为原因。

（4）综述人类如何发挥主体性驾驭这些原本中性的技术，以防范其负能量。

## 本讲阅读

1. [美] 罗杰·D·维曼、约瑟夫·多米尼克．大众媒介研究导论．北京：清华大学出版社，2013.

2. [美] 爱德华·特纳．技术的报复．上海：上海科技教育出版社，2000.

3. [美] 艾伯特-拉斯洛·巴拉巴西．爆发．北京：中国人民大学出版社，2012.

4. [美] 凯文·凯利．失控．北京：新星出版社，2014.

5. [美] 克莱顿·克里斯坦森．创新者的窘境．北京：中信出版社，2014.

6. 袁军．媒介素养教育论．北京：中国传媒大学出版社，2010.

# 第十讲　风能进，雨能进，国王不能进
## ——媒介法规与政策管理

**本讲要义**

* 传媒的意识形态化
* 隐私权与媒介法治
* 政策规制与素养底线文治
* 传媒产品分级与媒介伦理

事实上互联网正在遭受一波又一波有组织的犯罪，因为人们会以此作为赚钱的手段。

——英国学者基思·马丁

"媒介即隐喻"，这是美国学者尼尔·波兹曼于1986年在《娱乐至死》一书中提出的命题。在他看来，媒介"更像是一种隐喻，用一种隐蔽但更有力的暗示来定义现实世界。不管我们是通过言语还是印刷的文字或是电视摄影机来感受这个世界，这种媒介—隐喻的关系为我们将这个世界进行着分类、排序、构建、放大、缩小、着色，并且证明一切存在的理由"[①]。在我国，由于历史原因形成了计划经济公有体制，作为国家政党与政府的利器，传媒被政府和政党直接管控。在市场经济体制下，作为文化产业的传媒被推向市场，逐渐企业化的媒体运营，越来越接近于西方的商业化媒体也正在成为"戴上了镣铐的舞者"和媒介市场化过程中"富翁钱袋上的装饰"。社会公众对传媒市场化实质的认识，是当代媒介素养的重要标志，同时也有利于传媒经营体制

① ［美］尼尔·波兹曼：《娱乐至死》，11页。

的完善。

传媒技术拉动着人类社会不断进入新的文明阶段。互联网作为20世纪最伟大的发明之一，为人类提供了强大的物理工具，一方面增加了信息，扩展了疆界，倡导了合作共赢的伟大精神；另一方面也放大了自由，诱发了欲望，打破了人类社会几千年来形成的结构和秩序。文学进入无经典的时代，艺术进入雅俗共赏的时代，学术迈进百家争鸣的时代，各种议程设置被后台破解，“权威”和“中心”地位被颠覆。资讯比以往任何时期都能够自由流通，于是传播的负能量暴涨，一个全新的传播语境亟待管控和自律。

## 第一节　传媒的法律与政策规制管理

传媒的市场化是伴随着公众的社会公益、投资者的商业利益、不同阶层的文化利益和国家利益共生的，各种利益之间此消彼长。在媒介传播效果与受众媒介素养的博弈中，以新闻资讯为主体的公共传播，隐喻的是传播主体的意识形态；以广告信息为主体的商业传播，隐喻的是传媒实体的经济目的。作为社会组织的传媒机构，其市场化进程就是一个建构“商业效益＋消费意识＋企业利益＋营销至上”的经济模式的过程；作为自媒体或者个体传播者，利用最新媒介技术表达自我正是发挥个体创造力价值的过程。二者都存在利益欲望与膨胀的空间。

### 一、传媒的意识形态化与法律法治

#### （一）媒介传播效果的意识形态化

基于各种利益牵导，在很多情况下，媒介传播的目标不一定符合社会的需求，甚至也不符合传递客观“事实”的目的。“唯物主义的理论观认为文化现象依附于社会经济与权力结构，无论是谁拥有或控制了媒介，谁就可以选择或限制他们的作为。”① 从世界各国政府与媒体的关系看，媒介传播都成为其意识形态教化的有效渠道，传媒自身也不断证实其具有“意识形态”化的传播效果。

意识形态并不是再现本身，而是决定事物如何被他人描述，或如何被媒介再现的一种机制。关于意识形态的定义世界多位学者都有过描述（见当代词注：意识形态）。

① ［英］丹尼斯·麦奎尔：《麦奎尔大众传播理论》，52页，北京，清华大学出版社，2006。

**当代词注：意识形态**

关于意识形态有多重的定义，如下两位世界著名哲学家的描述颇有代表性。

法国著名哲学家阿尔都塞提出了比较宽泛的定义："意识形态是个体与其实际生存条件的想象性关系的再现。不只是我们头脑中的一套信念，也不只是经典中的教义，也不只是政府的大喇叭每天呼喊的东西，它还是操控我们每天实践活动的中枢。"

德国第一位社会哲学教授霍克海默认为："任何一种掩盖社会真实本性的人类行为方式，即使是建立在相互争执的基础之上，皆为意识形态的东西。"他认为信仰、科学理论、法规、文化体制这些哲学的、道德的、宗教的活动皆具有意识形态功能的说法，并不是攻击那些发明这些行当的个人，而仅仅陈述了这些实在在社会中所起的客观作用。

可见意识形态起到维护社会主流价值体系、分配话语资源等作用。从以上各讲的阐述中我们已经理解到媒介的影响力，传媒具有操纵人的意识的魔力，控制人的思想并深入心理结构，进而改变人的思维方式和价值观念，使人失去内在的情感上的自由逻辑，继而不知不觉地被控制和被操纵，进而改变原本主体独立的意识形态。传媒的意识形态表达以及教化作用主要体现在两个方面。

第一，传媒反映并影响人们世界观的价值取向。自媒体上传媒的符号表达反映了传播者的意识形态（见案例 10—1）；传媒再现影像谎言的背后可以找到意识形态的影子。意识形态通过主体化、常识化、神话、神级等机制起到作用，为受众建构生活"常识"，诱发主体欲求，散播美丽神话，改变人们的政治思想观点或文化取向。意识形态在影像再现中的作用既体现了影像生产者和传播者的意图，也决定了影像接受者对图像的认知和解读。分析传媒语言符号再现中的意识形态，对于把握传播者意图、推测受众的思想和心理状态、把控舆情，有重要意义。

第二，传媒改变并重构人们方法论上的思维模式。"电脑绝不是一个对你言听计从的简单工具，它是一种能以微妙而又确定的方式对你施加影响的机器。电脑用得越多，它对你的工作方式的改变就越大。"① 这一点在互联网时

① [美]尼古拉斯·卡尔：《浅薄》，11 页，北京，中信出版社，2010。

代尤其突出，媒介提供了思考素材，同时也在打破专注，将它撕成碎片，冲击心理认知，影响媒介使用者的思考能力和思维方式。无形中，人们的大脑被改变着，逐渐失去以前的认知形态和意识构成，从心理路径和结果上进一步影响到人们的意识形态，其利害难以妄下结论，这是需要警醒的。

案例 10—1

**从为“PM2.5”命名看媒介符号背后的意识形态**

2013年2月，全国科学技术名词审定委员会计划为PM2.5确定一个规范的中文名称，并在网上广泛征求意见，这一话题很快成为网络热点。结果网友们的答案五花八门：严肃一点的叫“公雾源”，高端一点的叫“京尘”，霸气一点的叫“尘疾思汗”，乐观一点的叫“尘世美”，娱乐一点的叫“尘惯吸”，更有稍微性感一点的叫“喂人民服雾”。

**评析：**征询命名的要求很清楚：规范。这意味着名称要有一定的学术表达或贴切适用，趋于标准化。然而，在调侃风格的背后，众网友的命名无不显示出意识形态中的概念和心理意识。

资料来源：搜狐新闻：http：//news.sohu.com/20130305/n367874454.shtml，2013-03-05。

**（二）网络犯罪与法律国界**

人们对现代媒介的依赖性越强，传媒领域的法律问题就越突出。当代传媒领域出现较多的是在互联网上的犯罪行为，即网络犯罪。网络犯罪“是指行为人运用计算机技术，借助于网络对其系统或信息进行攻击，破坏或利用网络进行其他犯罪的总称。它既包括行为人运用其编程、加密、解码技术或工具在网络上实施的犯罪；也包括行为人利用软件指令、网络系统或产品加密等技术及法律规定上的漏洞在网络内外交互实施的犯罪；还包括行为人借助于其居于网络服务提供者特定地位或其他方法在网络系统实施的犯罪”①。简言之，网络犯罪是针对互联网和利用互联网发生的各种犯罪行为的总称，网络犯罪的本质

① 宋晓茹等：《论网络犯罪的类型》，载《中国检察官》，2012（12）。

特征是危害到网络及其信息的安全与秩序，破坏了网民正常和健康的社会生活。网络犯罪最常见的两种形式是色情网站和电子欺诈。一个无限开放的全球大网，在跨越时空的同时也跨越了国界和心界，看不见的规范责任和安全界限打开了更广泛的犯罪空间，似乎使犯罪得到了更大自由。当代，任何一个国家乃至整个国际社会都在期盼对现代传播媒介实施有效的法律管控。

然而，有国界的法律遭遇了无限的网络空间。因为司法权是既定民族国家主权的构成部分，而互联网犯罪案件很多是跨国界的，这为网络犯罪的侦破带来巨大障碍。我国曾经破获的最大的网络色情传播案就是因为这一屏障，使其主要案犯逍遥法外七年，加剧着色情传播的恶劣影响（见案例 10—2）。故此，国际社会的合作以及建构共同的人类价值标准十分重要。2013 年 1 月，欧洲网络犯罪中心在荷兰海牙成立，旨在通过政府、警方、执法部门的合作，彼此交换信息，帮助成员国追查网络犯罪。实现互联网一站式的管控，产生全球性的权威机构和具有各个国家基本的共同标准的媒介法案，这关涉网络犯罪的破案效率。

另外一个难题是网络犯罪案件难以取证。被证实的世界首例计算机犯罪案件发生在 1958 年——美国的一位计算机工程师私自修改了计算机程序，使他的银行账户不再出现负值，直到 1966 年才被世人得知，期间历经了八年。现代数字图像编辑软件技术足以使篡改和伪造的法律物件达到以假乱真的效果，于是数字图像内容取证，即“通过对图像统计特性的分析来判断图像的真实性、完整性、原始性和反映场景的客观性”① 的技术便由此产生。

**案例 10—2**

### 从国内最大色情传播案看法律的国界性

网络犯罪最常见的两种形式是色情网站和网络欺诈。2004 年 8 月，我国司法部门破获了中国网络史上最大的色情传播案。相关案犯落网后，警方发现，色情网站的幕后操作人王勇是一位华裔美国人，居住在纽约市法拉盛皇后区，中国警方向美方提出协助抓捕的要求，却遭到美方拒绝。

① 周琳娜等：《数字图像内容取证》，3 页，北京，高等教育出版社，2011。

（1）不同国别有不同的犯罪标准。国际刑法学学会副秘书长卢建平说："最大的问题就是所谓双重犯罪标准：A国和B国对同一件事情，两个国家的法律不同，一个认为是犯罪，一个认为不是，就做不成。"所以此后的7年时间内，王勇一直逍遥法外，并将网站发展成全球最大的中文色情网站。

（2）终有相同的犯罪标准条款。直到2010年4月，中国警方获取了王勇大量传播儿童淫秽色情内容的证据，这种行为也违反了美国法律，才得到美国警方的协助，将王勇抓获。英国伦敦大学皇家霍洛威学院教授基思·马丁说："这异常困难，反观国际社会，何种行为才会被全世界都认定为犯罪，在全世界范围难以达成一致。所有人都承认，儿童色情是违反道德的恶行，必须要禁止，这一点我相信所有国家都能达成一致。"

（3）相同标准尚存不同解读。但是如何界定儿童，又是一个问题。在一些国家，儿童是非常小的孩子；在英国，儿童针对的是12～18岁的孩子。即使在中国，一个国家的两个地方，内地和香港两个地域对于"儿童"、"少年"、"青年"的年龄划分也存在较大差异。我们总是面临对同一个概念如何界定具体意义的问题。

（4）网络犯罪的新课题。法律不是数学，人类不会用同一个等式。同一个行为或者合法，或者非法，或者是过错，是历史分娩出来的不同民族文化的构成部分。在相对封闭的过去的岁月中，国界既是政治边界，而也是经济和文化边界，偶尔发生的法律冲突并不显眼。而在互联网连接全球的新时代，需要进行更多法律合作的不同国家，必然遭遇法律价值判断不同的时代课题。

故此，网络无边，法律有界，对于网络犯罪的治理需要全球性规划、全球性执行的统一行动。致力于建构共同的网络法律标准，各个国家都存在基于人性和文化与文明的客观进程，都有寻找人类的相通点的共同责任和义务。

资料来源：中央电视台财经频道大型纪录片《互联网时代》，第七集，2014-09-08。

**反思：**

（1）抓捕一个有史以来我国最大的色情传播案主犯，为什么会遭到美方拒绝？

（2）如果该案犯没有传播儿童淫秽色情内容，中国就永远不能执行自己的法律判决吗？

（3）难道巧用不同国家的法律标准，就可以肆意犯法而且逍遥法外？

**结论：**

（1）不同国家不同标准。美国的法律是刚性的，无论什么情况都会执行本国法律条款。

（2）人性毕竟相通。对儿童的绝对保护是全世界各国的共识，这样的共性还会有。

（3）良知不会泯灭。道德良知最终将胜过法庭的审判，依赖人性的自觉与自律行为。

### （三）隐私权与立法

隐私权指自然人享有的私人生活安宁与私人信息依法受到保护，不被他人知悉、侵扰、利用和公开的人格权（见背景知识：隐私权与立法）。“隐私”已成为当代传媒领域最敏感的术语，这是多数互联网公司的商业模式需要付出的成本。2004 年谷歌迎来第一场国际控诉，英国上千万民众认为自己被谷歌跟踪自己的在线行为，形成人类史上最大的集体诉讼。欧洲六个国家的数据保护机构同时向谷歌展开联合法律调查。由数个国家向同一家公司发起法律挑战史上罕见。脸谱网也有着同样的命运，其第一场侵犯隐私权的法律诉讼发生在 2007 年，2012 年脸谱网被判向用户集体赔偿 2 000 万美元。这些飞速发展的国际公司并非缺乏文化与市场理性，但其商业运营必然带来对隐私权的法律冲撞。

**背景知识**

#### 隐私权与立法

对于“风能进、雨能进、国王不能进”的神圣隐私权，有其事件演变的历史背景。

现代隐私权概念的原产地是美国波士顿。1890 年一个夏夜，身为参议员女儿的华伦夫人在家中举办了一场盛大的社交宴会。次日早上醒来，她却在波士顿当地的《星期六晚报》上看到自己在宴会上一些让人尴尬的细节。她的丈夫山缪·华伦——毕业于哈佛大学法学院的波士顿报业巨子，与自己的同学——日后成为美国联邦最高法院大法官的刘易斯·布兰迪，共同撰写了《隐私权》一文，并发表在 1890 年 12 月出刊的《哈佛法学评论》上，这是隐私权概念在人类社会发展中的首次出现。

1902 年，纽约一家面粉厂主人未经个人同意，将一位美丽少妇的头像印在面粉厂的宣传广告上（见图 10—1）。在邻居的挖苦讽刺中该少妇大病一场，将侵犯者告上纽约州法院。由此，隐私权作为法律明确保护的权利第一次写入人类的法律之中。

**图 10—1　面粉厂宣传广告（视频截图）**

伴随着工业时代的都市化进程，密集生存的陌生人世界是现代隐私意识的社会土壤，具体的商业动机则是侵犯隐私的社会元凶。

资料来源：[美] 托马斯·L·弗里德曼：《世界是平的：21 世纪简史》，长沙，湖南科学技术出版社，2014。

---

针对互联网时代公民隐私权面临的威胁，我国于 2012 年 12 月 28 日颁布了《关于加强网络信息保护的决定》，这是一部具有法律意义的管控文件，全文如下。

**《关于加强网络信息保护的决定》**

（全国人民代表大会常务委员会第三十次会议通过）

为了保护网络信息安全，保障公民、法人和其他组织的合法权益，维护国家安全和社会公共利益，特做如下决定：

一、国家保护能够识别公民个人身份和涉及公民个人隐私的电子信息。

任何组织和个人不得窃取或者以其他非法方式获取公民个人电子信息，不得出售或者非法向他人提供公民个人电子信息。

二、网络服务提供者和其他企业事业单位在业务活动中收集、使用公民个人电子信息，应当遵循合法、正当、必要的原则，明示收集、使用信息的目的、方式和范围，并经被收集者同意，不得违反法律、法规的规定和双方的约定收集、使用信息。

网络服务提供者和其他企业事业单位收集、使用公民个人电子信息，应当公开其收集、使用规则。

三、网络服务提供者和其他企业事业单位及其工作人员对在业务活动中收集的公民个人电子信息必须严格保密，不得泄露、篡改、毁损，不得出售或者非法向他人提供。

四、网络服务提供者和其他企业事业单位应当采取技术措施和其他必要措施，确保信息安全，防止在业务活动中收集的公民个人电子信息泄露、毁损、丢失。在发生或者可能发生信息泄露、毁损、丢失的情况时，应当立即采取补救措施。

五、网络服务提供者应当加强对其用户发布的信息的管理，发现法律、法规禁止发布或者传输的信息的，应当立即停止传输该信息，采取消除等处置措施，保存有关记录，并向有关主管部门报告。

六、网络服务提供者为用户办理网站接入服务，办理固定电话、移动电话等入网手续，或者为用户提供信息发布服务，应当在与用户签订协议或者确认提供服务时，要求用户提供真实身份信息。

七、任何组织和个人未经电子信息接收者同意或者请求，或者电子信息接收者明确表示拒绝的，不得向其固定电话、移动电话或者个人电子邮箱发送商业性电子信息。

八、公民发现泄露个人身份、散布个人隐私等侵害其合法权益的网络信息，或者受到商业性电子信息侵扰的，有权要求网络服务提供者删除有关信息或者采取其他必要措施予以制止。

九、任何组织和个人对窃取或者以其他非法方式获取、出售或者非法向他人提供公民个人电子信息的违法犯罪行为以及其他网络信息违法犯罪行为，有权向有关主管部门举报、控告；接到举报、控告的部门应当依法及时处理。被侵权人可以依法提起诉讼。

十、有关主管部门应当在各自职权范围内依法履行职责，采取技术措施和其他必要措施，防范、制止和查处窃取或者以其他非法方式获取、出售或者非法向他人提供公民个人电子信息的违法犯罪行为以及其他网络信息违法犯罪行为。有关主管部门依法履行职责时，网络服务提供者应当予以配合，提供技术支持。

国家机关及其工作人员对在履行职责中知悉的公民个人电子信息应当予以保密，不得泄露、篡改、毁损，不得出售或者非法向他人提供。

十一、对有违反本决定行为的，依法给予警告、罚款、没收违法所得、吊销许可证或者取消备案、关闭网站、禁止有关责任人员从事网络服务业务等处罚，记入社会信用档案并予以公布；构成违反治安管理行为的，依法给予治安管理处罚。构成犯罪的，依法追究刑事责任。侵害他人民事权益的，依法承担民事责任。

十二、本决定自公布之日起施行。

**（四）我国传媒政策与管理规制**

由于国体和政体不同，世界各个国家对传媒的法律法规和政策约束差异很大。比如对网络谣言的管理，各个国家都采取了严打措施，但手段和途径有很多不同。如美国有 130 多项法律和法规涉及对网络传播内容以及网络谣言的规制，英国设立了公民咨询局。

我国直接关涉传媒的法律不多，几乎都分布于其他领域或具体事件的法律文本中。如 2007 年 11 月 1 日起施行的《中华人民共和国突发事件应对法》，其中第五十四条规定：任何单位和个人不得编造、传播有关突发事件事态发展或者应急处置工作的虚假信息。第六十五条规定：违反本法规定，编造并传播有关突发事件事态发展或者应急处置工作的虚假信息，或者明知是有关突发事件事态发展或者应急处置工作的虚假信息而进行传播的，责令改正，给予警告；造成严重后果的，依法暂停其业务活动或者吊销其执业许可证；负有直接责任的人员是国家工作人员的，还应当对其依法给予处分；构成违反治安管理行为的，由公安机关依法给予处罚。这是对突发事件情况下传媒信息传播的法律规定。

我国对传媒的管控政策多数是国务院及下属部委颁布的法规和规章制度。迄今，国务院针对传播领域颁布了十二个规章条例。如 2006 年 6 月由国务院颁布了《信息网络传播权保护条例》，这一法规的第三条规定：依法禁止提供的作品、表演、录音录像制品，不受本条例保护。权利人行使信息网络传播权，不得违反宪法和法律、行政法规，不得损害公共利益。2009 年 9 月由国务院颁布了《互联网信息服务管理办法》，这一法规的第十五条规定互联网信息服务提供者不得制作、复制、发布、传播含有下列内容的信息：

（1）反对宪法所确定的基本原则的；

（2）危害国家安全，泄露国家秘密，颠覆国家政权，破坏国家统一的；

（3）损害国家荣誉和利益的；

（4）煽动民族仇恨、民族歧视，破坏民族团结的；

（5）破坏国家宗教政策，宣扬邪教和封建迷信的；

（6）散布谣言，扰乱社会秩序，破坏社会稳定的；

（7）散布淫秽、色情、赌博、暴力、凶杀、恐怖或者教唆犯罪的；

（8）侮辱或者诽谤他人，侵害他人合法权益的；

（9）含有法律、行政法规禁止的其他内容的。

国务院下属有关部委颁发的关于传媒的各种规范性文件和部门规章条目繁多。政府对传播媒介的行政管理集中于新闻出版广电总局、工业和信息化部等机构，其出台的管理文件有针对性、时效性强，更新多、变化快。如原国家广电总局每年都多次下发指令，对电视媒体提出具体和明确的指导意见，由于几年来连续的“限广令”、“限娱令”、“限歌令”等，业内戏称此现象为“广电总急”。但是这些指令对一些不良电视节目的内容确实起到了规范作用。回顾未合并前国家广电总局在2002—2012年发布的一系列部门规章文件的内容，可以窥视我国电视媒体在10年间的生态：

（1）2000年发出《关于加强动画片引进和播放管理的通知》：每家电视台每天必须播出10分钟以上的动画片（省台要求30分钟以上），其中60%必须是国产片。

（2）2002年广电总局下令停播当时受到年轻人热捧的《流星花园》。

（3）2004年规定黄金时间不得播放“凶杀暴力涉案剧”、禁止播出网络游戏类节目、不许戏说“红色经典”。

（4）2006年规定跨省参赛选手年龄必须年满18周岁，主持人不得有倾向性，要弘扬主旋律；停播地方方言译制的境外广播电视节目；电视台黄金时间不得播出境外动画片。

（5）2007年规定卫视黄金档只能播放主旋律影视作品；港台主持人内地主持不得连续超过3期；批准《快乐男声》举办，要求设公益性内容，参赛曲目要积极健康，弘扬主旋律，尽可能不出现落选歌手泪流满面、亲友抱头痛哭、歌迷狂热呼叫等镜头。

（6）2007年6月18日，以播放丰胸等违规广告而著称的宁夏电视台和甘肃电视台综合频道被禁播所有商业广告；2007年8月15日通报，由于重庆电视台《第一次心动》比赛环节设计丑陋粗糙，评委言行举止失态，节目设计缺乏艺术水准，内容格调低下，演唱曲目庸俗媚俗，要求立即停播《第一次心动》选拔活动；2007年8月23日，叫停广东电视台女性整容真人秀节目《美丽新约》；2007年9月5日，四川成都两家电台"低俗下流"的节目被叫停，禁止各广播电视播出机构策划和播出涉"性"节目；2007年9月13日，湖北、湖南等五家电台的11套广播低俗下流的节目被禁播。

(7) 2007年9月24日停播电视剧《红问号》，并要求全国各级广电主管部门严格把关，杜绝集中展示犯罪案件、制作粗劣、格调低下的电视剧的播出。

(8) 2007年，国家工商总局和广电总局联合宣布所有广播电视机构暂停播出药品、医疗器械、丰胸、减肥、增高等五类电视购物广告。

(9) 2008年2月再次发出通知：全国各级电视台所有频道不得播出境外动画片、介绍境外动画片的资讯节目，以及展示境外动画片的栏目的时段由原来的17—20时延长至17—21时。

(10) 2008年3月25日下发了关于全国拍摄制作电视剧备案公示的通知，提醒各制作单位要避免渲染恐怖、暴力、猎奇、刺激、惊悚、怪异。

(11) 2008年7月28日要求除中央电视台外，各地方台节目尤其是娱乐节目一律禁用"奥运"字眼。湖南卫视"奥运向前冲"更名为"快乐向前冲"。

(12) 2008年12月25日向全国各地方台下发"整改令"，禁止情感类节目低俗化。这是继"叫停"深圳卫视《超级情感对对碰》后对低俗情感类节目的又一次严打。

(13) 2009年3月2日下发通知，情感类节目禁止使用测谎仪。

(14) 2009年4月2日出台《关于加强互联网视听节目内容管理的通知》规定："未取得许可证的电影、电视剧、动画片、理论文献影视片，一律不得在互联网上传播。"

(15) 2009年4月发出"禁播令"，严禁各类综艺、娱乐、访谈节目炒作名人绯闻秘史、劣迹丑闻，以净化荧屏声频，避免"有丑闻劣迹的名人"误导观众听众。

(16) 2009年5月到11月，广电总局传达精神，地方卫视台黄金时段(20：00—22：00)只能播出国庆献礼题材电视剧。

(17) 2009年批准《快乐女声》举办，要求海选到总决赛播出最多控制在两个半月内，取消短信投票，直播不得超过10次，每次不得超过90分钟，在晚10：30后直播。

（18）2010 年 3 月下令禁用英文缩略词。在主持人口播、记者采访和字幕中，不能再使用诸如 NBA、GDP、WTO、CPI 等外语和缩略词。

（19）2010 年 6 月正式下发《关于进一步规范婚恋交友类电视节目的管理通知》及《广电总局办公厅关于加强情感故事类电视节目管理的通知》两份正式文件，针对的是各省市上星台相亲类节目泛滥、造假、低俗等倾向。

（20）2010 年 7 月下发了《关于切实加强广播电视证券节目管理的通知》，严禁证券节目与证券咨询机构进行商业化合作。

（21）2010 年 11 月 12 日下发《广播影视知识产权战略实施意见》，严厉打击互联网侵权盗版，重点打击影视剧作品侵权盗版行为，加强对盗版美剧、日韩剧的打击力度。

（22）2011—2012 年，"限广令"与"限娱令"相继出台。

"限广令"：规定每集电视剧中间不得再以任何形式插播广告。

"限娱令"：针对全国上星频道，自 2012 年 1 月 1 日起，婚恋、涉案等七类节目被限；卫视晚 7：30—10：00 黄金档每周娱乐节目不超两档；全国省级卫视一年选秀类节目不超 10 档，类型不得重复；省级卫视须设一档道德节目。

（23）2011 年 10 月 12 日发出通知：影视剧片头片尾禁止插播广告，禁止用贴片广告覆盖演职人员表；中间插播广告需限制时长。时政新闻类节目禁止使用企业或商品冠名，新闻主持人不得代言商业广告。广电总局要求各播出机构自查自纠，今起将对重点地区、重点播出机构进行抽查。叫停四大名著翻拍，短期内不能再拍，也不提倡简单克隆国外剧。

（24）要求从 2012 年 1 月 1 日起禁止宫斗戏、涉案剧、穿越剧在上星频道黄金档的时间（19：00—21：00）播出。

（25）2012 年 2 月底发布《关于进一步规范电影市场票务管理的指导意见》，规定"会员价、团购价等优惠票价不低于影院挂牌价的 70%"。

（26）2012 年 7 月 19 日通报停播"祛毒复肝组合"等 33 条资讯服务和电视购物短片广告。

（27）2012 年 8 月对于电视剧创作提出六项要求：

第一，革命历史题材要敌我分明；

第二，不能无限制放大家庭矛盾；

第三，古装历史剧不能捏造戏说；

第四，商战剧需要注意价值导向；

第五，翻拍克隆境外剧不能播出；

第六，不提倡网络小说改编，网游不能改拍。

作为国家行政机构对电视传媒如此繁多、密集、具体、严厉的规定或禁令，使人堪忧：我国的电视媒体人的专业素质和我国电视观众的媒介素养该如何描述？文化是自觉的，传媒是功利的，失去了文化自觉的传媒何以产生持续发展的社会效益和经济效益。法治的同时更需要文治，当下我国传媒与公众生活需要唤起理性精神和提高媒介素养。

## 二、媒介审判与法律审判

顾名思义，法律审判就是依据有关法律条款对被告或犯罪嫌疑人的违法行为进行定罪和审判，而媒介审判与法律的条款无关。“媒介审判”是由于媒介舆论对法庭裁决发生了影响作用的审判，它不是依据法律程序对被告或犯罪嫌疑人进行定罪和审判，而是依据社会力量，即直接参考来自社会民众舆论和媒介报道的意见和立场进行定罪，所以也称舆论审判、新闻审判等。“媒介审判”发端于美国（见当代词注：媒介审判）。

“审判”不依法，这是“媒介审判”的主要特征。似乎是站到法界人士之外的民众立场诉求审判的“公正”，实则是媒体超越司法程序，以感性认知抢先对涉案人员做出的定性、定罪甚至定刑结论，所以是非理性的、违反法律原则的、违背法治精神和社会秩序的行为。“媒介审判”将对法院的审判权和犯罪嫌疑人的公民权利造成双重侵犯。

**当代词注：媒介审判**

“媒介审判”（trial by media）一词发源于美国，基于产生时的媒介环境，也叫“报刊裁判”（trial by news paper）。其代表性案例是美国 20 世纪中叶发生的“谢帕德案件”。1954 年 6 月的某天，美国医生谢帕德被指控谋杀了自己的妻子。由于现场未留下任何线索，案情无法顺利调研取证。当时美国的民众和媒体凭借想象和推理，主观认定谢帕德是杀死妻子的凶手。媒体为了迎合大众心理，不断制造新闻刺激社会公众的情绪，致使法院最终裁定谢帕德医生有罪。无辜的谢帕德上诉了 12 年后，1965 年最高法院才接受谢帕德的请求，二次审理案件，谢帕德被判无罪。

可见“媒介审判”不是依据法律程序的审判，它是沿革西方国家法律审判实行的大陪审团制度，陪审团由普通公民组成，由于传媒以及公众舆论的影响和渲染，就会影响陪审团的公正投票，超越正常的司法程序，从而间接影响判决的公允。

**小结：传媒的法律与政策规制管理**

（一）传媒的意识形态化与法律法治
——媒介传播具有意识形态教化作用：世界观及方法论的改变
——法有国界，网络犯罪跨越国界，取证更为困难
——隐私权是当代传媒敏感术语，是互联网商业模式对法律的冲撞
（二）我国的传媒管理政策规制针对性强
——主管部门各种规范性文件和部门规章条目繁多密集、具体严厉
——我国电视媒介的娱乐性强，所体现出的文化格调有待提高
（三）媒介审判不是法律审判
——媒介审判是违反法律原则、违背法治精神、非理性的媒介越位
——媒介审判构成对法院的审判权和犯罪嫌疑人的公民权之双重侵犯

## 第二节　传媒产品分级制度与媒介伦理

传媒的意识形态教化作用，通过传媒产品短期和长期的影响都会呈现出来。在传播学研究中提出过短期的传播效果理论、如刺激—反应理论、魔弹论或皮下注射论等。美国批判学派代表人物乔治·格伯纳提出了“涵化理论”，指出传媒的“涵化”效果。“涵化”意指潜移默化的过程，注重于传媒引发的长期效果（见经典理论：涵化理论）。对少年儿童而言，短期的刺激—反映和魔弹效果较为明显，容易引发对视频作品情节以及动作的模仿行为；对逐渐成熟的成年人而言，则会产生潜移默化的涵化效果。尽管传媒产品的内容不会轻易触及法律条款，但是一些作品的思想元素或文化价值取向对人们潜移默化的渗透力依旧不容忽视。故此，无论是传媒产品的创制者还是作为产品消费者的传媒受众，都需要具备“底线意识”。

基于媒体传播对于意识形态的教化作用和影响效力，美国、法国、加拿大、韩国、日本以及欧美一些国家对其本国生产的电影、游戏等传媒产品采取了分级制度。长期以来，我国大陆的影视界一直呼吁建立电影分级制，但至今依旧处于探讨中。借鉴一些发达的电影国家的管理经验，在当代互联网的时空下，存在很多难以有效控制青少年接触传媒的情况，故我国一直没有推进电影分级制。目前，多数国家的电影分级制度并不具有法律效力，依赖的是人们在

道德伦理底线上的自觉与自律。

**经典理论**

**涵化理论**

涵化理论，又称培养理论、教养理论、涵化分析等，是美国批判学派代表人物乔治·格伯纳通过文化取向研究提出的概念。“涵化”效果意指潜移默化的效果，涵化理论揭示了传播产生的长期效果，通过潜移默化的内生机制建构人的意识，渗透社会主流意识形态和文化价值观。

在格伯纳之前，对于传统效果的研究，学者们更多关心的是短期影响，这是建立在刺激—反应理论、魔弹论或皮下注射论等理论研究范式下的。格伯纳的涵化分析理论则立足于传播效果的长期影响，认为媒介最主要的效果并非在于立刻改变受众，而是潜移默化。电视提供给社会各阶级的人一套同质化的“隐藏课程”，以维持某种社会结构，使观众对人类社会乃至整个宇宙的认知符合既有的价值规范、政治结构与经济秩序。

## 一、传媒产品的分级管理制度

### （一）美国传媒产品分级制度的启示

美国对传媒产品的分级制度起源于电影。1968 年 11 月 1 日杰克·沃伦蒂自愿发布了分为四级的电影分级体系，1984 年由美国电影审查与分级管理机构（CARA）修改为五级（见国际视野：美国的电影分级制度）。美国电影分级是相对孩童和成人的适合性和理解接受能力，针对不同年龄而区隔出不同的影片内容，以防范传媒产品对不同受众群体的负面影响。从理论上看，电影的分级可以保证不同年龄、不同层次观众的适切需求。

**国际视野**

**美国的电影分级制度**

制订美国电影分级制度的是美国电影审查与分级管理机构（CARA），

最早的美国电影是分为四级，现分为五级。

1. 美国早期的电影分级

（1）G（general）级：适合普通观众

（2）M（mature）级：适合成年人的

（3）R（restricted ）级：适合有成人陪伴的青少年

（4）X（NC）级：17 岁及 17 岁以下观众不可观看

由于 M（mature）级中适合“成年人”的概念过于含糊，不久被改成 GP（普通观众，general public），之后还是不够明确，于是被换成了现在的 PG。

2. 美国现在的电影分级

（1）G 级：大众级，适合所有年龄段的人观看——电影内容没有裸体、性爱场面，吸毒和暴力场面非常少，对话也是日常生活中经常接触到的。

（2）PG 级：辅导级，一些内容可能不适合儿童观看——电影基本没有性爱、吸毒和裸体场面，即使有时间也很短。此外，恐怖和暴力场面不会超出适度的范围。

（3）PG-13 级：特别辅导级，13 岁以下的儿童要有父母陪同观看，一些内容对儿童很不适宜——电影没有粗野的持续暴力镜头，一般没有裸体镜头，有时有吸毒镜头和脏话。

（4）R 级：限制级，17 岁以下的观众要求有父母或成人陪同观看——影片包含成人内容，里面有较多的性爱、暴力、吸毒等场面和脏话。

（5）NC-17 级：17 岁以下的观众禁止观看——影片被定为成人影片，未成年人坚决被禁止观看。影片中有清楚的性爱场面、大量的吸毒或暴力镜头以及脏话等。

资料来源：徐红：《从 X 级到 NC－17 级——谈美国电影分级制度的发展变化》，载《艺术百家》，2003（4）。

针对日渐增长的游戏软件市场，美国于 1994 年成立了娱乐软件分级委员会（The Entertainment Software Rating Board，ESRB），这是一个旨在为互动娱乐软件产品制定一套标准的定级系统的非盈利性独立机构。微软、AT&T、Sprint、T-Mobile 和 Verizon 等主动加入了这一评级系统，但是苹果和谷歌却拒绝加入。如今 ESRB 已经与美国无线通信和互联网协会合作，开始对移动版游戏进行分级。

作为美国游戏评级的权威机构，他们及时提供给家长关于电脑或相关视频游戏的年龄适宜性信息，以指导消费者在购买时选择适宜其孩子或家庭的游戏，其评级标准如下。

（1）AO（adults only）：仅适合成年玩家。此类产品包含有性或暴力的图片描述，严禁向 18 岁以下的玩家销售或出借。

（2）EC（early childhood）：适合 3 岁以上儿童，不包括可能引起家长反感的内容。

（3）E（everyone）：适合所有人，游戏可涵盖多种年龄层和口味，它们包含最少的暴力内容、部分漫画风格的恶作剧（例如，闹剧式的喜剧），或者部分粗鲁的语言。

（4）M（mature）：适合 17 岁以上的玩家，比“少年”类产品包含更多的暴力内容或语言。另外，此类产品可能包含有成人的性主题。

（5）T（teen）：适合 13 岁以上的玩家。此类游戏可能包含暴力内容、温和或强烈的语言，或暗示性的主题。

（6）TV-14（parents strongly cautioned ）：向父母强烈警告，这个分级的节目只允许 14 岁以上观众观看，允许严重的暴力、有关性的场面、粗鲁粗俗的下流的语言、暗示性的对话。以上几个方面包括当中一项或者几项的节目都属于这个分级。

（7） TV-G（suitable for all audiences）：适合所有人群观看。

（8）TV-PG（parental guidance suggested）：儿童需要父母指导进行观看。

（9）TV-MA（suitable for mature audiences）：仅适合 17 岁以上成年人观看，1998 年 10 月以前使用 TV-M 标志。

（10）TV-Y2：适合幼儿（2 岁以上）。

（11）TV-Y7 ：适合儿童（7 岁以上）。

2007 年 ESRB 宣布，电玩游戏评级系统增加一个旨在防止 10 岁以下儿童看到某些暴力镜头的新分级。2012 年 10 月 ESRB 发布，以往采用的传统的游戏分级标准可以让孩子的父母在购买游戏的时候就能判定是否该买下该款产品。如看到游戏上出现 EC，家长就知道这款游戏是适合 3 岁以上的儿童玩；如果出现了 M，则表示这款游戏只适合 17 岁以上的玩家。然而，鉴于现在游戏平台的不断增多，ESRB 的这种游戏分级标准似乎变得没有作用，所以它推出了一种全新的评级模式：游戏开发商直接向 ESRB 提交一份关于游戏内容的调查表，然后再根据调查表得到的反馈对游戏进行评级。这些举措对我国的游戏软件管理有启发意义。

**（二）我国香港电影分级制度的思考**

我国香港建立了电影检查制度和电影分级制度，由电影审核委员会等将影片分级管理。香港的电影分为四级，具体标准如下。

（1）I 级：适合所有年龄的人群。

（2）IIA 级：不适合儿童，建议有家长指导。

（3）IIB 级：不适合青少年及儿童，强烈建议家长给予指导。

（4）III 级：适合 18 岁及以上人群。①

实际上 II 级是分为两个子集：IIA 级和 IIB 级，都有劝告性质，儿童和青少年仍可入场观看，但属于儿童不宜观看的影片；III 级电影是需要严格执行年龄限制的，有时民间指谓的四级片即是拥有连 III 级都不能有的镜头的电影。

不同国家和不同地区对传媒产品的管理制度，无论是否具有法律效力，对于传媒产业链中的各个主体都将产生一定的制约作用，对我国管理传媒市场的政策制定不无裨益。然而，包括法律法规在内的所有举措都是外在的。当代网络传媒的渗入，移动终端的无处不在，青少年群体已经远离电影院，任何措施都难以遏制商业开发传媒作品的利益诱惑，电影的分级和网络游戏的限制在今天显得苍白无力。故此，更加强有力的工具是自为、自治、自律、自卫，每个人都从心里建立起巨大的道德底线，聚积起强大的防护力量。

## 二、良知底线与媒介伦理的文治

### （一）媒介素养呼唤良知底线

网络无边界，法律有国界，人类有底线。人们在现实世界的很多言行直接受到社会法律的约束，而网络行为首先要依赖人性的自觉意识。无论对于传媒作品的生产和创作者还是传媒产品的消费者，建立自律性的底线意识是当代媒介素养的起点。

2014 年 9 月 12 日，《人民日报》发表了一篇题为《警惕“悬疑新闻”背后的“标题党”》② 的文章，引发人们对于“悬疑新闻”的热议。“湖南一产妇裸死手术台上 病房反锁医生逃跑”、“武汉一小伙公交车上未让座 遭多名老人暴打”、“母亲挑扁担来看儿子 儿子嫌她太丑不见”……这样一些措词过猛而有违常情、有悖常理的标题，会是真的吗？就在你满腹狐疑点开链接的同时，你已经在不经意间成就了“标题党”。标题党是一些利用超乎寻常的语言表达用以吸引人们眼球的信息发布者的总称（见当代词注：标题党）。为了

---

① 参见黄江天：《香港的电影检查制度略述》，载《中国法律》，2009（2）。

② 赵强：《警惕“悬疑新闻”背后的“标题党”》，载《人民日报》，2014－09－12。

赢得更多的关注，“标题党”们利用各种颇具“创意”的语言符号吸引网友，经常严重夸张，题文不符，甚至严重背离事实，与正文内容相差很大。在网络空间很容易失去防范意识的语境中，人们往往被标题所诱惑点击进入，之后便有受骗上当之感。很多时候这种现象并不违法，还可以美言为“专业精神”，虽有良性的标题党以娱乐为目的，但在多数情况下不仅浪费了时间，还有愚弄和欺骗感情之嫌，是对广大网友有失尊重的不道德现象，属于另类“媒介暴力”。杜绝这类不会触及法律法规的不良现象，只有依赖人们的道德底线及素养。

**当代词注：标题党**

“标题党”泛指那些利用各种颇具“创意”的标题赚取点击率的网民和网站管理者。随着越来越多的新闻事件在热炒之后遭遇舆情反转，人们在大呼上当之余，自然而然地就把那些在转发或转载新闻时故意拟制耸人听闻标题以吸引眼球的媒体记者、网站编辑、微博博主等归入“标题党”之列，也被网友戏称“飙蹄党”。

标题是文章的“眼睛”，新闻的“面孔”。好的标题提炼了文章主旨，浓缩了文章主题，可谓整篇文章的“点睛之笔”。网络信息浩如烟海，人们往往一目十行、无暇细读，只能浏览一下标题。这时一个精准、生动的标题就成了人们检索和获取信息的一把钥匙。

“标题党”们制作的标题看上去很抓人，点开之后才发现完全名不副实、文不对题。“标题党”们往往偏离新闻事件本身，故意剑走偏锋，或断章取义、摘其一点不计其余，或故弄玄虚、竭力迎合猎奇心理，或低俗煽情、用隐晦暗示吸引眼球，或戏谑恶搞、不惜歪曲事实真相。这样的标题浪费了读者时间，捉弄了读者感情，大多数人都对此很反感。所谓“网络戾气”的滋生与“标题党”脱不了干系。在某种程度上，“习惯性怀疑”、“暴戾狂躁症”和“看客心态”等一些社会病态心理，也因为“标题党”现象而传染、蔓延，成为撕裂社会共识、加剧社会对立的一个隐形推手。但是媒体间的任何竞争手段都不能成为挑战道德、法律和公序良俗的理由。

因此，虽然也有良性的标题党，其创作的标题有幽默和娱乐大众的作用，是善意的轻松搞笑，但所出现的很多文不对题的情况也不值得提倡。

资料来源：赵强：《警惕“悬疑新闻”背后的“标题党”》，载《人民日报》，2014-09-12。

2013年8月14日，北京首都互联网协会发布了《坚守七条底线倡议书》[①]，号召首都网络界的同仁，担当网络社会责任，协会众会员一致达成共识，共守“七条底线”：

- 法律法规底线
- 社会主义制度底线
- 国家利益底线
- 公民合法权益底线
- 社会公共秩序底线
- 道德风尚底线
- 信息真实性底线

首都互联网协会据此向全行业、广大网民发出如下倡议：

第一，坚守“七条底线”。互联网行业、网络名人、广大普通网民，都要坚守“七条底线”，强化社会责任意识，积极承担社会责任，共同营造一个健康向上的网络环境。

第二，积极传播正能量。所有网站、网民都要积极传播正能量，网聚“中国梦”，引导全社会为实现中华民族的伟大复兴而奋斗。

第三，将互联网打造成传播社会主义先进文化的新阵地。各网站要坚持依法办网、诚信办网、文明办网、安全办网，承担主体责任，切实加强和改进网络内容建设，规范网络传播秩序，改善网络舆论生态。

首都互联网协会的“七条底线”既是针对互联网经营者本身，又可以针对所有网民——每位个体都是互联网信息的发布者和消费者。“底线意识”是当代最重要的媒介素养内容之一，在当代媒介素养刻度表上，既是起点，又是支撑最高端“社会责任感”的基石，必须通过每一位个体的心理内化，从理性认知的层面进行自觉与自律。

### （二）媒介素养呼唤媒介伦理

支撑道德底线的是人们的社会伦理。不同于媒介素养，“媒介伦理”是发生在传播媒介信息或内容的流通过程中，在传播者与接受者之间，以及在传播者与传播者之间的关系和处理这些关系的原则或准则。媒介伦理探讨的是媒体机构或个体传播者的道德、责任和义务的范畴。媒介伦理与媒介素养相通却不同，见表10—1对二者的比较。

---

① 《首都互联网协会发布坚守七条底线倡议书》，新浪新闻，2010-08-14。

**表 10—1　　媒介素养与媒介伦理的比较**

| | 媒介素养 | 媒介伦理 | 要　义 |
|---|---|---|---|
| 内容 | 知识与能力结构 | 理念和价值观体系 | 媒介素养包括知识模式、能力模式和理解模式等理论与实践的一体化 |
| 主体性 | 迫于媒介环境的被动型 | 个体价值取向的主动型 | |
| 选择性 | 一元化、必然性 | 多元化、自主性 | 媒介伦理为关系原则和价值取向 |
| 流程 | 媒介素养包括媒介伦理的关系原则和价值取向 | | |

媒介伦理是源于个体的自愿选择，依赖人的感性体验和心理认知。当代网络犯罪案件的增多也缘于犯罪形态发生了变化，犯罪者意识不到电脑屏幕看不见的却可能受害的用户，犯罪者意识不到将对无数的人实施有害的侵犯，所以难以产生传统犯罪中普遍具有的内疚感和犯罪感。隐形的关系难以激起道德伦理上的自省，所以应当从媒介素养的视角唤起所有人的伦理道德观。当代媒介伦理有四项基本原则：

(1) 自主性原则，即自我抉择，出自绝对尊重他人的权利、价值观和决定。

(2) 无害原则，即不应该故意伤害别人，在行动之前要考虑其有害性。

(3) 仁义原则，即持守人性的善良，与无害原则相辅相成。

(4) 公正性原则，即平等地对待所有人，信息与结果应该在所有参与者中分享。

传媒在社会政治、经济、文化与民生中的影响力已毋庸置疑，媒介的健康生态依赖所有传播者和媒介受众营造的文化语境。当代互联网去中心化、去权威化的力量也会带来去行政化和去权贵化的社会科学发展态势。然而，必须依靠人人意识、素质和思想力提高媒介素养，使我国成为媒体大国和互联网强国，因为发展的安全性比速度更为重要。

**小结：传媒产品分级制度与媒介伦理**

（一）美国的启示：电影分级以及游戏软件分级的细化

（二）我国香港地区电影分级既有自愿性又有强制力

（三）传媒市场的管理更呼唤良知底线

——底线意识是媒介素养的起点，旨在个体的自觉与自律

——首都互联网协会倡议的七条内容也是全体网民的底线依照

（四）媒介素养呼唤媒介伦理的四个原则

——自主性原则 ＋ 无害原则 ＋ 仁义原则 ＋ 公正原则

## 本讲课业

● 思考：1. 什么是意识形态，请通过事例具体阐释。

2. 媒介伦理的四项原则在网络媒介平台上有何意义？

● 阐释：什么是底线意识？在当代媒介环境下你认为“底线”应有哪些内容？

● 反思：“隐私权”为何成为国家著名的互联网企业关涉最多的法律问题？

请以“互联网经营模式与隐私权”为题，写出2 000字以内的微论文。

解读：问题的关键是互联网商业模式与“隐私权”的关系。

课业辅导：

（1）理解“隐私权”的内涵。

（2）解构互联网的商业模式。

（3）针对互联网中与隐私权相关的商业模式，分析其危害。

## 本讲阅读

1. ［英］安德鲁·查德威克．互联网政治学．北京：华夏出版社，2010.

2. ［美］克利福德·G·克里斯琴斯．媒介伦理．北京：中国人民大学出版社，2014.

3. ［美］尼古拉斯·卡尔．浅薄．北京：中信出版社，2010.

4. ［美］克莱·舍基．认知盈余．北京：中国人民大学出版社，2012.

5. 展江，彭桂兵．媒体道德与伦理案例教学．北京：中国传媒大学出版社，2014.

6. 戴永明，蒋恩铭．网络伦理与法规．福州：福建人民出版社，2005.

7. 周琳娜等．数字图像内容取证．北京：高等教育出版社，2011.

# 参考文献


1. 张波 . O2O：移动互联网时代的商业革命 . 北京：机械工业出版社，2014.

2. 黄楚新 . 新媒介素养 . 北京：知识产权出版社，2001.

3. 尹鸿，曹书乐 . 影视传播研究前沿 . 北京：清华大学出版社，2012.

4. 尹鸿 . 当代电影艺术导论 . 北京：高等教育出版社，2007.

5. 黄琳 . 影视艺术 . 重庆：重庆大学出版社，2001.

6. 袁军 . 媒介素养教育论 . 北京：中国传媒大学出版社，2010.

7. 展江，彭桂兵 . 媒体道德与伦理案例教学 . 北京：中国传媒大学出版社，2014.

8. 戴永明，蒋恩铭 . 网络伦理与法规 . 福州：福建人民出版社，2005.

9. 周琳娜等 . 数字图像内容取证 . 北京：高等教育出版社，2011.

10. 丁俊杰，张树庭 . 网络舆情及突发公共事件危机管理经典案例 . 北京：中共中央党校出版社，2010.

11. 陈力丹 . 世界新闻传播史 . 上海：上海交通大学出版社，2007.

12. 方汉奇 . 中国新闻传播史 . 北京：中国人民大学出版社，2009.

13. 赵月枝 . 传播与社会：政治经济与文化分析 . 北京：中国传媒大学出版社，2011.

14. 吴文虎 . 广告的符号世界 . 广州：广州出版社，1997.

15. 李彬 . 传播符号论 . 北京：清华大学出版社，2012.

16. 张国庆 . 媒体话语权——美国媒体如何影响世界 . 北京：中国人民大学出版社，2012.

17. 陈堂发 . 媒介话语权解析 . 北京：新华出版社，2007.

18. 陈卫星 . 传播的观念 . 北京：人民出版社，2008.

19. 赵子忠 . 内容产业论 . 北京：中国传媒大学出版社，2005.

20. 白传之，闫欢 . 媒介教育论 . 北京：中国传媒大学出版社，2008.

21. 张开 . 媒介素养概论 . 北京：中国传媒大学出版社，2006.

22. 单晓红．媒介素养引论．杭州：浙江大学出版社，2008.

23. 于翠玲，刘斌．大学生媒介素养概论．北京：北京师范大学出版社，2010.

24. 刘勇．当代媒介素养教程．合肥：合肥工业大学出版社，2007.

25. 陈先元．大众传媒素养论．上海：上海交通大学出版社，2005 20.

26. ［美］詹姆斯· 波特．媒介素养．北京：清华大学出版社，2012.

27. ［英］安德鲁·查德威克．互联网政治学．北京：华夏出版社，2010.

28. ［美］克利福德·G·克里斯琴斯等．媒介伦理．第9版．北京：中国人民大学出版社，2014.

29. ［美］尼古拉斯·卡尔．浅薄．北京：中信出版社，2010.

30. ［美］克莱·舍基．认知盈余：自由时间的力量．北京：中国人民大学出版社，2012.

31. ［美］克莱·舍基．未来是湿的：无组织的组织力量．北京：中国人民大学出版社，2009.

32. ［美］保罗·莱文森．新新媒介．上海：复旦大学出版社，2013.

33. ［加］文森特·莫斯可．数字化崇拜．北京：北京大学出版社，2010.

34. ［加］董毓．批判性思维．北京：中国传媒大学出版社，2005.

35. ［加］哈罗德· 伊尼斯．传播的偏向．北京：中国人民大学出版社，2003.

36. ［加］马歇尔·麦克卢汉．理解媒介．北京：商务印书馆，2005.

37. ［美］尼尔·波兹曼．娱乐至死．桂林：广西师范大学出版社，2009.

38. ［美］塞伦· 麦克莱．传媒社会学．北京：中国传媒大学出版社，2005.

39. ［英］奥利弗· 博伊德等．媒介研究的进路．北京：新华出版社，2004.

40. ［美］凯瑟琳·霍尔·贾米森等．影响力的互动．北京：中国传媒大学出版社，2004.

41. ［加］文森特·莫斯可．传播政治经济学．上海：上海译文出版社，2013.

42. ［法］罗兰· 巴尔特．符号学原理．北京：中国人民大学出版社，2008.

43. ［英］乔纳森·比格内尔．传媒符号学．成都：四川出版集团四川教育出版社，2012.

44. ［英］斯图亚特·霍尔．表征．北京：商务印书馆，2004.

45. ［加］文森特·莫斯可．传播政治经济学．上海：上海译文出版社，2013.

46. ［美］马尔科姆·格拉德威尔．引爆点：如何制造流行．北京：中信出版社，2009.

47. ［英］丹尼斯·麦奎尔．受众分析．北京：中国人民大学出版社，2006.

48. ［美］菲利普·M. 南波利．受众经济学．北京：清华大学出版社，2007.

49. ［英］鲍勃·富兰克林．新闻学关键概念．北京：北京大学出版社，2008.

50. ［英］弥尔顿．论出版自由．北京：商务印书馆，1958.

51. ［美］新闻自由委员会．一个自由而负责的新闻界．北京：中国人民大学出版社，2004.

52. ［美］弗雷德里克·S·西伯特等．传媒的四种理论．北京：中国人民大学出版社，2008.

53. ［美］伦纳德·孟格尔．期刊经营．石家庄：河北教育出版社，2004.

54. ［美］麦克·麦德沃．飞跃好莱坞．北京：中信出版社，2010.

55. ［美］斯坦利·J·巴伦．大众传播概论．北京：中国人民大学出版社，2005.

56. ［美］托马斯·L·弗里德曼．世界是平的：21世纪简史．长沙：湖南科学技术出版社，2014.

57. ［美］克里斯·安德森．免费．北京：中信出版社，2012.

58. ［美］罗杰·D·维曼，约瑟夫·多米尼克．大众媒介研究导论．北京：清华大学出版社，2013.

59. ［美］爱德华·特纳．技术的报复．上海：上海科技教育出版社，1999.

60. ［美］安德鲁·基恩．网民的狂欢．海口：南海出版公司，2010.

61. ［美］凯文·凯利．失控：全人类的最终命运和结局．北京：新星出版社，2014.

62. ［美］克莱顿·克里斯坦森．创新者的窘境．北京：中国人民大学出版社，2014.

63. ［美］克里斯·安德森．创客：新工业革命．北京：中信出版社，2012.

64. [美] 兰·费雪．完美的合作者．杭州：浙江大学出版社，2013.

65. [美] 艾伯特-拉斯洛·巴拉巴西．链接：商业、科学与生活的新思维．杭州：浙江人民出版社，2013.

66. [美] 尼古拉斯·克里斯塔基斯．大连接：社会网络是如何形成的以及对人类现实行为的影响．北京：中国人民大学出版社，2013.

67. [美] 邓肯·J·瓦茨．六度分隔：一个相互连接的时代的科学．北京：中国人民大学出版社，2011.

68. [英] 维克托·迈尔-舍恩伯格，肯尼斯·库克耶．大数据时代．杭州：浙江人民出版社，2013.

69. [美] 克莱·舍基．人人时代：无组织的组织力量（修订版）．北京：中国人民大学出版社，2012.

70. [美] 艾伯特-拉斯洛·巴拉巴西．爆发：大数据时代预见未来的新思维．北京：中国人民大学出版社，2012.

# 后 记

每每完成一本书都感觉是建构一项知识工程，我在其中享受着，自娱自悟且其乐无穷。每次打开电脑，虽然屏幕有物理辐射，但更多的是精神给养，滋补了这五年来由于不断地掏出积累和思维老去而日渐衰弱的思想力量。我的时间去哪儿了？备课、上课、下载资料、挑选案例、修改PPT，每轮课都要重新来过……这次回望，才发现尽管已经建构了好大的一个数据库，但新知识的“脑洞”还是此起彼伏。“补洞”的时候很有趣、很踏实，也很欣慰，充满了快感和愉悦。

生发写作本书一念，缘于某天在百度搜索输入“媒介素养”一词后，一连串我的课件竟一涌而出。哇噻，自2010年9月开课以来我“媒介素养”教学的30课时共10章的内容无一遗漏！是我的那些可爱的学生们把我留给他们的课件如实上传了。只要第一章是媒介素养——“通关修炼”的，通通是我的课件。上课用的东西谁会去署名？然而几千人的下载量让我着实不安：2010年的东西，与至今我已经升级了N次的PPT内容相差甚远。当五年前的不完善、不完备需要与时俱进地更新时，我的那些爱生们却已经天涯海角。

我本哲学，专事广告。近30年的大学课堂教学生涯，积淀了无怨无悔的情与爱，也执著于无止境的理性精神探索。本书是在《广告媒介》和《“批判”传播学——兼析传播学、新闻学、广告学学科关系》两本关于媒介理论建构著作基础上的一次升华；是从专业走向学科，进而提升到世界观和方法论层面的学术梦想。幸运于与中国人民大学出版社翟江虹老师的思想共鸣，感谢众多我的“精神闺蜜”的无私帮助，还有黄新华、杨梅、张冰冰和任梦等传播学在读研究生，以及所有选过这门课的学生们给予我的情怀。期间看到《光明日报》上发表的一篇关于教学的文章，作为一名有责任心的教师，不愿看到那些一边走向娱乐至死、极乐丧志的乱象，一边无所畏惧、尽欢于技术负能量可能的侵害。正如本书在前言第一段潜埋的20余本书名的意思，我总觉得良知的惩罚会胜过法庭的审判，要法治更要文治。

无私与无畏的理性铸造出网民坚实的精神内核，任由媒介世界纵横捭阖。

**高 萍**

2014年9月8日于北京西直门绿宅

**图书在版编目（CIP）数据**

当代媒介素养十讲/高萍著. —北京：中国人民大学出版社，2015.1
21世纪通识教育系列教材
ISBN 978-7-300-20305-8

Ⅰ.①当… Ⅱ.①高… Ⅲ.①传播媒介-高等学校-教材 Ⅳ.①G206.2

中国版本图书馆CIP数据核字（2014）第272850号

21世纪通识教育系列教材
**当代媒介素养十讲**
高　萍　著
Dangdai Meijie Suyang Shijiang

| | | | |
|---|---|---|---|
| **出版发行** | 中国人民大学出版社 | | |
| **社　　址** | 北京中关村大街31号 | **邮政编码** | 100080 |
| **电　　话** | 010－62511242（总编室） | | 010－62511770（质管部） |
| | 010－82501766（邮购部） | | 010－62514148（门市部） |
| | 010－62515195（发行公司） | | 010－62515275（盗版举报） |
| **网　　址** | http://www.crup.com.cn | | |
| | http://www.ttrnet.com(人大教研网) | | |
| **经　　销** | 新华书店 | | |
| **印　　刷** | 天津中印联印务有限公司 | | |
| **开　　本** | 720mm×1000mm　1/16 | **版　　次** | 2015年4月第1版 |
| **印　　张** | 18 插页1 | **印　　次** | 2024年9月第7次印刷 |
| **字　　数** | 303 000 | **定　　价** | 49.80元 |

# 第一批“21世纪通识教育系列教材”目录

| 序号 | 书名 | 第一作者 |
|---|---|---|
| 1 | 当代交际礼仪 | 金正昆 |
| 2 | 广告学概论 | 倪　宁 |
| 3 | 社会调查研究方法 | 翟振武 |
| 4 | 大学语文 | 邢福义 |
| 5 | 大学心理 | 聂振伟 |
| 6 | 逻辑学概论 | 陈　波 |
| 7 | 中国哲学史 | 杨国荣 |
| 8 | 西方哲学史 | 张志伟 |
| 9 | 伦理学概论 | 李建华 |
| 10 | 科技哲学概论 | 刘大椿 |
| 11 | 宗教概论 | 张志刚 |
| 12 | 科学技术史 | 王鸿生 |
| 13 | 国学概论 | 程水金 |
| 14 | 中国文明史 | 何德章 |
| 15 | 世界文明史 | 孟广林 |
| 16 | 中国文化史 | 刘固盛 |
| 17 | 法学入门 | 郑永流 |
| 18 | 宪法与宪政 | 张千帆 |
| 19 | 犯罪与刑法 | 赵秉志 |
| 20 | 经济法 | 徐孟洲 |
| 21 | 知识产权法 | 刘春田 |
| 22 | 公共管理学 | 张康之 |
| 23 | 公文写作与处理 | 赵国俊 |
| 24 | 社会科学研究方法 | 蓝志勇 |
| 25 | 政治学原理 | 燕继荣 |
| 26 | 中国政府与政治 | 杨光斌 |
| 27 | 教育学基础 | 冯建军 |
| 28 | 财政学 | 邓子基 |
| 29 | 金融学 | 张　杰 |
| 30 | 投资理财 | 汪昌云 |
| 31 | 经济学原理 | 方福前 |
| 32 | 政治经济学原理 | 张　宇 |
| 33 | 博弈的艺术 | 王则柯 |
| 34 | 管理学基础 | 陈　劲 |
| 35 | 组织行为学 | 孙健敏 |
| 36 | 创业学 | 黄卫伟 |
| 37 | 职业生涯规划与设计 | 谢晋宇 |
| 38 | 统计学基础 | 贾俊平 |